陶菴集

이 책은 2017·2018년도 정부(교육부)의 재원으로 한국고전번역원의 지원을 받아 수행된 '권역별거점연구소협동번역사업'의 결과물임

This work was supported by Institute for the Translation of Korean Classics-Grant funded by the Korean Government

韓國古典飜譯院 韓國文集校勘標點叢書

陶菴集 4

李縡 著

崔禮心 校點
張裕昇
權津鈺
李承容

凡例

本文

1. 이 책은 李緈의 文集인《陶菴集》을 標點·校勘한 것이다.
2. 이 책의 底本은 韓國文集叢刊 第194~195輯에 실린《陶菴集》이다.
3. 原底本은 1803年 整理字體 活字로 간행된 初刊本이며, 그 所藏處는 서울大學校 奎章閣(圖書番號 : 古3428-27)이다.
4. 校勘에 사용된 주요 參考資料는 다음과 같다.
   - 南忠壯公詩稿 : 南延年 撰, 1748年刊(初刊本), 韓國文集叢刊(續)49, 서울大學教 奎章閣(圖書番號:奎5269) 소장, 民族文化推進會, 2007.
   - 老峯集 : 閔鼎重 撰, 1734年刊(初刊本), 韓國文集叢刊129, 延世大學校 中央圖書館(圖書番號 : 811.98-민정중-노-판) 소장, 民族文化推進會, 1994.
   - 大學·中庸 : 胡廣 等 編, 1820年, 學民文化社, 1990.
   - 孟子 : 胡廣 等 編, 1820年, 學民文化社, 1990.
   - 明谷集 : 崔錫鼎 撰, 1721年刊(初刊本), 韓國文集叢刊154, 國立中央圖書館(圖書番號 : 한46-가1170) 소장, 民族文化推進會, 1995.
   - 法言 : 揚雄 撰, 文淵閣四庫全書696, 臺灣商務印書館, 1986.
   - 屛溪集 : 尹鳳九 撰, 1802年刊(初刊本), 韓國文集叢刊203, 서울大學教 奎章閣(圖書番號 : 奎6663) 소장, 民族文化推進會, 1998.
   - 肅宗實錄 : 春秋館 編, 太白山史庫本, 國史編纂委員會 影印, 1970.
   - 詩經 : 胡廣 等 編, 1820年, 學民文化社, 1990.
   - 柳溪集 : 姜命奎 撰, 1898~1920年刊(初刊本), 韓國文集叢刊(續)124, 高麗大學校 中央圖書館(圖書番號 : D1-A589) 소장, 韓國古典飜譯院, 2011.
   - 栗谷全書 : 李珥 撰, 1814年刊(全書重刊本), 韓國文集叢刊44, 延世大學校 中央圖書館(圖書番號 : 811.97-이이-율) 소장, 民族文化推進會, 1989.
   - 隱峯全書 : 安邦俊 撰, 1864年刊(重刊本), 韓國文集叢刊80, 서울大學教 奎章閣(圖書番號 : 奎5349) 소장, 民族文化推進會, 1991.

- 仁祖實錄：春秋館 編, 太白山史庫本, 國史編纂委員會 影印, 1970.
- 竹川集：朴光前 撰, 1929年刊(三刊本), 韓國文集叢刊39, 國立中央圖書館(圖書番號：古3648-文25-77) 소장, 民族文化推進會, 1989.
- 圃隱集：鄭夢周 撰, 1607年刊(永川重刊本), 韓國文集叢刊5, 延世大學校 中央圖書館(圖書番號：811.96-정몽주-포-라) 소장, 民族文化推進會, 1990.
- 海隱遺稿：姜必孝 撰, 1895年刊(初刊本), 韓國文集叢刊(續)108, 延世大學校 學術情報院(圖書番號：811.98/강필효/해) 소장, 韓國古典飜譯院, 2010.
- 孝經援神契：著者未詳, 玉函山房輯佚書, 2004, 廣陵書社.

5. 影印 과정상의 문제로 인해 현재 底本에서 判讀이 어려운 글자나 變形된 글자는 원 底本에 의거하여 補充·訂正하고 별도의 校勘記는 달지 않았다.
6. 여러 參照本과 글자의 차이가 있을 경우 이를 校勘記에서 밝히고, 本文은 修訂하지 않았다. 혹 차이 나는 글자의 正誤와 관련해 校勘記에 校勘者의 見解를 밝히기도 하였다.
7. 本文의 誤謬가 명백한 경우 본문을 고치고 校勘記에 그 근거나 사유를 밝혔다.
8. 本文의 誤謬로 의심 가는 점이 있으나 根據할 만한 對照本이 없을 경우에는 校勘記에 그 내용만 언급하였다.
9. 底本과 異本 간에 글자의 차이는 있지만 어느 쪽이 옳은지 확정할 수 없는 경우 校勘記에 그 내용을 밝혔다.
10. 本文에 쓰인 異體字 가운데 현재 일반적으로 通用되지 않는 글자는 모두 代表字로 고쳐 쓰고 校勘記는 달지 않았다. 代表字 여부의 판정은 韓國古典飜譯院 異體字 檢索시스템을 準據로 하였다.
11. 慣行的인 筆記習慣에 의해 발생한 誤字는 本文의 文脈에 맞게 고쳐 쓰고 校勘記는 달지 않았다.

    예) 己 已 巳, 簫 蕭
12. 이 책에 사용된 標點符號는 다음과 같다.

。	疑問文과 感歎文을 제외한 敍述文 및 語調가 약한 命令文 끝에 쓴다.
?	疑問文의 끝에 쓴다.
!	感歎文이나 感歎詞의 끝, 강한 語調의 命令文·請誘文·反語文의 끝에 쓴다.

,	한 文章 안에서 일반적으로 句의 區分이 필요한 곳에 쓴다.
·	名詞의 竝列이 重層的인 경우, 모점(、) 안에서 竝列語를 구분하는 데 쓴다.
	書名符號 안에서 書名과 篇名 등을 구분하는 데 쓴다.
、	한 句 안에서 竝列된 名詞 또는 名詞句 사이에 쓴다.
;	두 句 이상으로 구성된 각 節이 竝列을 이룰 때 그 사이에 쓴다.
:	완전한 引用文의 경우 引用符號와 함께 쓰거나, 話題 혹은 小標題語로서 文章을 이끄는 語句 뒤에 쓴다.
" " ' ' 「 」『 』	각각 1차, 2차, 3차, 4차 인용문에 쓴다.
【 】	小註를 나타내는 데 쓴다.
《 》	書名, 篇名, 樂曲名, 書畵名 등을 나타내는 데 쓴다.
___	人名, 地名, 國名, 民族名, 建物名, 年號 등의 固有名詞를 나타내는 데 쓴다.
□	빠진 글자의 자리에 쓴다.
▨	훼손된 글자의 자리에 쓴다.

目次

1. 目次는 底本의 目錄과 관계없이 별도로 整理·收錄하였다.
2. 本文에 제시된 題目을 그대로 싣는 것을 원칙으로 하되, 題目이 없거나 文體名이 題目을 대신하는 경우 등은 여타의 제목에 準하여 임의로 작성하였다.
3. 題目의 誤謬가 분명한 경우는 修正된 사항을 目次에 반영하였다.
4. 題目 아래 附記된 紀年·人名·篇數 등은 原註로 처리하였다.

目次

陶菴集 卷二十九

神道碑

陶菴集 卷三十

神道碑

碑

陶菴集 卷三十一

墓碣

陶菴集 卷三十二

墓碣

陶菴集 卷三十三

墓碣

陶菴集 卷三十四

墓碣

陶菴集 卷三十五

墓碣

陶菴集 卷三十六

墓碣

陶菴集 卷三十七

墓碣

陶菴集 卷三十八

墓碣

墓表

陶菴集 卷三十九

墓表

陶菴集

卷二十九

神道碑

神道碑

伯舅左參贊趾齋閔公神道碑

孝宗大王簡拔英俊，俾輔于聖子神孫，時則有若臣文忠公鼎重，有若臣文貞公維重，號爲名臣。洎肅廟末，至誠體國，孚于上下者，亦惟曰忠文公鎭厚。公文貞公之嗣子，文忠公之從子，自是國人數柱石家，必曰閔氏、閔氏。《書》云“孝乎，爾惟敬明乃訓，用奉若于先王，追配于前人”，公之謂歟！

公字靜能，號趾齋，崇禎己亥正月壬寅以降。驪興之胄，遠自麗朝，始祖稱道，尙衣奉御。近世府尹諱機、觀察使諱光勳，淸謹質慤，積仁毓祉，篤生文忠、文貞。又恩城府夫人宋氏配文貞無違，得母道甚。凡五子，仁顯王后第四，公其第二。

公生長食息，不離訓典之內，德器夙成。十一歲，見尤菴先生去國，上書勉留，論復雪之義。尤菴大歎賞曰：“欲告春翁，付與獅子畫也。”春翁，同春先生也。嘗從文貞公外藩，赴儀賓選，白顯廟曰：“道多饑者可矜也。”上異之。及冠，丁宋夫人憂，自是幹蠱左右，服勤惟敏。文貞公曰：“吾兒天然孝子。”

辛酉，生員壯元。丙寅，及第，補承文院。翼年，文貞公卒。己巳，后遜位，諫者拷死，上方怒甚，公與弟議政公並下吏，旣而釋之。公爲廢宮供奉，僦居城外，禍機交極，而處之若平常。甲戌，中壼復正，公卽除侍講院說書，遷禮、兵曹郎、司諫院正言·獻納、弘文館修撰·校理、兼司書、西學教授。公自以地親勢格，畏榮若怯，不徵逐言議，而猶職思其居，嘗於經席啓曰："孝廟酷好《心經》，先大王以此書納之玄宮矣。願常目在之，上紹聖祖心法。"且陳納諫、崇儉、作人才、恤民隱累千言，上嘉奬。又因虹異，與同僚箚列修省六策。一日上遣中貴人來曰："欲令應教金鎭圭寫中宮眞，可偕入。"公對曰："私召，義不敢進。"乃下教政院，事竟寢。出爲北評事，驛疏上賑民便宜，以副應教還，乞得暇讀書，不許。入對奏蠲端川貢銀，嚴不擧子之禁。

丙子，改司憲府執義，廉問畿內，由輔德陞通政，戶曹參議、承政院承旨、大司諫。由禮曹參議爲忠清道觀察使，未數月，以豐昌府夫人有疾，承命亟歸。後大臣擧公約己奉法一二事，以風勵諸道。歷兵曹參知、刑曹參議。時洊饑，公以軍銜上疏，請依《月令》孟冬祈來年之禮，祀于天宗，議不行。屢入諫院，論辱國使臣徑叙之失，又斥大臣低昂科法者，當路銜之，以公嘗直吾叔祖大司憲翊寃，抉摘語句請罷。時朝論骫骳，公與金公鎭圭獨持淸裁，慍于群小，輒目以戚里干政。公毅然曰："旣在位，安敢不言？惟不見處以言地則幸耳。"自是棲遑江干，除隷院、諸曹不就。

庚辰，擢江華留守，時有囚告試官趙大壽用情，而獄官寢不奏。公妹婿在犴者及於抵公書，座客見而播其語。時輩欲禍公，且爲大壽地，直歸之飛書，迫脅甚急。旋因大臣言，先問金吾郎，皆服，大壽終抵罪，公亦被逮，以實對見宥。韓配夏等誣捏不已，上痛斥之，且曰："予幾墮術中矣。"拜兵曹參判，移戶曹。后寢疾，公承命直禁中。辛巳八月，后薨，十月，特拜漢城府判尹，移判刑曹。二府素煩劇，爲是職者類多玩愒，訟獄或淹過十年。公日坐衙平決，夜以繼晷，鉤深核奸，人稱神明。又守法不撓，宮庄理屈者悉走之他司，豪猾屛息。遞復入，前後十數。間爲議政府參贊，虜使至，儐接于境。公旣擔當時務，凡城池關隘、錢穀·甲兵，以至律令之沿革、閭里之情僞，無不洞曉。故事至剖判，沛然不括，廟堂諸公咸仰成焉。

甲申，朝參，公以懋聖學、立紀綱獻戒，上臨筵歎曰："大明是歲亡矣。"公進曰："孝廟奮發大志，與先正臣宋時烈有魚水之契，一時諸臣亦人望，密勿謨猷，罔非尊攘之義。中途崩殂，遺恨千古，而自先正死後，不復聞含寃忍痛迫不得已之言矣。殿下踐孝廟之位，今日庭臣乃祖乃父，孰非孝廟舊臣？雖國勢日弱，無可爲者，殿下苟能奮勵，一以孝廟爲法，臣等雖駑，敢不戮力？"三月十九日，親祀神、毅兩皇帝于禁中，仍築大報壇。時倉卒義起，公爲禮曹判書，上每事問，參据公私祀式以對，動合禮意。公在是職久且多，嘗奏去法宴女樂，爲萬世法。朴世堂門徒葬後廢筵饋，論以不孝之刑，宋六賢陞享文廟，久閣成命，至是行之。又去虜號於天將廟祝，他餘陵廟、山川、學校、科擧之屬，正訛興廢，不可盡記。

上以朝議歧貳爲憂，公對曰：“是殿下導之也，殿下執德不固，群臣無固志，而不靖之人又希覬攻擊，苟上下情義交孚，豈有是哉？”上不答。上預入御供米，公管惠廳，入對力陳其不可。時又營王子私第，適天旱禱于廟，詞臣代言，以二事自責，上不豫而强用之，猶不之改。公進戒曰：“此自欺也，欺祖宗也。”聞者縮頸。公嘗私難於朝堂曰：“安不可忘危，萬一警急，奉君社何之？”衆莫對。一日上遽問之，公對曰：“君死社稷正也。”李相國畬請繕修都城，公力贊之，役旣擧，異議橫生，李公狼狽去國，公乞與同罪，又慨然入告曰：“壬辰之亂，猶請死守，今則賊未至而已有棄城之論耶？願堅定無撓。”上不能用。

乙酉，用侍藥勞，陞正憲。丙戌。凶人林溥投匭，欲禍士類。方推覈，公以知義禁，首言溥罪當誅。傍有訐之者曰：“生殺人，豈一獄官所可專？”上入其說罷公。冬擢判義禁，復理其獄，復奏對忤旨，上盛怒盡革其職，且曰：“予誓不復用矣。”傾朝迭諫不能得。公常曰：“仕則盡職，否則守先人邱墓耳。”卽日歸，杜門讀書，若將終身。居一歲，上責百司怠弛，蓋思公也，旣而復召用。公素惡韓配夏、配周悖倫。配周入臺，以微事螫公不得售。

戊子，判敦寧，充行人之燕，廟堂以胡皇太子復位，欲追送前停方物，公密箚爭之曰：“天下雖長夜，或有操筆而書者曰‘某邦以某事媚虜’云爾，則何辭以自白於後世乎？”大臣交怒，然卒用公言，其伉厲不苟合如此。

庚寅，拜兵曹判書，振拔淹滯，注措無私，而申嚴舊制，痛束驕悍。又剋損上下需用，怨謗日興，旋因事忤旨，再告免。大臣白公勞悴請戒酒，上自製銘，銘于銀盃，面錫之。上方右尹拯，追咎甲子兩大臣筵奏，公以文忠公有父子師生之義不自安，上章申暴。西邊人犯越，胡差爲按查來，假皇旨欲越疆。公言宜亟移咨，得實而後可許。上不聽，則私勑舌官，如萊公之於利用，上以專擅罪公罷削之，諸臣久而益訟之，乃敍。

公在朝，嬉者勵懦者奮，庶務張擧。公不在，則國空虛。是以公雖不獲乎上下，而終亦不能舍公也。屢除官不起，壬辰李壍科獄，以公爲判義禁，別諭趣召。公謂義不辭難，趨命，獄訖復歸。廷臣方請上尊號，公不與焉，連疏力辭，批曰："往事予未嘗留在心胸，卿豈可自廢？入參進宴。"會上疾彌留，遂不敢告歸。上議變通良役，公始奏罷禁衛營，已而反汗。又設釐正廳，令公句管，僚議掣肘，久而少實效。至是上復促其事，公以爲新法不可遽行，無寧小變小益，乃請取列邑軍民多寡而均其數。公入對，每懇陳財竭民窮岌岌垂亡之狀，幾於涕出，且曰："先輩言丙、丁以後，上下當如在圍城中，此至言也。如是而後方可救得一分。"大要以節用尙儉爲急務，屢請罷無用廢不急，以紓國力。又欲去錢貨，卒不行。

丁酉，世子聽政，公請見于廟，又于文廟。公之使燕也，世子手書勞之曰："不勝《渭陽》之情。"公爲賓客久，每勸講，反復開導，雜以里諺，令易曉。忠愛懇款，嘗有過，苦口切諫。承宣出語公曰:“仰瞻顔色，若不豫然。”公欷曰:“老臣不言，誰可言者?”

戊戌，進階崇祿，公在藥院多年，竭誠調護。關東貢蔘爲弊鉅，奏減之，塞漏舒用，積儲有羨，又請益減之，上不怡，還復前所減者。公惶恐免兼弘文提學固辭，大臣以公臨試士屢違召論罷，人咎大臣曰:“如國事何?”不日敍復。公嘗承命往審北漢形勝，還言天險可守，遂城之。李相國濡又欲城蕩春而議多貳，至是遽增築。公極論利害曰:“連三城過百里，古未有也。”下其書朝堂，會議罷之。

公在廟堂，愼辭命嚴約條，倭人嘗請信使，以狡計賺我，幾損國體，賴公堅遏不得行。爲守禦使者五，峙糧繕城，若朝暮寇至。人有一能，輒羅致之，賞罰分明，得將士心。諸司一經公兼管，靡不整理，前規後隨，皆可行之無弊，下至醫譯書畫之徒，勸課成就者衆。最後授同知成均，則以文廟檜，極選師儒也。在卿列二十年，每三公新拜，愧於先之。公夙夜鞅掌，精力殆竭，而國勢旣不可爲，則曰“報國唯一死耳”。以禮書修關北園陵，歸又視師南漢，益示憊。大臣白解籌司，尋以三宰出爲開城留守，使便調息。公至則曰:“食焉敢怠?”方更張府務，大司諫金有慶爲言公忠勤公亮，一國所仗，不可一日使無於朝廷。頃之侍藥廳設，公力疾奔赴，子弟止之則曰:“死生安足恤?唯卽乎吾心所安耳。”闕中人望見公，咸驚顧咨嗟。疾愈篤，親友問者，笑與之訣。庚子五月十三日，卒於安國坊賜第，壽六十二。越一月肅考禮陟，翼年士禍滔天，識者曰:“使此老在者，或不至是。"

公在松都時，歎曰："吾十世祖以副留守浮後西江，歸老童城矣。"卒不能如其志。其喪也，朝野相弔，人士不識面者或來哭，坊民執炬送葬者五百餘人。今上丙午，配享景宗廟庭，用金文敬安國故事也。公長不踰中人，而精神溢發，色莊而氣溫，聲音出金石，洞徹心腑。平居以禮治躬，日必晨謁廟，退而拜大夫人，諸子女在前，雍穆如也，昏定亦拜。遠出與夫人相拜，婦女肅拜於中門之內，諸子拜于馬下。客稍尊，則下堂揖讓而升。祭時盛寒必浴，倚卓鉶豆，井井齊整，端拱序立，戶庭肅然無聲。

搜輯內外系譜曰："人不可不知來處。"凡厥奉先之事，靡有憾焉。子弟有過痛責，惶恐若無容。館嫠妹、孤姪，撫愛篤至。大夫人嘗聞古人內行之美，顧子女曰："不知與爾大哥如何爾。"冠昏用古禮，緦功之戚，哭泣衰絰，各稱其情。僮僕死，亦不肉。人有疾病死喪，歸之如至親。尤惇厚故舊，戶外弊屨常滿，所干非理，間有沒顔面時，而歡然如故。筆翰如流，案無停牘，每簿書賓客雜進，耳應手判，間以嬉笑，終夕無倦色，人人退若有得。餘暇又親近儒家文字，未嘗頃刻自逸也。

當事不分志，鑿鑿有條理，辭受取予，雖細必察，惡華務實，不作無益。常以暴殄天物爲戒，泊然少嗜欲，廐不畜一駿，庭不設一卉，惟遇酒往往痛飮而已。樂善好士，見不正若嘔，家世固士論宗主，而深自挹退，然於斯文、世教則惓惓焉。倡同志改樹栗谷先生墓石，又白上刊布尤菴文集，以扶名義。方尹拯隆爀，必斥呼之曰拯，其徒或在座失色，不顧也。公自少懷君民大志，立朝行己，一以自信，苟利於國，必忘身而爲之。或以禍福言者，輒手指天曰：“如彼何哉？”是以犯顔不諱，雖屢被摧壓，而不少挫，上亦曰：“不擇燥濕，唯某能之。”凶歲或進粥，以先家人，聞民疾苦，若恫于躬，念念不忘，素性然也。

自公慨然以徇國爲任，士大夫始知先食後事之可恥、忘身奉公之當然，而無貴賤賢愚恩讎，咸曰：“國有臣矣。”方今世道乖裂，衆口無眞，公之得此於人，何哉？然朝廷市井之臣，宜自知之，彼窮谷老羸，何從以知之？公身不出廟堂，而惻怛慈愛之心，已犁然乳入，是豈聲色號令之所及哉？嗚呼，感通之理，唯知者知之。

公平生受用，唯一箇直，故其氣剛大，雖百十斤擔硬著脊梁，而無難意，事事敢做，尋得是處。公雖不以學問自居，聖門所謂學者如是而已，蓋正家之嚴，及物之仁，克肖乎文貞公，而規模闊力量大，則得之文忠者多。至其講禮精深，一以同春先生爲準，故在家爲能子，在邦爲名臣，是固資稟之絶異，而家學淵源之正有如此者。世之徒以才猷視公者，可謂淺之爲知也。

夫人延安李氏，靜觀齋端相之女。一女適府使趙奎彬。繼配李氏亦出延安，其考縣監德老。男翼洙正郎，遇洙洗馬，女歸進士金光澤。翼洙一男三女，韓祐永、尹一復其壻也，餘幼。遇洙二男亦幼。趙榮進、金敏材，兩壻出。驪之大寶山，寧陵案山，公葬于其下，元媲祔東，北去文貞公墓十里。翼洙屬綍以大碑之文，綍曰：“往年已猥誌于幽堂矣。”曰：“淸陰先生嘗爲其外翁亦如此矣，‘其文云一在地中、一在地上’，子何獨過辭？”綍遂敢論撰如左。然小子愚陋，發揮揄揚，顧非其任。第以一時諸君子所叙述，摠以觀之，豈傳所謂“富貴不能淫，威武不能屈，可以託六尺之孤，可以寄百里之命”者歟？銘曰：

天地大經，有君有臣。是與父子，迭首五倫。
而以義屬，曰致其身。有不盡分，便不成人。
理則本然，民鮮能久。公曰噫嘻，我生有受。
維昔二父，講服斯義。曷不欽承？夙興夜寐。
原公素志，不在飽溫。處日月際，王絶私恩。
惟王克聖，公惟骨鯁。豈若時人，承奉爲敬？
曰天建辟，爲司民衆。其道伊何？敬信節用。
非臣無稽，若藥瞑眩。豈徒三黜？之死靡變。
雖不我力，人執仇仇。身居列卿，實秉事樞。
苟利于國，臣敢愛軀？一有顚連，若痛切膚。
錢穀甲兵，籩豆有司。孰非爲己？我自不疲。
陽氣發處，金石亦透。精神一到，何事不就？
難平者幾，有志莫究。大廈孤木，風雨漂搖。
中夜三歎，髮白形凋。於昭在天，惟先神后。
綏我寧人，謂汝有後。神孫遐陟，公乃先戒。
若水無津，舟流靡屆。公在廟堂，民有帡幪。
今其逝矣，誰活吾邦？王臣匪躬，蓋取諸蹇。
嗟哉今人，燕燕息偃。微公盡瘁，臣道幾晦。

功利雖博，卽此爲大。淸明剛大，我歸之全。
粤瞻秋旻，星斗闌干。如血一心，炯炯窮泉。
維忠武侯，死近千年。涕淚上墓，士女衣白。
是誰使然？忠義同得。何怪斯民，齎咨窮谷？
大寶之南，穹龜負石。姊子作詩，厥誦匪私。
凡百有位，尙克似之。

仲父判書歸樂堂府君神道碑

肅宗大王寢疾十年薨，嗣王有疾，人心危懼，國勢岌嶪。時舊臣殆盡，惟我仲父歸樂堂先生忠勤正直，威望甚盛。公之存也，天意若將以擬其難，而卒不免小人之禍，國人哀之。今上卽位，大懲黨禍，務主蕩平，而在下者不善奉承，於是忠逆混而世道喪矣。君子謂使公在者，必不若是。嗚呼，公之生死，關國家隆替如此夫。

公諱晩成，字士秋，嘗讀朱子《歸樂堂記》而心好之，以名其堂，故仍以爲號焉。李氏出牛峰，公以我祖考議政府右議政諱翽之第二子，爲仲父贈司憲府持平諱諹之後。持平公與其配吳氏同時殉節於江都之難，並旌門閭。公長身美髯，神采燁如。少卓犖不羈，而折節修行，好讀書，早擧進士。性至孝，親疾嘗糞禱天，友於兄弟。己巳以後，杜門自廢，以一布衣，隱然有門戶世道之望。甲戌更化，除翼陵參奉，不拜。

丙子，文科壯元，授成均館典籍、兵曹佐郎、司憲府持平、知製教。公以其叔父打愚公酷被宵小誣衊，常隱痛，不樂仕進，至是首上書白其寃，不報。然自以世臣義不可不仕，仕則不可以不盡職。是以其爲臺諫，必隨事盡言。領議政柳尙運與大提學吳道一主試，取其子鳳輝，公上疏言其狀，鳳輝竟削科。又論保嗇聖躬·導迪東宮之道、後宮封爵猥多·田園踰濫之失。持平李大成欲以朋黨之目，眩亂是非，公上疏引朱子之言曰："朋黨之禍，止於搢紳，惡朋黨而欲去之者，其國必亡。今大成乃欲不分邪正，混而爲一，謂可以助平明之治。此小人自謀之言，非國之福也。"除弘文館副校理，連爲修撰、校理、應教、吏曹佐郎、執義、司諫院司諫、世子司書·兼文學·輔德、宗簿寺正，往往迫而後出。

甲申，擢承政院同副承旨，移吏曹參議、大司成、兵·戶曹參議。丙戌，以刑房承旨，參鞫李潛。其冬陞嘉善大夫、同知義禁府事，治林溥獄，尋拜禮·戶曹參判、漢城府左·右尹、大司憲兼備局·槐院提調。嘗大旱，公力伸直臣李東彦之寃，忤旨免。

己丑，領議政崔錫鼎爲《禮記類編》，變亂朱子章句。太學諸生將上疏攻之，上聞而斥黜之。公以大司成上章，痛陳錫鼎之罪，略曰："道莫高於聖賢，書莫尊於經傳。而敢以一人粗淺之見，擅自更改，此斯文之大變。且士論之重，非人主之勢所可與奪，而殿下摧折太暴，是自戕其元氣也。其爲錫鼎地則至矣，奈國家何？"上震怒命盡革其本兼職，旋削爵秩。公屛居郊外，明年上悔悟，遂取《類編》書焚之，還叙公拜吏曹參判。會有海寇警，以命巡撫湖西，察民隱疏寃獄，禮賢士詰戎備，奏設杭金鎭、安興防，營修上黨城池。還入吏曹兼同知經筵、世子賓客。

癸巳，相臣李濡等請上尊號，公引劉敞言曰："復加數字，不足以盡聖德，而前美幷棄，願上勿受。"仍不赴廷請，復以疏申前說。尋又有御容圖寫之役，公於講筵，以懋實獻戒。時上疾彌留，藥院幷直。公爲都承旨，憂形於色，語或流涕，屢以觀理忘怒、節宣靜攝之要，言于上，上爲之嘉歎。旣而用侍藥勞加嘉義，歷刑·兵曹參判、副提學、同知成均館事。

丙申，由京畿監司陞刑曹判書，移吏曹。公爲亞銓者十，至是嚴銓法、杜倖門、振淹滯，政路肅淸。翼年從幸溫泉，因湖儒言，大臣白雪打愚公寃，特命賜祭。公以疏陳謝，遞拜禮曹。丁本生繼妣憂，公年衰而執禮愈固，及吉，除工曹判書，改兵曹。申明紀律，恢張公道，士皆悅服。新營號大將私帑，而毫髮無所費，庫藏充溢。

庚子，上疾大漸，公止宿省中，危疑百端，蜚語交煽，而處之毅然，中外咸倚信焉。每哭臨廷中，公端坐烈日下不少動。山陵畢，連判刑曹、漢城府，莅事勤而守法嚴，兼知春秋館事。以上未能躬行饋奠，每至誠規諫。且請頻接臣僚，不省。翼年復判兵曹，時上久無嗣，公嘗主豫建之議，及是從諸大臣入對，稟慈旨，冊今上爲世弟。於是凶黨益疾之，公之禍實本於此。李森嘗自請於公，爲湖西節度，而森方爲群奸囮，故公因以出之。是年冬，賊臣金一鏡等七人與宦者朴尙儉通計，謀上急書，朝廷一空，公亦被削，旋謫扶安。公聞命就道，無幾微色，至白馬江陷冰澌，自誦唐子方詩。其在謫也，日讀《論語》，禍機漸迫，而猶不輟曰："朝聞夕死可矣。"

壬寅夏，誣獄大起，士大夫多戮死，三大臣已受後命，公次第將及，而群凶無以爲罪，乃引出森事構捏之。公遂被逮，臨行神氣自若，無一言及後計，家人請面訣不許。及就對一以實，凶徒議讞亦曰無可問。於是鳳輝輩嗾李普昱請更問，又謂公以四大臣聯箚爲宗社大計，遂添一案。公由是不能出獄門，竟以疾卒於八月十五日，春秋六十四。

今上元年，命復官賜祭，又贈職，又敎曰："諸臣中惟李某尤爲寃酷，錄用其子孫。"且以森及前後禍公者，幷投之邊。公始葬水原，戊申遷于龍仁泉洞之先兆。夫人安東金氏祔，領議政壽興之女。男絿進士壯元，仕爲正郞，以孝旌閭，贈執義。女適進士金星澤。後夫人延安金氏，奉事淵女。女適柳得養。庶女婿進士尹劉。

公忠信敦確，中寬外直，雖不切切於問學之功，而平生行事，無不可對人言者。與人無賢愚貴賤，一以誠意待之，而尤篤於故舊，不遺疏遯，睦於親戚，待以擧火者十數家。平居嚴恭自持，未嘗攲臥取便，至老不衰。喜看朱子書、《自警編》，雅意邱壑，嘗築亭於西湖，義有不可，輒奉身而退，漁釣以自適。又躬稼力穡，以儉勤爲本。

其事君忠愛懇至，見一政之善，則喜而不寐；一事之失，則憂歎竟夕。謀國務持重，不喜紛更，臨事亢厲不少屈，動與廟堂牴牾。每勸上公好惡絶偏私，爲出治之要。且以阿順苟合爲深恥，宮掖近習，痛繩以法，無所饒貸，上亦嚴憚之。尤於陰陽是非之辨，界限甚嚴，不爲方便牢籠之術，信己以行，不他顧也。是以蔚然爲一時善類之宗主，而亦以此不免焉，嗚呼痛哉。

縡少孤，學於公，拊育責厲，俾至成立。今老病且死，猥以文字紀公之績，懼不足以盡公之德，乃採於士大夫之誦，爲之銘曰：

猗歟仲父，實惟我師。忠信正直，明白坦夷。
爲臣盡節，王國是毗。謇謇匪躬，行峻言危。
天運囏難，有平則陂。危疑之際，蹢豕非羸。
亂況斯迫，大夫其離。公如一柱，屹然自持。
豫建之策，是爲禍基。悠悠南征，風雪載霏。
六月歊赩，篌輿又馳。蕭傅之剛，於分匪宜。
北寺之寃，今古所悲。群小相賀，上穹何知？
天地之氣，直以大猗。浩然無愧，公則以之。
是命之正，其行不疑。泉谷之原，有豐其碑。
最凡攷實，小子爲詩。輿人之誦，非爲吾私。

左參贊寒竹申公神道碑

濟州在南海中，海道幾千里，颶風鰐魚，發作無節，舟楫往往覆摧。州有大靜、旌義二縣，皆依山面。海多毒霧瘴氛，而大靜爲甚，譬古之春、雷。至者雖少壯，不死則病，十無一二還者。寒竹申公嘗於少時，其考執義公謫，於是往侍五年而還。及景宗壬寅，抗章觸群凶怒。群凶欲殺而不能得，乃投之海中，偶得是縣焉，時年八十四。五月渡海，方渡回飆大作，駭浪震盪，舟中人暈倒無人色。公獨神氣揚揚，坐見天際如絲髮微橫者，指之曰："此某島也。"至縣，寓于柑山村。南極下有大星甚明，以秋分後春分前見。公扁其軒曰挹老，仍有"願假彭鏗八百齡"之句，聞者誦而壯之。

公平山人，諱銋，字華仲，寒竹其號也。狀貌魁偉，自幼有大人器量，顧中歲病廢，仍落拓不偶。庚申筮仕，義禁府都事不就。執義公嘗敦匠寧陵，及癸丑遷奉，群壬欲危中尤菴先生計不售，乃以隧役不堅，歸罪於任事者，執義公在謫籍久。至是公擊鼓悉暴其寃，始雖見格，而執義公竟宥歸。公乃赴擧，丙寅別試及第，隷槐院，間攝堂后，應製錫馬裝，因敦事勞陞成均館典籍、戶曹佐郎，移兵曹。戊辰，執義公卒。甲戌，復爲兵郎，移京畿都事、司諫院正言。尋丁內艱，及吉，拜司憲府持平。

先是己巳凶孼嗾希載家，使其奴埋呪於希載父塚，謂大將申汝哲家人所爲，以爲善類謀不利於東宮。及事覺，希載之奴當誅，相臣南九萬、柳尙運按其獄，力請勿問，上始難而終許之。尙運僕僕感謝，重被人論，斥出城外。已而尙運還入，復爲首相。始仁顯王后復位也，兵曹判書徐文重倡搢紳，會敦寧府，爲張氏陳疏，不果上，爲士論所擯，至是入相，公議大駭。公上章並駁正之，上震怒，黜補旌義縣。政院、玉堂交章請寢，不報。尋改判鏡城府，居一歲召還，爲兵曹佐郎，陞正郎、侍講院文學·弼善。求外得延安府，未久棄歸，復爲泰安郡守，未赴，移坡州牧使。

辛巳，擢授水原府使，冬遷黃海監司。其爲延安也，府有南大池盛芙蕖，民田蒙利且千頃。後宮欲折受，內司人稱上旨來迫公，公執不可，狀牒幾三四上，上亦不能强。及按其道，莅下以寬，律己以簡，旌孝烈疏寃獄，歲飢又善賙賑，民以不死。秩滿，從民願還仍，及麥而遞。歷禮·兵·戶·工參議、掌隷院判決事、承政院承旨，再爲大司諫、吏曹參議。

戊子，陞開城府留守，以事忤廟堂見罷，叙拜工參。自是周流諸曹，在東銓最多，間爲都承旨、漢城府右尹、大司成、大司憲。上寢疾，將浴於溫泉，會有虹貫之異。公上疏諫，上雖不從，而奬其憂愛。公嘗於孝廟丁酉中進士，至是歲爲回甲。公子弟卽其唱名日，會卿宰及同年恩門子孫以娛之。翼年，大臣以公年八十白上，超資憲階，遂知中樞府事，入耆老所。爲議政府參贊、工曹判書，乞休致，不許。己亥，上入耆社，覃恩諸老臣，公亦加正憲，已而錫宴。公與領中樞李公濡等十人與焉，明日詣闕上箋謝，仍圖繪其事以傳。

庚子，肅廟昇遐，差山陵都監提調，病不任引免，仍解經筵、成均兼任。翼年，今上殿下正位儲貳，賊臣鳳輝投疏沮撓，擧朝齊聲請討，公亦輿疾入參。冬，逆鏡輩得志猖獗，善類斥逐幾盡，又以庭請議罷時諸宰唯諾爲罪，並削黜，公亦與焉。尋以公老病先出，區別還叙。逆鏡又欲爲張氏建祠定號，將令卿宰會議。公擬上疏力爭，既屬藁，不及上。既而虎龍變書上，時我使爲世弟封典之燕，竣事報至，群凶失心，即日上變，意欲動搖國本。一鏡忽出於囚供，鏡黨始設鞫于禁庭，俄移本府鞫囚。又引相泰耉，耉不得已出而胥命。政院、臺閣紛然迭起，請上敦勉完獄，人心憤惋，亦莫敢言。公遂上疏，槩言鞫獄體嚴，移設之異常規，敦勉之無忌憚，宜加譴斥，以礪君臣之義，仍陳保護東宮之請。時虐焰燔天，中外惴惴不自保，子弟以禍將不測，交謁更諫。公愀然曰："吾受國厚恩，老而不死，何忍不一言，以負我先王？"疏入，耉、恒方坐闕，相顧失色而出。師尙以大司諫馳入請對，構捏百端，遂減死圍籬安置。始公以持平劾柄相也，將赴旌義，笑謂夫人曰："子每恨吾作宰之遲，今乃得之矣。"其時已老白首。至是公篤老，殆不能起，而猝然作水陸數千里行，聞者無知不知，莫不愍然。公無幾微見色，與親舊相別，言笑自如。人莫不吐舌曰："壯哉是翁。"

嗚呼，人少則勵名節，及其老也，志氣摧頹，禍福之慮益深，妻子之累愈重，往往臨毫髮利害，輒曰"吾則耄矣"，常人之情，蓋莫不如是。而公則不然，忠膽激烈，遏捺不得，雖刀鋸鼎鑊之在前，而視之若無覩，則彼重溟千里之險，又烏足道哉？彼年少人厭厭有泉下氣者，聞公之風，亦可以少知愧矣。公於謫中，手書"樂而忘憂，怡然自得"八字以自勖。癸卯，夏旱疏決，命移陸撤籬，凶黨尼之，閱數歲不止。今上乙巳，首命宥釋，以位著不備，趣公馳驛還朝，旋拜工曹判書、左參贊，入枚卜。公二月聞赦書，三月始登舟，風不利，行五日下陸，疾甚不能行，以其月二十五日卒於海南縣寓館。上亟遣醫賫藥馳視，未至而訃聞。上震悼輟朝市，弔祭如儀，特贈領議政，謚曰忠景。論者謂公倉卒一疏，雖未能畢其忠憤，而亦足以折其凶焰塞其禍心，宗祏之安，未必非一言之力云。

公鼻祖高麗壯節公崇謙，近世有諱敏一，成均館大司成。是生鍾城府使諱恂，是執義公之考也。執義公諱命圭，兩世以直節重於世。妣宜寧南氏，司禦好學之女，外祖仙源金文忠公尙容也。公配曰杞溪兪氏，楨之女，有女士風，與公同年生，六十一卒，累贈至貞敬夫人，擧一男二女。男思遠漢城判官，公卒不勝喪，以孝旌閭，贈執義。女適郡守李秀賢、士人李華臣。執義三男曦、暵、曤，二女壻參判兪拓基、士人朴大源。李郡守子濟元、濟命經歷，女爲參奉辛義立、士人兪㢜、宣傳官趙德中妻。李壻子英輔進士壯元，佐郎，文輔生員，女士人申晛、黃楫、進士玄光宇。內外曾玄不能盡記。

公平生不問產業，不畜玩好。立朝四十年，屢典藩府，而家人稱貸以給，土爐短檠，一室蕭然。十年銓地，門庭如水，閉戶高臥，往往若無人焉。爲詩遒健，筆亦奇勁，有遺集若干卷行於世。公葬於楊州注谷先塋坐酉之原，兪夫人祔焉。其嗣孫曦將樹大碑，來請文泣而曰："此吾父之願也。"余固不文，而未忍傷孝子之志，遂爲之敍，系以銘，銘曰：

漢挐之山高寵嵷，下有碧海波澒濛。
古來荊棘此路通，不聞八十九十翁。
老臣不死逢鞠凶，痛心裂眥憂家邦。
片言脫口讐群凶，鐵壁千仞氣何雄？
忽如衮衣來在東，昔時少年龜鶴容。
公來公去天以風，奔走蛟鰐驅祝融。
勻天無人我將從，巫陽下招淒青楓。
大星煌煌當宵中，南人見之如見公。
浩浩一氣還太空，有時鬱硉成長虹。
我筆不能大如杠，寫公卓節垂無窮。

祭酒芝村李公神道碑

惟我尤菴文正先生際遇寧陵，以明天理正人心爲己任，攘夷狄闢異端，蓋上承孟、朱遺緖。其門人尹拯以其父宣擧陰附賊鑴，譏訕復雪大義，重得罪於士論，積不平。且知鑴黨禍心叵測，必欲甘心於先生，懼其株累，託以先生所撰其父墓文不如己意，始則潛詆，終乃顯斥，仍自絶於師門，實倫彝之一大變。芝村李公喜朝慨然自附於鳴鼓之義，就拯徒羅良佐誣悖之疏，逐節辨破，備論拯父子心術，以書質于先生。旣而群凶果大逞，先生遘禍，拯遂與鑴黨合，自後平陂往復，變故百出。公以世道爲憂，每與人論此事，考據詳博，辨覈明切，使聽者曉然於是非源頭，終身口吃吃不休，後生初學賴以不失其所向者蓋多矣。　昔孟子痛辨楊、墨，自謂“我豈好辯哉？不得已也”，又曰“能言距楊、墨者，聖人之徒也”。嗚呼，若公者，可以無愧於斯言也夫。

公字同甫，延安人，副提學靜觀齋諱端相之子，判書文貞公諱明漢之孫，月沙文忠公諱廷龜之曾孫，外祖曰議政全義李行遠。靜觀公勇退名塗，專心學問，不幸早世。公纔十五，撰次其事行，無所遺漏，請文於同春文正先生。先生稱其善於狀德，以至先執長德交口稱賞，以爲克肖。公聰穎絶人，文藝夙成，而擩染庭訓，已有爲己之志，家世以科擧詞翰爲業，亦不屑也。及孤益感痛自奮，就靈芝舊居，名其齋曰志事，取聖賢書，潛心探賾，識日益明，行日益高，一時士論翕然傾嚮，不知者咸願一識其面。當崇陵大喪，公時弱冠在闕外哭班，儒生聚觀者如堵墻。是歲往拜尤菴先生，仍定師弟子之禮。

乙卯，文谷抗章南竄，實公貽書勸之也。及尤菴栫棘絶海，公奉大夫人出居靈芝，著《大歸說》以見志。庚申更化，擧學行之士，吾外翁閔文貞公以公應命，拜健元陵參奉，一謝便遞，尋復以薦除典設司別檢。甲子，直陞六品，翼年由工曹佐郎爲鎭川縣監，奬節行禮耆老，選鄕秀子弟，月一會講，四境多聞風而興者。俄以親嫌遞，復爲平康縣監，與邑子行鄕飮酒禮，闢西齋於三淸之臺，爲士子藏修所，且作亭於瀑上以禱雨，蓋倣朱子起亭故事也。會因尹拯背師事發，時輩怒公長書，噂沓不已，乃投紱歸。

己巳，時事大變，拯黨嗾臺官欲彈之。公不欲遲回近畿，盡室入嶺東之歙谷。甲戌，再入工曹，尋出爲仁川縣監，仁有靜觀公遺愛，爲治一遵前規，凶歲賙賑得宜，有璽書之褒。亡何選東宮書筵官，又擢授司憲府持平，力辭遞，復出爲天安郡守，治理益著。遞拜尙衣院僉正，陞掌樂院正，又出爲海州牧使。州有石潭，栗谷先生故居，公慨然興思，數往拜院，親主教席，講課有方，彬彬有作成之功。又創瑤琴亭于巖上以寓慕，邑人至今稱頌不衰。又爲楊州牧使，丁母憂去官，及吉爲淸風府使，公素愛山水，强疾一赴。及除掌令、執義皆不起。自是改號艮菴，其意蓋有在也。旣而授三陟府使，不赴，除執義，懇辭，批旨特優。擢拜承政院同副承旨，筵臣累請敦召，再除不起，間爲刑曹參議。

先是尹宣擧欲掩江都苟免之失，上援孝廟，多有誣悖之說。拯久祕之，至是文集出，儒生申球上疏發其事。上命毁其板，削宣擧父子爵。其私黨群起血戰，章疏迭上，率多醜詆尤菴。公上疏引尹和靖故事爲辭，未幾特陞漢城府右尹，移工曹參判。翼年夏，拜大司憲。時上寢疾，命世子代理。公因辭疏陳戒，又上書以格物致知爲講學之目，誠意正心修身爲進德之目，而且請書筵兼講尤菴所選朱子奏箚，蓋公平生最所用力者，故進言如此。拯徒李世德託以爲師伸辨，擊鼓納供，誣尤菴愈酷，東宮命竄世德于絶島。公抄宋文正公文集事關尹家父子者，作二冊，幷錄孝廟已亥獨對說話，用囊封例，使子亮臣賫呈。批旨曰："今卿陳辨，可謂明白，仍覽冊子先正議論本末，其所以明大義忠聖祖，詳悉無餘矣。"俄兼世子贊善，轉吏曹參判。時輩意申球疏出於公，怨毒益甚，至是迭起投匭，謂囊封卽同告密。賊臣明誼投疏誣詆，極其憯毒，宮官、畿儒相繼伸辨，請益盡禮召致，兼成均館祭酒，又拜大司憲，辭。

公自以受恩罔極，身不可進而言猶可進，乃抄東賢論君德治道者，爲十冊以進，優批嘉奬，命出示世子。筵臣白某素淸貧，宜有周急，命致食物。復拜吏曹參判，累辭遞。景宗嗣位，上疏請進講先正臣李彦迪所著《九經衍義》，嘉納。及今上冊爲儲嗣，復授贊善拜憲長，上疏陳輔導東宮之道，且請於尙方所進素屛，書古人格言，以代湯盤、武楹，嘉納之。壬寅，士禍作，凶徒構誣公，至以"戕賢毒正，無不陰主"爲案，請竄極邊。而賊臣眞儒尤力主之，遂謫靈巖郡，尋移關西之鐵山。南北山川敻絶，公澌頓已甚，而强起登途，病日劇，猶以嚴程不可遲留，催趲不已。未至配所，卒於定州店舍，壽七十，時甲辰正月二十日也。前一日有白氣如虹，光明燭地，是日大風又拔屋，歸葬龍仁文秀山先兆。今上乙巳，群凶迸黜，命復公官爵，尋贈議政府左贊成諡文簡，又躋配仁川鶴山書院，卽專享靜觀公所也。

公配安東金氏，領議政壽興女，令德宜家，先公八年卒，用祔左禮。一男三女，男亮臣文科，大司諫，有子二人，獻輔進士，敏輔出爲人後。女婿金鎭岳，有繼子玄澤，次黃慶河，縣令金東鉉。

嗚呼，尤菴先生之學，旣得朱門直字旨訣，又作《爲學方圖》，講學、省察、涵養、踐履，都管轄於一箇敬。公傳授端的，門路極正，終身所檢身而教人者，不外於法門成規。

又懼邪說之害正也，旣爲文辨吳道一《困得編》，又聞道一誣詆退、栗二先生，作詩以闢之。其衛道之誠如此，不獨發尹家父子隱贜而已，其有功於斯文、世道者，豈曰淺淺乎哉？是以積困讒口，衰暮之年，流離竄逐，卒死於道路。韓愈氏所謂"使其道由愈而粗傳，雖滅死萬萬無恨"者，卽公之心也歟！公之大節旣如是，其餘可略也。縡之冠也，公辱陞階而祝之，今長德都喪，世故無窮，縡亦老病且死矣。亮臣在時，嘗屬以文字之役，未忍負亡者之意，遂攬涕而叙之，系以銘曰：

在昔楊、墨，禍烈洪水。闢之廓如，厥有孟子。
是謂一治，與禹同功。悠悠千載，復見尤翁。
公則能言，乃惟聖徒。外侮斯禦，吾道不孤。
群小攸慍，積困多口。一柱亭亭，山頹之後。
出處言議，曰吾有受。幼學壯行，豈無其志？
辭尊居卑，律令卽是。七邑絃歌，如見莞爾。
石潭新亭，寶匣餘韻。篔簹之歎，靈芝舊隱。
收拾詩書，尋我《遂初》。束帛蒲輪，恩禮徒勤。
囊封獻忠，亦有師言。誠心衛道，皤然白首。
於卦得艮，時止无咎。天運艱難，劫火斯惔。
斬伐之厄，至及山林。流離顚沛，遯矣西南。
魂招旅店，氣短儒衿。黨籍光華，在公奚慽？
彼讒人者，卒歸亂逆。不待百年，公議大定。
我作銘詩，以詔無竟。

觀察使鳴巖李公神道碑

昔張忠定公嘗謂"吾榜中得人最多", 所序列德望、風裁、方面之具者, 各當其實, 天下不能改其辭。惟余同年諸公, 往往至公卿, 而鳴巖李公位止全羅道觀察使。夫以公名德才望, 出爲世用, 宜不止方面之重, 而嶔巇抹摋, 不克大究厥施, 則豈其所遇有幸不幸而然耶?

公爲人奇偉肅爽, 以亢簡自持, 無世俗氣, 其言議遒發勁切而不可撓。是以其立朝事君, 進退語默, 蔚然有古名臣風, 人知其不能及也。公少以進士調氷庫別檢, 累遷郎曹、運判, 出爲龍宮、永同二縣, 移判全州, 廉公有威, 剸劇綜務, 事無不擧。肅宗壬午春, 駕詣太學試諸生, 公中丙科, 有忌嫉而讒誣之者, 公棄官歸湖中。未幾入爲司諫院正言, 辭不拜, 復由司憲府持平改正言, 遂上封事, 極論君德朝政闕失, 多人所難言者。且曰: "黨論之害, 其來已久, 然君子之心, 不以孤立無朋爲貴, 必以合天下之人濟天下之事自任。故苟其賢且忠矣, 惟恐其黨之不衆, 必以身爲其黨, 又將引其君以爲黨也。苟不然, 則淸議鬱而小人用, 其國必亡。" 上嘉納之。

時大臣所薦用卿宰, 類多不叶人望, 皆公親故, 而公隨事指陳, 不少顧忌, 由是不悅於朝, 遂自罷去。旣而累拜司諫院獻納、弘文館校理, 公自知不能俯仰於時, 退居文秀山下, 連除吏曹佐郎兼侍講院文學、南學敎授, 不赴。坐貶南平縣監, 居一年, 上用大臣言, 召拜副修撰、兼司書, 復入吏曹爲正郎，兼文學、校書校理、獻納，皆不就。

己丑，差濟州巡撫御史，上爲其力辭淸要，特改成均館直講以行。農巖金文簡公歎其自守之堅。還拜應敎、司諫、輔德，亦辭不就。初有林溥者上書論辛巳逆獄，以陷其時按治諸臣，上震怒命鞫之。相臣崔錫鼎謀右溥，其後李潛踵上凶書，潛之黨金世欽、權斗紀等繼之。持平李公東彦以直諫積忤於時，下獄死。公爲執義，抗疏力陳群小構禍士類狀，且辨東彦之寃，於是黨人多側目劾罷之。久之拜掌樂院正，出拜襄陽府使，尋賜暇讀書湖堂。

庚寅，以應敎還。時朝著稍靖，人多勸公出，公不可。夏，擢授通政大夫、水原府使，已而有全羅觀察之命，號令嚴明，一道爲之肅然。公少以詞翰世其家，名動一世，至是朝議欲以文任處之，未及召還，遽以疾卒于官，實辛卯十二月二十四日也，享年五十二。遠近聞之，莫不嗟悼，訃聞，賻祭如例。

公諱海朝，字子東，延安人，左議政文忠公廷龜之曾孫，文貞公明漢之孫，文肅公一相之季子。連三世掌文衡，爲世名家。公少孤力學，樂善好義，平居沈默寡言語，簾閣據几，手書冊以終日。遍遊名山水，蕭然有出塵之想，其盃酒談笑，風流弘長，掩映一座。爲文章，古有法，尤長於詩，有集行于世。公沒後家無甔石，子孫幾不能自存，人益服其淸儉。公之所存者，其大如是，而卒以不得於時，位不能滿德，豈非命耶？

公之配，南原尹氏，校理贈領議政文烈公暹之後，郡守以健女。繼配坡平尹氏，通德郎烜女，皆有婦德，事君子無違禮。子男四人，都事徵臣、郡守崇臣、泌臣、度臣。女三人適金時述、判尹金若魯、俞德中。諸孫器輔、珪輔、縣監彝輔、璿輔，餘幼。公初葬文秀山，今上丁巳，改葬廣州楸峴慕老谷之原，二夫人祔。銘曰：

文忠之世，世以文鳴。淵雲之華，王國攸程。
懿哉鳴巖，學則有方。非直也文，侯美且昌。
謇謇其言，惟執不撓。抑邪與正，淸議斯矯。
彼婉孌者，以公爲齮。進塗惟闢，我往其躓。
文秀之山，有泉斯濯。上思其忠，恩顧日渥。
曰汝來思，帷幄淸華。難進易退，我義靡佗。
晩際彙征，出殿南服。廉公以威，蔚有成績。
不大其用，君子悲焉。時運攸爾，莫我者天。
螭首之碑，有徵在斯。文以昭之，百世其垂。

大司憲洪公神道碑

庚子肅宗大王薨，嗣王有疾無嗣，國勢岌嶪。洪公啓迪素慷慨有大節，嘗謂其弟啓道曰："方今國無儲貳，而群下各自爲心，恐他日有國家者，非吾先王之骨肉也。吾與其生而無補於時，無若死而爲國。" 蓋有疏請建儲之意，而正言李廷熽之疏已上矣。公時爲大司憲，與諸宰中夜入對，承慈殿諺教於上前，冊今上爲王世弟。賊臣柳鳳輝首進一疏，斥建儲諸臣以爲無人臣禮，公同諸公請設鞫正法。後爲都承旨，自代理命下後，一番人章奏交於公車，駭機叵測，人人無不惴恐。而公獨當虓怒決裂之勢，處之各得其當，嶷然有山嶽之重，朝著恃公以爲安。而群凶切齒，宦侍側目，必欲先去公而後已，公之大禍實自此始，君子哀之。

公南陽人，字惠伯。洪出自麗太師殷悅，代有聞人，入本朝，有友菊齋諱敬孫、石壁諱春卿。至諱命元號海峰、諱處厚號醒菴，兩世俱京畿觀察使，公之高祖若曾祖也。祖諱受河，司憲府掌令。公以縣令諱禹圭之子，出後其從父諱禹錫，贈吏曹參判。進士諱受渙，卽縣令公之考，而於醒菴公爲第三子也。縣令公娶完山李氏，監司時萬之孫，進士仲麟之女。

公以肅宗庚申生，參判公已歿，宗祀久無主。公年十歲，出爲參判公後，所後母朴夫人敎誨甚嚴，公或有過輒笞之。公則自折枝以進之，深受其罪，辭氣益和婉，又不令李夫人知之，長者咸嘆異之。自幼聰穎絶倫，及長益用力於文詞，有奇氣，不逐俗尙，才名藉甚。

壬午，中進士壯元。時朴世堂改朱子四書註釋，又於故相李景奭碑，詆誣尤菴先生。公倡率館學多士，上疏論之。肅廟取覽其所著文字，亟命投火，仍削黜世堂，士論快之。戊子泮試，公對策居第二，上特命賜第，蓋異恩也。直赴同年式年殿試，隷槐院，薦爲藝文館檢閱，陞待敎、奉敎，間爲侍講院說書、兼說書。辛卯，陞成均館典籍、兵曹佐郞。壬辰，除司諫院正言，上疏論王子奴犯禁，而法官畏忌不治之罪。

癸巳，上尊號後，持平金有慶以諂諛成風，譏斥廷臣，大司諫尹世綏劾之。公上疏言"有慶抗論不諱，非有憂愛激切之忱，能如是乎？世綏抉摘語句，勒加壞亂朝廷之目，縱不能自進忠言，何忍構成罪案至於此哉？宜譴罷世綏，以明其枉直也"。復上疏曰："禁掖之中，有歌呼之聲，聞於外庭，不瑕有乖於古聖人放鄭聲之戒乎？臣未知所設者何戲，奏伎者何人，殿下亦果臨視否乎？自今宮婢之出入闕庭，聲樂之蕩人心志者，痛加斥絶，則庶可以肅內外而遠邪淫[1]矣。"上優批嘉納，且賜皐比以奬之。

三月，選入玉堂，爲副修撰、副校理，兼南學教授、知製敎。縣令公在盈德任所遘疾，公乞暇往覲，仍丁憂。邑有戶賻之例，而公辭不受。旣吉，拜副修撰，兼侍講院司書、中學教授、漢學教授。時上候違豫，藥院請姑勿捧章疏，以便調攝。校理宋成明斥以壅遏言路，掌令韓以原以不憂君父之病，劾成明。公與同僚箚論成明託於憂憫國事，圖售傾軋之計，以原不諒天理人情之所同得，直驅人於忘君父之科，請並罷其職。

以副修撰爲便養乞外，得泰仁，未及赴而以經幄乏人，復還玉堂。尹拯門徒崔錫文上疏出其師辛酉擬書，仍以醜詆尤菴。公就其疏，逐條陳辨甚痛快，又以玉堂柳鳳輝、鄭栻上箚請罷權文純公職，以爲"觀其氣勢，便一已巳戕賢之

1 淫：底本에는 없음.《肅宗實錄》39年 3月 12日에 의거하여 보충.

黨也。焚坑之慘，將在目前，國之危亡，不啻兆現，可勝痛哉？ 請正其罪”，上批切責。 正言宋眞明劾公以恐動君上，請罷職不叙，卽允之。是秋上始覺悟，大定是非，仍下特叙之命，除副校理，疏批有追悔語。除吏曹佐郎，陞正郎，又拜副修撰。上親題掖隸訴牒，已而責政院不擧行，公與同僚上箚，言“掖隸何等賤微？ 狀牒何等猥瑣？ 而殿下乃屈如天之尊，親賜題旨，褻君明虧國體，至斯而極矣。今日之弊，不患掖隸之見陵，惟患國法之不可行。從今以往，此輩有罪無罪，一付有司，以示宮府一體之意”，上嘉納之。

丁酉，上將有溫泉之行，公與宮僚疏請王世子隨駕。爲御史于湖南，採訪民瘼，條奏甚悉，廟堂多所採施。還拜校理，又拜北評事，未赴，拜校理、兼文學。冬陞應教、兼輔德。修撰洪萬遇上疏論李相頤命獨對時事，並詆權文純公，上命罷萬遇職。公率同僚上箚請嚴加懲討，上從之，萬遇遂削黜。公又乞外爲楊州牧使，以上官有嫌褫。正言成震齡劾正大臣奏語之失，被掌令金萬胄駁論，公以司諫劾罷萬胄職。

戊戌，用端懿嬪魂宮都廳勞，進通政階，直拜司諫院大司諫，旋自罷免，叙拜禮曹參議。已亥，爲慶尙道觀察使，坐庠官時微眚罷，叙拜成均館大司成，屢典課試，鑑識孔明。自是再爲副提學、大司成、刑曹參議，三爲承旨，四爲吏曹參議，一爲戶曹參議。間除伊川府使，又被留不出外，差承文院副提調。

庚子，景廟新卽位，趙重遇者受凶孼唆囑，疏請加張氏位號。公以承旨方移疾，聞卽詣院，手草陳啓曰："重遇疏，以母以子貴爲言，而敢曰：'先大王陟降之靈必不咈於今日之擧。'又敢曰：'先大王微意存於其間.'此豈今日臣子所敢發口者哉？伏惟先朝處分，不啻嚴截。頃年以御史書爵號，特加譴罰，且以咸一海上書中書其爵號，有絶痛之敎，聖意所在，昭如日星。今於仙寢未冷之日，已有此陰邪輩嘗試之計，矯誣先旨，無所忌憚。若不痛懲，則恐有歉於遵先之孝矣，請加重究。"上從之，重遇乃遠配，後竟杖斃。八月，擢拜江華府留守。

辛丑夏，入爲司憲府大司憲，差實錄廳、備邊司堂上，遞拜大司成兼同知義禁府事，復拜大司憲。公慨然以正風俗振綱紀爲己任，數坐府按事，風聞逮治，無不如法，都下震肅，姦猾屛息。同三司請討鳳輝，或求對或伏閤，日再三啓，皆公手草，言甚激切，仍論趙泰耉護逆之罪，請先削黜。以長寧殿改建勞，進嘉義拜都承旨，製進王世弟嬪竹冊文。

十月，執義趙聖復上疏，請令世弟參聽，講確於裁決之間。是夜下敎，使世弟聽政，入直承旨、玉堂先入對，請還收。左參贊崔錫恒先至請對，遂中寢。大臣、諸臣追至闕下，聞已還寢皆退去。戶曹參判趙泰億又趁明入對，請罪當日三司及諸大臣。公備陳其事狀，辨斥甚嚴，泰億始退。俄而復命依前教擧行，大小諸臣亟求入對而不能得，遂庭籲累日，而天聽邈漠然。韓世良、朴泰恒等相繼投疏，捏誣諸臣。公啓曰："備忘之下，在於深更，大臣、諸臣驚惶奔走，將欲請對，錫恒不待齊會，徑先入侍。及成命反汗之後，無所事於入侍，遂皆相率而退。今乃勒歸諸臣於袖手傍觀之科，必欲因此盡逐，誠可痛駭。而世良之疏，則'天無二日，地無二王，陰移天位，國人疑惑'等說，看來毛骨俱竦。爲人臣子，何敢以此等語，萌於心發諸口哉？此兩疏不可循例捧入，仰請睿裁。"上無發落。

公再啓曰："世良等罪惡，實王法所難貸，神人所共憤。殿下於鳳輝，尙靳肆市之戮，賊臣之增氣，未必不由於此。而若不亟降嚴鞫之命，快正王法，則竊恐倫彝斁絶，國家之亡，迫在呼吸。"俄以世良疏捧入，罷公職，院僚請繳還而仍之。公以此時不可言小嫌，仍就職。又因權珪疏，啓曰："珪疏謂皇天祖宗，必欲亂亡我國家耶？何爲而有此擧也？設令春宮黽勉承命，國家何至於亂亡耶？其爲悖逆，莫甚於此，請設鞫嚴問。"不從。以親養復爲楊州牧使，時議難其出，因事以褫之。

十一月，拜副提學。以李㙫疏中語多熒惑，上疏論之，略曰："殿下聖度睿量，海嶽崇深，有非群下所敢妄揣。而嘗試之言，猶且日進而未已者何哉？錫恒之請對也，門鑰幷下，則人輒以爲聖意有在；庭籲諸臣日請入對，而終不許入，泰耉之赴闕，引見徑下，則人輒以爲上心有待；大臣請對，輒有書入之教，則人輒以爲情志不孚。君臣之間，日以否隔，噫嘻此何景色也？自上誠有以畢燭忠佞之分，毋爲欺眩誣捏之言所撓，則實國家之幸也。"先是別諭下泰耉，公以臺啓方張，稟而寢之。泰耉又自宣仁門潛入求對，却之而不爲稟。都承旨李正臣上疏論其時事，持公甚急。公以疏痛辨之，褫拜工曹參判。

十二月，移兵曹參判。俄而一鏡等七賊之疏入，若上變然，一夜之間，朝著斥逐殆盡。首以公再三陳疏，窺予淺深，栫棘于黑山島。公被命卽行，無幾微見色，朴夫人與李夫人俱年高在堂，公爲之慰解備至。有一子生纔周歲，不顧而去曰："此時東宮恐難保全，何暇念我私也？"時群凶挾奧援益逞凶圖，王世弟至欲出閤辭位。慈殿下諺教，明言宦妾交亂之罪，群凶白請直誅尙儉等，以滅其口。

壬寅三月，王世弟冊封報至，虎龍變書又在其翌日，誣獄大起，意在陷害儲宮。故家世族，鮮有免者，獨於公仇嫉最甚，而卒無以禍之。公姓名適出於趙松之招，蓋松方以銀貨偸竊被鞫，以公御史時以波市坪事，謂渠可殺，而凶徒揑合糚撰，歸之於目下事，以濟其必殺之心。權益寬始陳疏，趙鎭禧繼發啓，公遂被逮，島民至聚哭而送之。及置對，以沮遏備旨、阻搪大臣，添於問目中。掌令韓在垣疏請直正王法，錫恒白請酌處，而承旨李明彦等尼之，屢被拷掠，竟以十月二十日，卒於獄中，是日卽公之初度也。

嗚呼，天下之寃，無大於莫須有三字，而此則殆有甚焉。方是獄之起也，國人以公及吾仲父歸樂公生死，謂可判其虛實，而終則俱不能出獄門，於是尤決知爲誣獄云。十一月權窆于積城先壟之側，今上乙巳，幽枉畢伸，命復公官而賜祭，又因大臣言贈吏曹判書。後上於筵中教曰："寃死人中某尤慘酷矣。"仍命給朴夫人月廩，錄用子孫，又官其弟。

公長身玉立，風度凝遠，和而不流，介而不激，聲色貨利，廓然不留情。孝友出於天性，奉侍兩慈於一室之內，家世清貧，朝夕之供，或不能繼，而甘旨則未嘗闕也。與弟啓道相愛甚至，輒共臥起，以至尋常服用，無不與之同。談論之間，意見或不合，啓道氣高不能下，則公必屈而從之曰："然矣然矣。"又不許其異居焉。於內外宗黨，曲有恩義，雖鄉曲疎遬，必呼之以輩行，待之以誠款，以是歸者益衆，而應之益無倦色。平居峭然，若不可犯，而與人言，則洞開心腑，傾倒無餘。正色立朝，力持風裁，遇事論列，不計利害，如水臨壑，當下便下，視世之依違趨避者，若將浼焉。

辛丑秋冬之間，見時事罔極，憂傷之意，溢於色辭，或深夜彷徨不寐，或悄然獨坐哦詩，人莫測其意。客有勸公退者曰："大廈將傾，非一木之可支，公胡不去？"公不答，顧其弟曰："客言何如？"曰："兄之去，若在朝家無事之日可，在今日則不可。安則進而食君之祿，危則退而自保其身，焉有是哉？"公曰："爾言是也。"仇敵溢世，明知刀鋸鼎鑊之在前，而視之若無者，惟一於義理而已。又勉國舅以保護儲嗣，蓋亦人所難言也。嘗憩汾津村舍，顧謂傍人曰："卽此亦足以容我膝矣。"因仰屋歔欷不已。雖以身許國，而意未嘗不在於退也。公少喜讀莊、馬，老而好看朱子書，玩繹不輟，有詩文若干卷藏于家。

公凡再娶，元配青松沈氏，監役壽堅女，無育。後夫人星州李氏，忠肅公尚吉之後，縣監世玉女。柔嘉有梱則，禍故以後，卽歸鄉廬，窮約益甚，而養老奉先，一如公在時。辛亥終，享年五十二。有一男二女，男疇海，女長適申晦文科，次適黃仁儉而夭，疇海二男皆幼。余與公生而同年，從幼時以小字相識，長而同硏，又後先登朝，而隱顯殊塗。公蓋羡余之早退，家人有傳道其語者。余則苟免於禍，閱歷百變，於世支離，每念臣子無愛身自佚之理，尤悔徒積，昔也公羡我，而今則我慙公矣。疇海來請大碑之文，攬涕而爲之敍，系以銘。銘曰：

噫公在朝，一鶚橫秋。彼觀於外，文彩風流。

屬歲辛、壬，天運艱難。強此艱彼，一心如丹。

大水無津，砥柱孤峙。破屋禦寇，寇來無止。

口瘏尾譙，其鳴不已。願爲一死，先王骨肉。

酷禍攸始，豫建之策。黑海當前，有呱莫恤。

刼火燒原，麟鳳亦罹。北寺之寃，今古同悲。

群小相賀，善類籲天。桎梏正命，又何疑焉？

荒原化碧，烈氣成虹。故人作詩，以詔無窮。

參判尹公神道碑

往在壬寅，群凶執命，欲盡除先朝大臣、宿將而後，乃爲其所欲爲。尹公慤在武將中最有威望，以是及焉。當是時，誣獄大起，其爲公罪案者，惟兩囚假設之言而已，於公何干？然終持之而不肯舍，三年牢獄，遂至於死。嗚呼，天下之寃，莫大於莫須有三字，至今有血氣者，莫不扼腕而切齒。今公之死，何以異於是哉？

公字汝誠，其先坡平人。至高麗侍中敦出鎭咸安，子孫仍籍焉。我朝判奉常寺事起畎，贈領議政、咸安府院君。生遘，兵曹參判。後四世而有參議顗。生諱又進，贈司僕寺正。生諱樃，宣傳官，贈左承旨。生諱翊商，進士，贈大司憲，是爲公考。大憲公本生父曰天賚，以武略顯官知中樞府事。公本將家子，而大憲公當尤菴先生南竄時，與諸生上章訟寃，公之兄愿罹己巳黨禍遠配，公亦於是時廢學，其源委如此。

公己卯武科，始除武兼，轉宣傳官。肅廟嘗閱武上苑，見公風儀秀美，目之曰："彼髯者誰也?"兼備邊司郎廳，李相國世白器重之，事多咨决。壬午，超授都摠府都事，陞經歷，爲草溪郡守。嶺人頑蠢，父子相爾汝，公爲文以諭之。又於兄弟之爭訟者，至誠開曉，民俗浸變。旣而廟堂擧不次擢用者，以公爲首，拜全州營將，入爲禁軍將，復出爲吉州牧使。城津鎭處州下，例兼防禦使，而地望下於牧使，動被侮慢，積不相能。公至則折節下之，以存體統，北人傳誦之。

丁亥，拜忠淸水使，尋移全羅兵使。庚寅，海防有警，搜訪人才，李相國頤命及吾仲父歸樂公擧公，有計慮，翼年授禁衛中軍，亦李相所辟也。遂陞嘉善，未幾除南兵使。壬辰，虜使至，改定白頭山境界，朝廷使公往視。公躬涉險阻，得山川形勝甚詳，作圖以進，上亟稱之。冬移平安兵使，秩滿還朝，間爲訓局別將、御營中軍、禁軍別將，兼副摠管。乙未，由京畿水使爲統制使。知樞公嘗莅是職，大治城壘，久而毁夷，至公又煥然一新之。

公沈深簡重，寬猛相濟，長於剸決，密於綜理，雖能於吏事者，自謂不及。居官清愼，節用省費，倉庾溢於始至。尤以革弊蘇殘爲務，雖事關朝令不能自由者，亦必委曲方便，以究實惠，故所至大得軍民心。戊戌，授摠戎使，賞罰嚴明，軍中肅然，兼捕盜大將，尋拜漢城府左尹。先是，公以禁軍別將直禁中，上賜對歎曰："予眼病如此，未見卿面，可恨也。"其見遇如此。移刑曹參判。景廟初卽位，有趙重遇者投疏，請復張氏位號，因臺言當鞫。公遇服在家，或勸其不赴，則毅然曰："怵禍避事，吾不敢也。"遷本兵時，崔錫恒爲長官，以其私人泰徵擬閫帥。公執不可曰："此人不可用。"後泰徵果以逆誅。兼訓鍊院都正、經筵特進官。

辛丑，褫拜左尹，兼備邊司提調。及冬時事一變，公竄三和，無何被逮，諸子在傍啼呼，公徐曰："止。上天昭昭，吾何憂哉？"旣自辨，移配濟州，中途復見逮。羅織萬端，顧無足以成其罪者，酌處者凡七，而輒復沮捺，桁楊酷烈，了無怖色，見者壯之。卒以甲辰正月十日瘐死，年六十。手寫遺書戒諸子，字畫如平時。方公在獄，市井小民多以饘粥饋公諸子，自云曾理寃於公者。今上卽位，首誅鏡賊，翼年春，盡復寃死諸臣爵秩，仍敎曰："尹某事至寃，又與佗武臣自別。"特贈兵曹判書，錄其子孫。及丁未凶黨復用事，收其贈典。辛酉秋，復還之。

公內行甚篤，善事繼母，友於兄弟，厚於親黨，敎子弟以謙愼。平居泊然無嗜好，不近聲色，不事干謁。每日夙興，整冠束帶，接賓客應簿書，未嘗少逸。暇則喜看書籍，而於禮書最熟。几案箱篋，置之有常處，不令有橫綴曰：“見其不正，吾心不安。”天質之美如此。是以見公者，心平氣閒，常若有雅歌投壺意思，然而於是非淑慝之分，則如一劒兩段，雖死生禍福決於目下，而確然無所撓奪。其爲凶黨之所畏嫉，蓋亦由此云。

公娶完山李氏，兵使行成之女，仁厚有婦德，早卒。再娶光州金氏，進士命賚之女，禍起，不出房闥，三年不易衣，夜則露立禱天。及喪日夜悲號，毀極而疾，所居簷外巢鸜，生子皆白。後公一歲卒，事聞旌其節行。公始藁葬於公州，乙巳九月，遷於本州漢陽洞負午之原，二夫人幷祔。李夫人一男，禹鼎參奉，金夫人二男一女，啓鼎、昌鼎進士，壻士人申瞰，禹鼎子光淵，女適士人李頤炳。申壻子光胄，其餘諸房男女皆幼。銘曰：

聖考在宥，鼙鼓興思。公侍武帳，蹌蹌有儀。
王曰誰與？彼美而偲。嘻予有臣，干城之姿。
剛力四方，靡適不宜。厥績旣茂，中外攸毗。
入典禁旅，一近丹墀。天顏非昔，天語溫欷。
臣拜稽首，有淚橫頤。夏卿之貳，祈父之埤。
曷不盡瘁，以答殊知？天崩地坼，劫火四馳。
北寺之寃，今古同悲。我欲籲天，莽蕩何之？
惟有一心，之死靡緇。歸拜先王，庶無愧辭。
錦水湯湯，公名昭垂。有來千億，視此銘詩。

陶菴集

卷三十

神道碑

碑

神道碑

右參贊權公神道碑

肅宗戊子春，緈以御史行關西州軍，至于江界。時安東權公愭爲都護府使，府東至故廢郡，且千餘里，威令大行，民人輯和，聽於其謠曰“省徭薄稅，惟我侯之惠”，遂具奏治行第一。於是相國李公畬、金公昌集迭推轂公，移拜義州府尹。明年春陞嘉善，又明年拜本道兵馬節度使，未至，改觀察使。關西地邊胡，民夷潛通，往往生釁。公在界府，奏令沿江民戶團束相統，無敢散處。有犯禁者，則盛軍容出巡，捕其黨，徇于江邊，皆讋服。義州時奏修故將林慶業山城，聽民市胡馬，日習騎射。及爲觀察使，令諸將上各陳守邊之策。會有海寇警，公請築平壤外城及安州城，役興未竟，以賊臣柳鳳輝言罷還。民閉城門，使不得行，不能則相率立碑以思之，徧於一路云。既歸連拜黃海、江原、咸鏡、慶尙四道觀察使，皆不行，間爲忠淸觀察使、江華留守，遇饑歲善賙賑，其爲保障，亦皆經遠之圖也。公器度沈毅，識慮周通，自少留心經學，而長於時務，是以臨政處事，卓絶於人槪如此。

公字敬仲，高麗太師幸之後，國朝門下贊成事近之幾世孫。公以司憲府執義諱讓之支子，爲從祖叔父贈判書諱說之子。癸亥，進士；丁卯，壯元及第。成均館典籍、禮·兵二曹郎、司憲府監察·持平·掌令·執義、司諫院正言·獻納、侍講院輔德、宗簿·司僕寺·掌樂院正。外則公洪道都事、咸平縣監、淳昌郡守，而自關西歸，歷兵·刑·工·戶曹參判、司諫院大司諫、漢城府左尹·右尹、同知義禁府事、備邊司提調，多辭不就。公歷敭內外，家業不長尺寸。嘗以副价入虜中，輒取《心經》、《近思錄》以自隨，在館得方正學文集，抄寫其要語而歸，蓋不欲以一物累行橐也。及還，上疏論虜情，請先事備禦，以壯邊圉。

己亥，擢漢城判尹，移判刑曹。用肅宗山陵勞，進正憲大夫、知中樞府事，與修實錄。景宗卽位，群凶用事，陰結宦妾，謀危世弟，及尙儉事發，凶徒徑誅之以滅其口。公在鄉上疏，請窮治其餘黨，以安宗社。今上初，再入朝，連請嚴懲討辨聖誣，不省，遂決意退歸。除工曹判書、議政府右參贊，不起。戊申之難，公自以老病，遣子瑢賫疏入都，用申奔問之義。家人勸以避兵，則輒引江萬里事以自勵。憂憤成疾，乃以庚戌七月一日卒于韓山之霽月齋，壽七十八。訃聞罷朝，賻弔如例。

初執義公有恬退節，　肅廟特贈承政院都承旨以褒之。公兄弟四人一時立揚，雖隱顯殊塗，而大抵皆難進易退，不忝其先，然公則所存有大焉。公少與同志之士相勉以問學，講成約憲，尤菴先生命之曰相觀會。中歲又作養蒙齋，蔚然有湖學規模，後進成就者衆。又倣朱子社倉法，以惠宗族，蓋公用工於朴實頭爲多，而人鮮能知者。在春坊時，採靜菴、栗谷二先生章奏中切於君德時政者，凡十八條，參以己意，作冊子以進，上嘉奬留中讀，此可以見公才學之兼備矣。至如晩年所處義甚正，其言曰：“人有父兄爲人所誣，子弟宜不敢仕。今君誣未伸，而其可復立於朝乎？”嗚呼！斯可以愧忘義苟祿者之顔矣。

甲子，賜諡曰貞翼公。始葬林川，後移韓山驛村負壬之原。夫人海州崔氏，其考判決事湜，資性和儉，媲德無違，先公十八年卒。子女各三人，瑊同知中樞府事，瑢縣監，皆蔭仕，瑚進士蚤死，壻曰主簿朴弼朝、士人李濟·金彦謙。瑊無嗣，取瑚之子拱子之，有四婿校理李台重、修撰韓億增、士人尹得師·兪執中。瑢出爲從父後，繼子揵，二女歸李著業、李衡重。瑚二女婿金相甲、黃盛祚也。朴師健、李命億·命奭、命祿·命赫·命岳及女爲縣監閔樂洙妻者，皆外孫，而金婿之壻，進士任師周、李度臣、沈鑵，其繼子悌行。綷於公有累世之好，又忝同方中之役，瑊來乞銘，不能辭。銘曰：

權氏於古，世有載烈。太師贊章，启慶益絶。
嶷嶷維公，王國之翰。際我天明，鴻漸于干。
侍從之華，樞密之近。淸德令望，數登秩峻。
遙遙涀江，其去也思。羯夷載柔，桑穀猗猗。
憂深慮遠，三朝一个。其憂維何？君誣黜昧。
公在于朝，有言諤諤。邱園棲遲，我生靡樂。
蓋士之常，慕顧以行。得喪利害，其中不明。

公惟秉義，不易其貞。斯焉取斯？於古有經。
雖身之屯，其道則亨。旣忠以孝，家國之光。
幽宮萬千，故僚爲辭。公實不朽，秖以志悲。

南溪君洪公神道碑

肅宗乙酉，洪公璛由承旨擢爲京畿水軍節度使，鎭喬桐。喬處海中，扼南北舟師之路，舊用武臣爲之帥。至公拜，農巖金文簡公曰："某之文學言議，宜在朝廷，用之於彼，非其所宜。"蓋惜之也。公狀貌宏偉，識慮沈遠，又善牧御，所至有治績，故廟議方待以將才。居一年罷歸，仍以眼病自廢，不克大用。

　　公字玉汝，南陽人。聰明絶人，七歲通筭法，好讀書，尤深於朱子《綱目》，自古今治亂、人物出處，以至山川險要、華夷盛衰之迹，如指諸掌，爲諸公、長者所賞。乙卯，進士，實與吾先人同年。後三十年，見余於銀臺，爲誦先人科詩，無一字錯，其强記如此。始爲永禧殿參奉、司饔院奉事。癸亥，登第，以資窮拜禮·兵曹佐郎、司憲府持平。甲戌改紀，以掌令上疏，訟其師淸城金公寃，又言"睦來善當己巳廢后時，有'不恭不敬'之語，不宜以其年老而貸其死"。儒生姜敏著疏論南九萬營救希載之罪，上遽命停擧，公又極言其失，忤旨坐罷。公外和內嚴，平居杜門自守，若無能者，然其於名義所關，直言正議，勇不顧前後，由是沈滯，低徊散地。丙子，世子吉禮，以相禮陞通政。

於外爲金化縣令、楊州牧使、靈光郡守、甲山府使。在金化時，有劇賊盤據數郡，吏不能制，公設機捕其魁，以散其餘。甲則斥補也，其地去京師遠，公又病，人或勸以毋往，公謝之，言者請留，不能得。邑有蔘禁，公在官有疾而不服，日與吏士射帿，以習武備。壬午夏，爲義州府尹，州邊於胡，官長畏虜知，不修軍政。公至則團束部伍，敎以戰陣之法，皆精勇可用。捕斬小通事之以罪亡者以徇，虜人慴服，其使者入境，相戒無得犯公令。遷忠淸觀察使，爲不悅者所論遞，改兵、禮曹參議。自喬桐還，襲封南溪君。汾厓申尙書最於公少時見而奇之曰"汝必晩享勳府矣"，果驗。連除漢城府右尹、戶曹參判、同知義禁府事。其爲伊川府使，則爲便調養也。壬辰拜江原觀察使，大臣以病白遞。時上有眼疾，是後屢問醫官以洪某之病近如何。公屛居江上，不復仕進，乃以甲午六月二十二日卒，享年六十一。

公性至孝，老大猶左右服勤，雖衆子女滿前，不令代也。凡有俸賜，輒陳於前，惟親意所欲而分與之，又常聚內外親黨於家，以悅其心。及官高祿厚，取貧族而畜之，以至嫁娶成家者十數人，蓋有范文正吳中遺意。見人窮厄，亦盡力救之，以故族黨哭公，如哭其親，他人加麻者亦衆。

曾祖振道用靖社功，判中樞府事，始封南陽君。祖曰溥平市令，贈左承旨，考曰聖元僉知中樞府事，贈吏曹參判，益城君。妣密陽朴氏，端肅有婦德，兼通經史。公常言"吾所成立，多資內敎"云。公之夫人李氏，府使四翼之女，先公十六年卒，與公合葬于清州鉢山之原。男長麟祚進士，次鳳祚參議，次龜祚進士有文學，公之喪，以毁死，次龍祚觀察使，庶女四人。孫男㮤、樸、梓、櫟、檍、棆。銘曰：

洪始錫封，南陽之勳。南陽之孫，於是有聞。

推而大之，其人偉然。文優[1]武剋，用則不偏。

臺端進言，以直師寃。誅奸樹義，國賊不原。

出入其勤，邊州劇郡。民夷帖伏，威惠遠近。

海鉞之擢，識者猶嘆。豈曰內外？我義隨殫。

周旋屈伸，一心夷囍。云胡一疾，未究厥施？

上念其舊，屢形嗟咨。公治在人，公績在吏。

我銘無愧，永詔來禩。

知敦寧李公神道碑

肅宗甲戌，仁顯王后復位，兵判徐文重以張見廢，請更議大臣而處之，會敦寧府欲上疏，諸宰咸唯唯。李公徵夏時布衣，於文重爲親黨，聞而大駭，往見之，力言其不可，而終不聽。果以此得罪名義，及被臺論，始乃愧謝，君子謂公見識高於人數等矣。公於是歲筮仕，由內侍教官遷掌樂院主簿，是後歷義禁府都事、平市署令、世子衛率、司僕寺判官、宣惠郎。復入樂院爲僉正，釐正樂譜，提擧章奏其績，

1 優：底本에는 "擾". 문맥에 근거하여 수정.

公讓而不居。

外則延安·密陽·淮陽·茂朱四府、清·公·黃三州牧。而於黃則曾爲通判，擇邑子之秀，親授以《小學》、《家禮》諸書，數年間，儒敎浸興。及再至，値歲大歉，單心賙賑，民饑而不死。方伯褒聞，陞通政、敦寧府都正、曹司衛將。其陞嘉善及資憲，皆以寶篆書寫，而嘉義則以子德孚侍從推恩也。連除同知敦寧、知敦寧府事。以丁未九月十七日卒，壽七十三。後以子德載原從勳，贈崇政大夫、議政府左贊成、兼判義禁府事·五衛都摠府都摠管。

公嘗曰"居官要譽，甚於貪墨；善事得官，無異盜賊"，且書"威生廉政成勤"六字於壁以自警，公之治績，實本於是。每遞歸之夕，家人假貸以給，或疑其矯情，則笑曰："百口待我而哺者數十年矣，國恩如此，敢圖贏餘，以爲遺後計哉?"蓋公爲政，以愛民爲主，而原其本則孝弟也。六歲而孤，哀毁如成人。母夫人善疾，左右扶將，藥餌飮食，必手自調進，十數年如一日。比疾革，血指灌口，居喪三年，不食蔬果。兄參判公性嚴急，有時誚責甚厲，而默然深受，事過乃從容開陳，參判公亦悔之。及參判公喪，哀哭目爲之腫，送終諸節，必誠必愼，不一委於人。事邱嫂盡禮，嫂謂其子曰："爾曹事我，亦不如也。"外先之墓，樵牧不禁幾百年，公愍其無嗣，改其封而樹之碣，其篤於先可知。爲邑時，自祧廟以至諸兄弟子姪，必遍致助祭之需。恩意周洽，無有遠邇，內行之備如此。

公字季祥，全義人，高麗太師棹之後。入國朝多名人，而至清江諱濟臣尤著，於公爲五世祖。考諱萬雄，觀察使，贈吏曹判書，穆陵駙馬徐公景霱其外祖也。公凡再娶，鄭氏，松江相國之曾孫普衍女，尹氏之考曰均，梧陰之曾孫。男德孚承旨，德載持平，皆文科，與二女適贈持平洪泰猷、府使尹鳳韶者鄭出。德顯蔭補判官。孫曰元培、益培、得培，外孫之顯者曰應教尹心衡、正言洪益三，餘不盡記。

公爲人和厚，處事精詳，尤善於辭令。與人交，情義曲盡，不設畦畛，以是無老少賢愚，無不得其歡。於禮學甚精，玄石朴公嘗字公曰："禮家儀章度數甚繁絮，吾因某而覺悟者多。"又深得篆籒心法，論者謂近世罕倫。少解醫術，而於天文亦往往奇中，然退然若不知者。常曰"儉而致福，奢能挺災，此理毫髮無差"，人以爲有識之言。深病黨習，平居口不言論議，而至於是非大頭腦處，涇、渭甚明，守之又敦確，往往見於言行者，自不能掩也。承旨在時，屬綷以大碑之文，義不能辭，遂爲之銘。銘曰：

古聞循良，於公乃覯。愷悌慈祥，精敏平寬。
十郡之治，吏民俱安。誠心惻怛，赤憎違干。
緣飾儒術，此爲最難。低回蔭路，未足爲歎。
晚致卿秩，亦由筆翰。才藝雖多，自視等閒。
灼見倫義，足羞彼顏。我最其大，昭示不刊。

留守趙公神道碑

今上戊申春，逆亂大興，中外震盪。趙公榮福以原任留守，屛于忠州之連原，卽日從間道奔問，敍拜漢城府右尹。亂稍已，將陳情告歸，得疾以四月二十三日卒，上甚驚悼。已而家人得其半藁，其略曰："上天仁愛殿下，出此凶變，以警懼之，傾否回泰，惟今日；改絃易轍，亦惟今日。苟以憂虞已定，而少弛自强之策，國之亡，可立而待也。朱子言'中原之戎虜易逐，而一心之私意難制'，蓋人主一心，卽天下萬事之本，而所謂私意，又非特好貨好色，凡諸咈人心背天理者，無非私意之發也。私意淨盡，則正朝廷、正百官、正萬民，無有難者。至如簡賢以授職，節用以裕國，布德惠以安民生，振紀綱以尊國勢，特節目間事。願殿下必思所以大振作大警動，以安三百年宗社焉。" 若公者，豈所謂"嘉遯貞吉"、"進退不忘其君"者歟？

公字錫五，咸安人。上祖曰新羅元尹鼎，其後諱旅，端宗內禪時，隱遯不出，士大夫高其節。累傳至同樞諱逢源，以長德稱。楷郡守，贈參判，是爲公考。妣晉州姜氏，參奉游女，以崇禎壬子生。幼穎悟，伯父校理公常撫頂曰："長必大吾門。" 汾厓申公最嘗拜同樞公於郊居，見公而奇之，抱車中以歸。年十五發解，自後戰藝，屢居上游，聲譽藉甚，又往遊農巖金先生之門。

乙酉，生員。戊子，除典設司別檢，移義禁府都事，例陞典牲署主簿，遷戶曹佐郞。除金川郡守，不悅者以驟陞論遞，爲司僕寺判官，尋爲信川，不赴。甲午，由醴泉郡守擢增廣及第。翼年，以司憲府持平召，疏論民瘼時弊，多蒙採施。秋又拜持平，王子延齡君方出閤，治第侈靡，公上疏引漢文露臺事陳戒。上始嘉納，而違豫中有激惱之教，藥院請勿捧臺章，公不自安引罷。敍拜弼善，出爲寧海府使，勸課文武，捐廩蠲役，一境大悅。以掌令召還，尹宣擧文集中有譏誣孝廟語，朝廷命毁其板，其黨目謂士禍，脅持廷臣。公上疏痛斥，仍言其黨之稱宣擧先正，極爲僭猥，宜加禁斷。上批奬以明快，拜正言。

丁酉，以獻納爲御史于湖南，還拜司僕寺正。尋擢東萊府使，府管接待狡倭，公一以謹條約尊國體爲務。朝廷將遣信使，倭人請先送二譯，講定節目，公執舊式力爭，而廟堂竟許之。倭又要書契，公馳狀極言其不可，上是其言。及公遞，倭無所畏憚，盡如所欲而歸，識者爲之慨恨。由兵曹參知移承政院承旨，時景廟代理，公入對最多，隨事覆奏，輒賜允可。或問公曰："東宮於公言無不從，然否？"公歎曰："萬一奸臣居其間，將有不可言之憂。"後果然。爲兵議、承旨者屢，又爲刑曹參議。充副价之燕，還又拜承旨。出爲忠淸監司，遞拜工曹參議、大司諫，遞還承旨。

辛丑建儲時，公入侍力贊大計。十二月逆鏡締結宦寺，投進凶疏，公與同僚陳启，請痛斥以折奸萌，二更並罷諸承旨。時事一變，公亦遭削黜，退居禮山，尋被凶黨誣捏，謫善山，旋移永春絶峽，生理頓絶，而公嘯詠自適，未嘗有幾微見色。

今上乙巳，盡釋放逐諸臣，公除工曹參議、承旨、兵曹參知。嶺南大饑，缺方伯，大臣以公有政事才，方在罷，請敍以授之。公簡騶出巡，問其疾苦，殫心賙賑，民無捐瘠，一道立石頌其惠。延日浦民得三死鯨，彰義宮差欲奪其利，訐訴內司，有監稅官、色吏嚴訊定配之命。公以疏諫曰："古人投珠於谷，抵璧於山，臣恐遐方小民必謂殿下爲鯨眼有此處分也。" 上命剖去鯨眼，又於筵中屢示未安意。公力辭遞，入爲僉樞、刑曹參議。坤殿冊禮，公以禮房承旨，陞嘉善，拜戶曹參判、都摠府副摠管、同知義禁。

丁未，除都承旨，金祖澤疏斥大臣，特命削黜，公繳爭之，旣又筵奏疏請，眷眷以君德爲言。嘗再應製入選，賜織毛馬裝及鹿皮，至是又命次《大報壇詩》，公入對陳戒曰："方今財力蕩竭，百姓困弊，恐非閒漫吟詠之時。" 拜松都留守，松民多負債於燕京，虜有嘖言，朝廷方欲窮治，而多假名難覈實。公未赴任，悉查得其人，人皆驚異。

七月上忽有大處分，朝廷一空，鏡、虎餘黨復充斥，而上敎以蕩平爲名。公上疏極論曰："爲人君者用人處事之際，分別邪正，審察義理，祛一己之偏私，存天下之至公，則民心惟正，朋比自消。而殿下則不然，雷霆震於斯須，而擧措顚倒；忠邪變於一朝，而扶抑太偏。聖人所云'蕩蕩平平，王道正直'者，恐不當若是也。" 仍陳必可去之義曰："三朝耆舊之臣皆被斥罷，昔年黨籍諸人無或免焉，臣之進退榮辱，義無獨殊。" 上責以眩亂處分，還給其疏。公又懇辭至四，終則以爲"臣之本職，例兼籌司，而今之所謂大臣，卽向日公議之合啓討罪者也。臣之意見，與請討諸臣，本無異同，今何可與之同朝耶"，上下敎曰："趙某不欲就議廟堂，是無朝廷也，無朝廷而有嚴君父之心乎？"遂命削黜。松民老幼攀轅，使不得行，公曰："吾被譴而去，非爾輩所可挽也。"遂買屋於連原，以爲終老之計。居數月，聞變奔赴，竟未得如其志。

公葬於陽智鳳林山向甲之原，元配呂夫人祔。夫人之考曰副正必寬，咸陽人。擧一男一女，男重行早死，婿郡守洪銓輔。繼配延日鄭氏，圃隱之後，參奉纘憲之女。三男一女，男重晦文科，正言，方坐直言譴斥，次有俊才夭，次重賚，女適進士李最中。側出曰重岱，女爲府使安世泰妾。

公長不滿中人，而精敏敦重。篤於事親，勤於奉先，墓道之役，靡有餘憾，又爲祧位設祭田。友愛深至，而於寡姊、弱弟，尤曲盡其誠，周恤疎戚，有范文正遺意。嘗在嶺臬，大集同姓之在道內者，設宴以娛之。

雅以才猷聞，登第之日，人謂得一判度支。長於吏事，綜理微密，黠吏不敢欺隱，視國事如理家。律己簡儉，取予不妄，爲治主於愛民，而於吏亦不輕加威罰，惟犯奸則不貸也，是以內外莅官，常有去後思。平日持論，不激不隨，惟以扶護善類、補拾君德爲心，而一切名塗進取，泊然不以爲意。嘗曰："吾晩占科名，叨歷亦已踰分，更復何求？"取疏廣語，名其堂曰二知，以見其志焉。如公材具，足以需世，而遭罹世故，竄逐流離，卒不能大展所蘊，知公者蓋莫不惜之。余自少從公游，往歲公過余郊居，屬重晦受學。今重晦來請大碑之文，義不忍辭，系之以銘。銘曰：

公於弱齡，文譽已聞。誰謂吐氣，于後生群？
當世論才，合治賦云。時運平陂，寵辱攸關。
起自謫籍，遂躋卿班。忠邪互變，涇、渭莫分。
公有蘭性，不失芳芬。義不後君，病則隨身。
丹心不死，半稾篋塵。我讀其言，憂愛懃懃。
況其去就，明白可觀？迺最厥美，永示不刊。

節度使贈贊成李公神道碑

肅宗壬午三月，上拜文廟，設科取文武士。於文得李海朝子東，即三世文衡之家；於武得李公鳳祥，故名將忠武公舜臣之後，世皆以克紹先烈期之。子東文學言議，爲士流重，中途夭閼，公議嗟惜。李公早陟戎壇，而時丁險難，執正不貳，卒之遇亂立慬，在國爲忠臣，在家爲肖孫。升沈脩短，固亦有幸不幸存焉，然如二公者，豈易得哉？昔張忠定公詠自謂"吾榜中得人最盛"，如緈無似，亦與有榮矣。

公字儀叔，德水人。考諱弘著，尙州營將，贈戶曹參判。祖諱光胤，顯陵參奉，贈大司憲。曾祖諱之白，順陵參奉，高祖諱薈，任實縣監，皆贈左承旨。是爲忠武公子若孫也。公以崇禎後丙辰四月二十二日生。長身美鬚髯，目光如電，聲音洪暢。

自擢第位望輒居人先，卽除宣傳官，兼備邊司鳌正廳郎，尋被不次薦，轉訓鍊院主簿、都摠府都事·經歷。出爲朔州府使，由訓鍊正擢內禁將，復出金海府使，移全羅左水使。遞拜兼內乘，復爲宣傳官、羽林將。再入銀臺，爲同副承旨，復出爲寧邊府使。時歲歉，公悉發留穀四萬石以賑之曰："寧以擅糶得罪，不忍令吾民饑而死也。"

甲午，南兵使。丙申，宣傳官。丁酉，陞三道統禦使，遞授禁軍別將。除春川府使，訓局以亞將請留。庚子，楊州牧使，御局復請留，監司以劇邑蘇弊，非某莫可，上可其奏。俄移忠清兵使，楊民奔訴乞留，不能得。

辛丑十月，入爲左捕盜大將、訓鍊都正。時鏡黨將闖入，人情危懼，而李森方爲捕將，心迹陰祕。吾仲父歸樂公在本兵，特出森以公代之，公之積忤凶徒自此始。壬寅，出爲統制使，冬辭遞。時舊將殲盡，而公方以宿望處散，還捕將、都正之職。甲辰，授摠戎使、漢城左尹。公黽勉供職，日悒悒不樂，杜門深居，非公幹不出。常以忠武公遺訓"用則效死於國，不用則耕於野足矣"十四字，揭諸楣額，朝夕諷誦，公之志操，已可見矣。

乙巳春，刑曹參判，兼察訓局、禁衛及左右捕盜廳事，仍授訓鍊大將兼都正。時朝論方請悉誅黨鏡諸賊，公曰："武臣雖不可爲黨伐之論，而此則實係忠逆之分，義不可不明也。"賓廳會議，庭請請對，未嘗不赴。閔相國鎭遠請以大行王違豫之實，添入於教文中，以昭示群凶欺誣之狀，公因下詢，力陳其言之必可從。五月遭臺彈遞，未幾復授御營大將、知訓鍊院事，爲同義禁者再。嘗以特進官入侍，逆賊思晟援據中朝例，請以罪竄之輩悉補邊地守令，公疑其有異志，力沮之。丁未夏，復以臺彈遞。

公內守甚確，而外似寬緩。時當危疑，不欲爲矯激賈禍之事，不知者疑其苟容，謗言噂沓，靡所不有。或謂之"附麗陰巧，心事不明"，或謂之"濫用軍需，潛賻逆輝"，必欲擠陷而後已。相臣白請查明，竟無事實，上每加慰諭曰："忠臣之孫，爲人質慤，予已知之。"雖蹔許遞免，以伸廉義，而旋復還授。"

七月鏡黨復入，朝廷一變，公上疏自劾，乞與被黜諸臣同罪，累違嚴命，特旨斥補忠淸兵使。公謂"李光佐、趙泰億曾以爲逆而請討者，今又還據於鼎席，吾何忍以大臣見待乎?"遂不肯辭。光佐訐訴，公下吏以實納供，特命帶職放送，始之疑謗者還愧謝。公以時象憂虞，中外繹騷，陛辭之日，請嚴申列邑，繕修軍務，上命便宜從事。到營以後，先敕五營，另設要路譏詷。且請抽栍巡點，而備局或格而不奏，或斥以妄率，至設騷屑傳播之禁。公歎曰："前後所奏，動被拘掣，使不得搖手動足，雖有智者，末如之何。"

及聞都門挂書之變曰："吾恐禍亂之作，不在外而在內也。"時群凶竊柄作勢，內外糾結，如詹及思孝爲兩湖，益寬爲北關，思晟爲西閫，特其現發者。當是時也，宿將處重藩者獨公一人。是以諸賊之招，皆云"淸州兵使，必先除去，則餘無可畏"。三月十五日，先陷淸州。逆賊德溥以公偏裨，受賊厚啗，開城引路，夜四鼓直逼寢堂。公驚起拔劍，與賊相薄，而一手已折傷矣，賊遂且格且縛，脅使速降曰："十三日已陷京城，若發兵從我，則富貴與共之。”公奮罵曰：“我本忠義家，豈從汝逆竪反耶？逆賊逆賊！速殺我速殺我。”大呼如是者三，臨命猶罵不絶口。裨將洪霦聞亂入救，劍擊傷數賊，賊縛至南墻下殺之，相顧嗟咨曰：“彼爲主將死，烈士也。”又襲中營，執營將南延年，脅之以降，亦罵賊不屈而死之。季父弘茂爲賊所執，顧謂從子鶴祥曰“不可以不義圖生”，特立不跪，問名亦不言。賊怒挺刃交加，終不屈，拘囚六日竟死。十六日土校金志行等乞于賊，收公屍瘞于城西，二十六日返柩牙山，易棺斂權厝于家後。以五月十六日，葬于本縣於羅山先塋子坐原。

牧使朴鏜始棄印符走，後啓聞變由，全沒公事實，及御史李道謙自亂中至，始悉陳之。於是上特命贈議政府左贊成，又旌其門，令本道庀葬，賜謚忠愍。後因御史吳瑗啓，聽建公祠于淸州，以南公延年及洪霦享焉，賜額表忠。牙山顯忠祠，卽忠武公妥享之所，而忠武公從子贈判書莞，丁卯以義州府尹死難，配于是祠，至是公又配焉。

公母夫人晉州鄭氏，時在堂，朝家給米布，特封貞敬夫人。夫人性嚴有識度，敎公以義方。統帥時，夫人戒之曰：“嘗聞統營軍情，願得忠武子孫爲帥。汝須念先烈，盡心國事，無使人失望也。”且示衣籢曰：“汝凉燠之具備矣，汝勿用官家尺寸物。”及公之喪，夫人不哭曰：“吾子死於國，能不忝其世矣，何戚爲？”嗚呼！夫人之賢若此，宜其以公爲子也。

公凡三娶，竹山安氏，水使績女，生一男漢弼北兵使。

南陽洪氏，察訪日章女。達城徐氏，宗誼女，有一男漢翊蚤死。漢弼一男三女，男載海，女適金景柱，餘幼。漢翊繼男達海。銘曰：

在古名將，曰忠武公。誓海盟山，想像英風。
戰處雲愁，穹碑記功。有孫克肖，干城之雄。
豈徒臨難，決死爲忠？蓋此禍亂，馴致冰至。
內訌外寇，諒非二事。公在于朝，厥心不貳。
紛紛毀譽，不知何傷？彼哉逆儔，赫赫巖廊。
有膝不屈，此已倔强。維清之闖，國有一臣。
賊徒害之，如蕫在身。勢必先去，我乃成仁。
三月十五，孤城不守。縛侯如虎，罵賊如狗。
表忠之祠，儒衿奔走。南公在左，公則在右。
小越洪裨，義不負公。有來千億，崇報無窮。
凡人有生，各賦天常。孰無是心？公獨勿喪。
無忝爾祖，烈烈其光。微公一死，人紀幾墜。
我作銘詩，二心是愧。

營將贈判書南公神道碑

余竊怪夫古來忠節之士不出於高官厚祿，而多出於平素落拓下位，人主所不識何狀之流，此其故何哉？高官厚祿，類皆媚悅當世而得之，若夫落拓不遇者，必不肯苟徇時好，全其素性，臨禍亂而偶有所感奮成就爾。吾於近世得一人焉，忠壯南公是已。

公諱延年，字壽伯，宜寧人。我太祖時，上護軍深從征遼東有功，是生成均館大司成尙明，生兵曹參知軼，於公爲九世。曾祖諱弘達龍驤衛副護軍，祖諱有慶贈司僕寺僉正，考諱斗明贈承政院左承旨。

公肅宗丙辰，武科，拜宣傳官。丁父憂，服吉，補武臣兼宣傳官，差備局郎，遷軍器寺判官，尋陞僉正。出爲祥原郡守，秩滿歸後，又爲古阜郡，坐事罷，李相國世白言其治民有聲不可罷，命仍任。除訓鍊院判官、中樞府都事，改都摠府。已而由訓鍊僉正爲黃海道兵馬虞候，有熊入州噉人，公單騎馳往射殺之，由是營中服其勇。後復入都摠府爲經歷，改宣傳官。出守理山、博川二郡，在博時，春秋取邑子試文藝，取其尤者，置校舍督課之，讀書作文，以明其賞罰。每月朔，禮見先師，引諸生坐明倫堂講論之。邑人於其歸，立興學碑以頌之。

辛丑，陞折衝，爲城津僉節制使。明年以營將出鎭安東，居歲餘，以羽林將還。今上三年丁未，又出爲淸州營將。初景宗有疾無嗣，大臣金忠獻公昌集等稟于東朝，以景宗命策立今上爲王世弟。賊臣金一鏡、朴弼夢等陰懷貳心，締結宦者朴尙儉等，誣四大臣爲逆殺之，謀危儲宮不售。今上卽位，一鏡伏誅而弼夢流，乃與其黨李麟佐、鄭希亮、南泰徵、李思晟合內外圖不軌，人心洶洶，皆知變在朝夕。當是時，李忠愍公鳳祥爲節度使。公謂忠愍曰："盍爲備?"忠愍曰："吾爲帥臣，豈不思備患之道耶? 但亂未作而先自戒嚴，吾不敢也。"

戊申三月十五日，麟佐擧兵入淸州，會天雨雪，夜將半，公聞變驚起，按劒而出，賊已入寢門之內。公以劒擊賊，爲所執，賊牽去至觀德堂。麟佐陳兵坐堂上，脅公使跪，公平立瞋目大罵曰："吾以三朝舊將，今年七十餘矣。豈愛一死而屈於汝乎？吾頭可斷，吾膝不可屈。"賊大怒，脅公益急，至拔劒擊兩膝。公終不跪曰："狗鼠輩！速斬吾頭。"罵不絶聲。明日昧爽遂見殺，時年七十六。上聞之震悼曰："疾風知勁草。"特贈兵曹判書，賜謚忠壯，命有司旌其門閭。節度使李公亦不屈而死之，後因御史吳瑗書啓，聽[2]立祠於淸之城內，以公及李公幷享焉。

始公死時，諸子皆在京未歸，獨奴晩萬、婢憲禮在公屍側，不忍去。賊歎曰："各爲其主耳。"卒不之害。時公屍暴露於道，日中不殯，奴婢哭之哀，州人感其誠，爲遷屍殯于城東。旣七日，賊走安城，公從子德基、德升等始奉屍歸鄕里。公旣死八日而斂，顔色凜然若生者，人皆異之。以其年五月丙寅，葬陰城縣所居里山北。

公爲人沈毅勇敢，事父母至孝，父病，沐浴禱北辰，乞以身代，又割指注血于口。居喪，朝夕上塚哀哭，雖風雨，未嘗廢也。友於諸弟，病者，盡心救之，死者，鞠其遺孤，得以成立，其內行之篤如此。立朝五十餘年，廉方謹恪，一節無替，嘗書"愛君如愛父，憂國如憂家"十字于燕寢以自警。

2 聽：底本에는 "請".《南忠壯公詩稿附錄·神道碑銘》에 근거하여 수정.

公之後進多致身戎閫，而獨浮沈州郡間，無所知名，而怡然不以爲意也。每酒酣，歌諸葛亮《出師表》，噓唏久之，人莫能測其志。記公赴博川時，過辭於余，一見可知爲敦確忠信人也，然當時亦視作尋常，豈料其樹立如彼卓卓哉？

夫人楊氏，郡守遇漢女，後公五歲卒。遷公墓葬于鎭川縣明信洞坐亥之原，夫人祔。二男，德純今爲龍宮縣監，德夏官至咸鏡北道節度使，嘗以不見李森被威譴而卒不奪志，人謂有父風。德純以黃學士景源所爲狀，屬余樹墓之文，遂論撰如右，系以銘。銘曰：

烈烈南公，干城之良。當時落拓，頗似尋常。
杲卿罵賊，曰羶羯狗。將比於公，時未白首。
八十之年，明白死者。事曠今古，一何壯也？
維天正氣，鍾而爲人。旣不大用，屈必有伸。
熊魚取舍，決於造次。天地中間，立我人紀。
安知餘烈，不化風霆？迅埽逆氛，不日廓淸。
一廟雙忠，衿紳傴僂。宜爾億年，崇奉無斁。
鎭州之北，有石在隧。我作銘詩，以風有位。

左尹吳公神道碑

景宗辛丑，上有疾無嗣，諸大臣入對稟慈旨，冊今上爲王世弟。是冬上下敎，令世弟代理，百僚庭請還收。俄而上敎益非常，大臣與諸宰議停庭請，四相聯箚纔上，代理之命旋寢。

及群壬用事，以聯箚構罪，殺四大臣，又以同聲唯諾，按諸宰，禍色甚亟。吳公重周於武宰中獨自首，時輩使人諷之曰："公武臣也，不必自同諸人。"公不應，遂被削黜，歸臥陽城，自號野隱。翼年臺啓追發，竄湖南之南原，公買舍山村，日逍遙水石間，不見憂戚之色。乙巳，起謫中，除禁軍別將，尋拜捕盜大將、副摠管。公以上新服，不敢不入謝，而初非久志也。既而見時事不如意，謝老病歸田。凡有除旨皆不起，惟奔問於戊申之亂，亂後一應京畿水使之命而已。

公字子厚，海州人。高祖諱定邦，慶尙右道兵馬節度使，昏朝廢母時，獻議引"烝烝乂不格姦"一句，士論壯之。曾祖諱士謙，宗親府典簿，贈左贊成，以至孝聞。祖諱翊，司僕寺主簿，贈吏曹判書。考諱斗興，陽谷忠貞公之兄，贈兵曹參判，以公貴也。妣善山金氏，縣監宗沇之女，高麗忠臣澍之後。

公以崇禎甲午生，幼而氣度恢達，嬉戲異凡兒。未冠而孤，哀毁已能如成人。金夫人挈諸子，守喪于安山田舍，一夕刦盜至，公急扶夫人出，而伯仲被毆幾殊。公復冒刃入救，中創傷左肩，伯仲竟不起，公亦創甚。長而失學，一日發憤自誓曰："大丈夫豈可虛生世間？"遂決志習武事，忠貞公亦不之禁也。庚申，中庭試。忠貞公親友，皆名公卿，造門輒招公與語。公容儀雋偉，周旋應對，俱有常度，諸公見者，無不期以遠大。金淸城錫胄尤器重之，因勸公數來訪，而公故不往。金公屢以爲言，則謝曰："誠不忍媚相公閽人以求謁耳。"金公家奴有豪悍恃勢名，故公對如此。

壬戌，丁母憂。乙丑始除宣傳官，肅宗拜先陵還，閱武於郊次，令出倉卒，壇上執事未具，諸僚慞惶失色。公從駕後趨進攝事，傳布命令，作止中節，一軍皆驚，上亦爲之屬目。陞訓鍊院主簿，遷都摠府都事，出爲輸城察訪，守法甚嚴，尋坐微眚罷。己巳，仁顯王后遜位，忠貞公諫死，公亦坐禁錮，旣又命解之。公杜門屛迹，不與人往還。辛未，除兼宣傳官，遷訓鍊院判官·僉正、都摠府經歷，公黽勉從仕。出爲草溪郡守，屬歲饑，以善賑再被錫馬之褒。公沈默臨下，不威而栗，猾吏屛氣，莫敢仰視。罪當死者，必儼然正坐，令施杖告斃乃止，亦未嘗大聲以色也。居五載解歸。丁丑，定平府使，賑政最一道，又命錫馬。

己卯，內遷訓鍊院正，兼備邊郞。時北溪李公世白在廟堂，以公久沈下僚，力加奬拔。嘗因公事相難，李公盛氣以胥之，公抗辨終日不爲屈。李公卒乃從公言，愈益重之。是歲陞授洪州討捕使，未及赴，移內禁將。除江界府使，未赴，由禁衛千摠授全羅右道水軍節度使，在途陞拜本道兵使。公在外閫，紀律嚴整，人莫敢干，而撫士卒有恩，數試砲射，厚賞賜以聳動其心。由是軍情無不愛戴，旣去而又無不追思者。

及瓜還，爲御營別將、內禁將、宣傳官，授咸鏡南道兵使，病不赴。除寧邊府使，朝家申濫率之禁，公以長子病劇，挈其婦之官，卽自首罷歸。丁亥，禁軍別將，例陞嘉善階，兼都摠府副摠管，尋爲禁衛中軍。自是周流諸營，入摠府尤數。是秋爲統制使，大修海防。因李忠武公龜船之制益新之，駕海尤便利，事聞，命頒其制於諸海路。居一年爲不悅者所論，上雖不聽，而公竟辭遞。公素好鄕居，無官則未嘗不卽歸。

庚寅，以訓鍊院都正薦授平安道兵使，陛辭日，上召見敎曰："安州，西路要衝，而城池頹廢，軍政尤疎，予甚憂焉。卿其相機措置，以稱予委寄之意。" 公拜謝，赴任之明日，躬審城堞，日督營下卒，輸土石繕治，身操畚鍤以董之，踰月告完，而民不知其役也。又與方伯權公䛕議，丁夫出布二疋者，皆減其半，而因爲更番留屯之制，以固備禦，一路兵民已鼓舞大惠。而會因邊民犯禁，公與權公俱革職，其經畫通變，未及如其志，議者惜之。

壬辰，春川府使，翌年遭人言辭遞。丙申，忠淸道兵使。戊戌，移拜統制使，無何又因臺言力辭遞。庚子，京畿水使，營素羸弊，器械朽破，公悉力修治，作待變廳以備陰雨。水使兼綰喬桐，使客供億，專責民賦，一境大困。公鳩錢穀以千計，斂散取辦以應之，民至今賴之。明年病遞，入爲禁軍別將、副摠管。

公自出身以來，先輩名公已見許以國器。而性恬素伉直，非公事，足不及貴人門，又以饋遺權要爲深恥，未嘗屈意取容於世，以此屢遭讒言，而不以介懷。少年後進多驟顯，迭主中權，人皆惜公沈屈，而公輒笑曰："安知非福耶?" 肅宗昇遐，人心危懼，吾仲父歸樂公時長本兵，直宿禁中，公爲亞將，戎事一倚公爲重，禁掖肅然。

公閱歷變故，志節愈確，先朝宿將多罥於禍網，而於公獨無所及。至於唯諾之事，人皆視以刀鋸鼎鑊之在前，而公則若無睹焉，只看得一義字而已。旣納統禦符，直還鄕居。庚戌拜漢城府左尹，連授同知中樞府事、兼訓鍊院都正，皆辭不復起。癸丑，以年八十陞嘉義。

公之從弟海昌都尉泰周嘗聞公改築丙舍，手書之曰二宜堂，蓋取司空圖語也。及是公始揭其扁而喜之曰"今而後吾志乃遂矣"，屬縡以記之。縡移寓寒泉，偶與公居接壤，春秋暇日，公輒以幅巾、鶴氅訪余。余時又過之，則公靜埽一室，左右圖書，蕭然若寒士。有時興至，臂蒼牽黃，走馬山坂如飛，豪氣不衰，可知爲舊時將軍也。

蓋公孝友篤至，以祿不逮親爲至慟，語及輒泫然，尤謹於祭祀，年旣老而必身親莅之。事仲、季父母如事父母，撫愛孤姪，而甥之育于家者亦數人。由衣服飮食以至嫁娶資送，一均於己子，同爨數十口，無有間言，其立朝事業，實本於內行也。老年喜看書，見古人忠孝節行，必擊節嗟賞，爲子弟誦道，以至國朝典故、先輩美事、邊防險易利害、少日所聞見，逢人輒纚纚語不倦。間亦縱言平生出處，以及辛壬之事，則高談慷慨，忠憤激切，往往泣下沾襟。家食屢空，資以官糴，而其與親黨酒食聚會則未或廢也。

公以乙卯十一月三十日，考終于四友堂舊第，享年八十二。明年二月，卽其家後壬坐之原，穿李夫人塚而合封焉。李夫人，靖陵別子德陽君岐五世孫，父曰縣監栽，柔順有婦德。二男一女，男長琢、次璞，女適士人金焈。琢無嗣，以弟之子載熙爲後。二女壻李聖洙、朴致圭。金婿子載尙、載祿。 琰、玷、許謇、鄭震贊、趙復彬， 側出子若女也。
公嘗笑謂余曰：“我老且死矣，預具一石，子其爲我銘之。”
公卒後十年，璞來藉是以請，余不能辭，系以銘。銘曰：

在昔黨禍，俊及可數。豪傑恥免，獨有皇甫。
林下一人，於古亦稀。武夫恬退，如公有幾？
目中義字，禍福寧論？二宜之扁，行能顧言。
天德山高，泉食菴深。文武殊塗，出處同心。
鶴氅幅巾，非復櫜鞬。籃輿造謝，莽蒼非遠。
有時唱酬，餻酒互勸。往往獵歸，五色離披。
自公云凋，林泉寂寥。支離不死，我疾沈綿。
忼慨憂時，有懷誰宣？屋後青山，屹彼穹石。
孝子乞文，繄公攸屬。載昭厥美，永垂無極。

碑

萬東廟碑

維朝鮮國淸州東八十里洛陽山下華陽之洞，有廟曰萬東。崇禎七十六年秋始成，以祀我神宗顯皇帝、毅宗烈皇帝，春秋爲位薦籩豆。越四十有三年，陪臣李縡刻銘於碑，以頌天子之德，道邦人之思曰：

惟朝鮮爲國，自箕子受封以來，歷秦、漢、隋、唐數千年之間，皆處以徼外殊俗，數侵暴攻伐。明有天，高皇帝錫國號，涵育奬訓，視同內服。我先王祇承寵命，恪勤侯度，垂三百年。於是中國禮樂文物之懿，浸淫於海壖之外。萬曆壬辰，倭寇來侵，連陷三京，昭敬王播越西陲，將渡遼內附，遣使請救於朝。顯皇帝命都督李如松、尙書邢玠、提督陳璘·劉綎、御史楊鎬等，發遼、薊、川、陝、湖、浙、雲、貴等兵前後二十三萬人，出白金五百八十三萬、運餉費三百餘萬以給軍，凡七年然後乃定。肆我君臣父子夫婦下至鳥獸草木之微，得去水火之苦、蛇豕之毒，而咸囿於鴻恩汪澤之中。邦國亡而復存，宗廟絶而復祀，其爲德至盛，自東方以來未始有也。後四十年崇禎丙子，建虜猖獗，吾邦首先嬰其鋒。後九年甲申，烈皇帝身殉社稷之難，明遂亡而夷虜入主。嗚呼！尙忍言之哉？

臣謹按《明史》本傳，當虜之東寇也，帝發山東舟師以援之，未至而寇退遂罷。夫以海外侯國，而天子所以安全而哀念之者，先後如此。顧區區褊小阨於寇亂創殘之餘，彊弱勢殊，曾不能盡節效力，少答父母之恩，以明《春秋》之義，憖見乎皇家之殄祀而夷虜之爲帝也，此志士、仁人所以崩心而痛哭也。洪翼漢、尹集、吳達濟之徒，旣皆以是殺身而不悔。及宣文王在位，專以攘伐夷虜、興復帝室爲己任，求賢弔孤，恤民練兵，將有以雪深讎而酬大造。於是宋時烈起自布衣，爲王賓師，與圖大事，未幾王薨，天下事無復可爲者。

時烈遂退歸山中，所謂華陽洞者是已。及時烈臨死，屬其門人權尙夏曰："二皇帝再造之恩、殉社之烈，宜祀於我東久矣，我不果而死，爾其卒成之。"閔鼎重嘗至燕，得烈皇帝御書"非禮不動"者以歸，時烈摹刻于華陽之厓，至是卽其傍而立祠焉，明之亡適六十年矣。

嗚呼！函夏腥穢，九廟顚覆，天子之祠，降寄於裨海下邑窮厓深谷之間，此天下之至變也。雖然，使我東土，義理以明，彝倫以定，以我當日君臣之志，上獻於先帝之靈，而永有辭於天下後世者，亶在於斯，其事微而其義深矣。彼拘拘以無於禮而擬於僭者，惡足以知之哉？

然臣竊觀王澤旣遠，世教日衰，士大夫昧於夷夏之分，奪於利害之卑，浸漬邪穢，視爲應然。其能存人紀之大防，而不忘乎時烈所傳"忍痛含寃迫不得已"者，蓋或鮮焉，則將日遠日忘，倍義喪恥，胥爲夷狄禽獸而莫之捄也。此時烈所爲憂深慮遠而尤致意於是祠者也。故臣旣序立祠之事，而終之以此義，以視後之君子。

祠成之翼年，元孝王以烈皇帝殉國之日，除墠於宮中而祀之，復築大報壇，歲祀顯皇帝。嗚呼！後千萬世，尙有以識我君臣之志歟！銘曰：

華陽之谷，巴水之厓。有幽其宮，天子之祠。
穆穆天子，萬邦父母。仁湛渥厚，爰及東土。
膊之磔之，除其虺蝥。煦之濡之，奠之衽席。
山淸海晏，風揮日舒。藩邦再造，猗烈無初。
赫矣毅宗，非禮不動。君死之正，百代攸誦。
四海化戎，九廟崩燬。帝視猶子，我莫視父。
誰敵王愾，以白此寃？帝有藎臣，曰我宣文。
宣文有臣，以淙義伐。蹇天不弔，中途壞裂。
有哭徹旻，磨厓之側。興復之計，歸此廟食。
天子萬年，陟降孔邇。芒芒腥土，舍我奚止？
穹天博地，欲報罔極。澗藻行潦，臣誠無射。
悠悠江、漢，萬折必東。先君之志，命此新宮。
於皇二聖，義盡仁至。摸天畫日，臣豈敢議？
惟以詔後，永叙厥彝。毋貳爾心，上帝臨猗。

考巖書院廟庭碑

肅廟己巳，尤菴宋先生自耽羅被拿命，至此縣而受後命，至今五十有餘年，而學士大夫過此地者，莫不嚌咨涕洟而不忍去。嗚呼！是孰使之然哉？蓋天生大賢，爲吾道也，爲生民也。先生際遇寧陵，身任天下之大義，及夫中道泣弓，事無可爲，則遂乃卷而懷之，猶惓惓不忘於世，以明天理、正人心爲己責，閑先聖之道，闢異端之說，實孟、朱以後一人。執此義理，雖明知大禍在前，而不之顧，以至群凶交煽，壼極垂傾，而先生首及於禍矣。

文谷墓銘，先生絶筆，而其詩曰"死有榮時"，殆亦先生自道也。先生雖禍於一時，若其天經地義，終是殄滅他不得，反是道者，非邪則逆也。使我東方一域知君臣父子之倫，免夷狄禽獸之歸者，皆先生賜也。嗚呼盛矣！

先生諱時烈，字英甫，恩津人。萬曆丁未生，孝宗初服，盡禮聘召，官至左議政致仕。禍作後六年，上大悔悟，壼位重正，於是復先生爵，賜祭，又贈諡文正。遺澤所暨，幷設祠以享之，考巖卽其一也。章甫倡議，將立碑於廟庭，屬綍爲文，略叙其本末志業如此云。

兪摠管先生遺墟碑

嗚呼！此故忠臣摠管兪先生應孚遺墟也。抱川縣南二十里名漢谷者，先生舊家焉，禍後沒入官，今爲光陵位田云。村西有斷壟，至今傳道以爲先生射處。先生性至孝，家貧無以爲養，每日出射雉以供甘旨。先生又嘗與兄應信躬擧板輿，奉母氏出遊，遇山水佳處，輒卸輿，列侍左右，或歌舞或射獵，以娛其心，塔谷及祝石嶺，卽其地也。

嗚呼！先生卽六臣之一也。昔尤菴宋文正公爲成、朴二先生，表其遺址，而不敢盛有鋪張。今則莊陵已復矣，丹書已洗矣，先生精忠大節，自可以軒天地而耀日月，固無間於屈伸，則亦何待乎區區三尺之刻哉？所以識此者，特使故老相傳之言不至泯滅，使千億年之下猶知爲忠臣所宅。縣人成孝基實主其事，而一境人士無貴賤，各出財相助，斯豈非天理民彝之自不容熄者耶？石旣具，徐生命孚屬余以文，略書此，使記于其陰。徐亦抱人也。

三印臺碑

淳昌郡之二十里，古寺名福泉者，今曰剛泉。而寺之南有所謂三印臺者，高可累十仞，下俯深淵，上有數株松生石罅，不知其幾百歲。三印者何？在昔冲菴金先生淨守本郡，訥齋朴先生祥爲潭陽府，石軒柳先生沃爲務安縣，會于是臺而議疏事，三賢各有印，故以是名焉。

謹按正德丙寅，我中宗大王撥亂反正，夫人愼氏正位中壼，而勳臣朴元宗等以夫人之父左相守勤死於靖國之際，慮其害己，白請廢之。中廟始下教曰："糟糠之妻，何以處之?" 累請而後許之，遂冊淑儀尹氏爲妃，是爲章敬王后。居十年乙亥后薨，時有災異求言，先生乃應旨封章，請復正愼氏位號，仍極論勳臣刦制君父、放逐國母之罪，言甚痛切。疏入，臺諫李荇等請拿鞫，禍將不測，賴鄭相國光弼力救，止於徒配，久而放還。

方草疏時，挂三印於松樹間云，忠義奮發，尙若可見，而但疏中沒柳先生之名，此其故何? 舊傳二先生謂石軒曰："吾輩俱有親老，而君則無兄弟可以爲養者，死則傷孝也。" 以是石軒獨免。嗚呼！是臺也，有巖川之勝，古今以來，閱幾多冠蓋，而都如烟雲之過目，惟三先生之風，凜乎其不死，豈不以君臣父子之倫，天經地義，亘萬世而長存者耶?

肅宗己卯，因縣監申奎言，將復愼妃位號，廷議多歧，不得行，作別廟以奉之。今上庚申，復會群臣議，聖斷赫然，追上愼氏號曰端敬王后，躋于太廟，陵曰溫陵，於是二先生皆贈官賜祭。嗚呼！先生之議，雖屈於一時，而終伸於百載之下，信乎天定之必能勝人也！是非旣大定矣，彼勳臣者，尙可晏然於從享之列耶? 噫！郡之人士謀樹石于臺上，以記其蹟，屬縡爲文。愚於此益知秉彝好德之良心人人同得也。系之以銘，銘曰：

剛泉之水兮東流泱泱，溫陵之樹兮北望蒼蒼。
石可泐兮，先生之名靡終極。

洪將軍故壘碑

安城郡南十五里木村之傍，有山突兀，若累土而成者凡數級，郡人相傳以爲故洪季男將軍陣處。將軍，南陽人，六世祖恕，太宗佐命功臣康襄公。父曰自修，自修之子，震、霽、電、雷，而將軍其側出也。

萬曆壬辰，倭寇大入，自修在安城，率四子起義兵，將軍已應募，隷巡邊使李鎰麾下。及鎰敗于尙州，又往從申砬，砬又敗歿，將軍欲執靮從王，倍道至京，則車駕已西狩矣。自修方與賊相距於鎭川鼉頓嶺，將軍追至，夾擊破之，賊乃退。始建大將旗鼓，數日之內，從者三千人，遂築壘於木村而據焉。賊方彌亘於竹山、陽智、龍仁，爲三大陣，將軍往來衝擊，殆無虛日，賊勢大挫。陽城以西，內浦以南，民皆按堵，實將軍之力也。將軍謂人曰："吾曾以使臣褊裨往日本，備諳賊情，此賊易易耳。"每戰輒身先士卒，所向無前。嘗中丸，手斬其賊，裹創力戰，賊畏之，相語必曰"洪將軍，洪將軍"。

上在龍灣聞捷，特除將軍水原判官，未之官，自修擊竹山賊敗死，將軍兄弟五人挺劍突入陣中，取其元而歸，賊惟坐視嘖舌而已。遂移檄湖西列鎭，請合兵復讎。無何，上特命起復，除畿、湖兩道助防將，階折衝。且令道臣勸肉，將軍涕泣不食，一軍感嘆。將軍以事忤天將被逮，以實對，天將亦悔悟，上坐謝之，因要與共討嶺南賊。

癸巳秋，除永川郡守，兼助防如故。一日與兵使高彦伯陣于慶州，賊猝入慶之安康縣，掠男女五千餘人而去。諸將莫敢誰何，將軍獨憤然曰："豈忍立視而不之救乎?"遂追擊而盡奪還之，慶人至今稱頌不衰。將軍嘗曰："此賊不滅，無以報君親之讎。"在郡五載，練士卒整器械，常若寇至。丁酉卒，年三十五。一境悲號，如喪親戚，體察使李公元翼遣從事告祭曰："劇賊未滅，將軍何之?"上聞之傷慟，命贈判敦寧府事，復其子孫，後又旌其門閭。將軍死後百四十餘年，郡人懷將軍之功，相議伐石，卽其戰地而樹焉。以緈寓在隣壤，徵文以記之。

余惟將軍之功，固卓然，宜後人之不可忘也，而抑有大焉。夫人之所以爲人者，以其性，則仁義也；以其倫，則君臣父子也。將軍父子兄弟當國家危難之際，奮起草萊，仗義討賊，雖其或死或不死，而臣之於君，子之於父，能各盡其職焉，一門忠孝，可謂盛矣。若將軍者，身旣賤微，死而又無後，猶能感發人心於百歲之遠，是豈區區斬馘之功使之然哉?《詩》曰："天生烝民，有物有則。民之秉彝，好是懿德。"嗚呼，其可信也夫！仍系之以詩，詩曰：

唐城之家鼎台[3]出，天挺豪男熊虎質。
丁時板蕩奮義卒，一門毅烈古鮮匹。
昔隨仙槎窮出日，目下全無彼齒漆。
所向罔敵賊膽慄，屹若長城一境謐。
嶺表遷秩彰勳伐，枕戈嘗膽心如一。

3 台：底本에는 "否". 문맥에 근거하여 수정.

多難維棘壯士失，蠻海茫茫志未畢。
木村古壘苔蘚沒，耕夫往往得白骨。
天色常陰陣雲結，魂魄來遊風蕭瑟。
邦人紀績歲壬戌，山高水悠此老筆。

觀察使金公神道碑後記

蓋當寧陵末年，用二宋文正公言，特還鶴洲金公爵秩，越六十年戊戌，肅宗大王追復姜嬪位，謚愍懷。判書閔公鎭厚進曰："金某當日之疏，言人所難，其死可哀，今宜別有褒恤之典。"上允之，贈公吏曹判書，賜之祭而錄其孫。己亥太常謚曰文貞。

嗚呼！公忠誠奮發，忘身盡言，雖身陷不測，而旋有日月之更，斯可見我聖祖容直之德。矧惟肅考貤贈之擧，足以爲人臣盡節者之勸，可謂于前有光矣夫！姜嬪之獄，天下之至寃也，公之出位拚死而言之者，豈有佗哉？斷斷血忱，直欲納吾君於無過耳，身後寵辱，都非己所知。然而畢竟至寃之獲伸，實公一疏之力，則使公有知，豈不以其死爲榮也？若公行義事業，尤菴文正公之文，已盡之矣。

公之男季珍後爲縣監。孫斗星擧生員試，其男興慶原任領議政，愼慶、寅慶奉事。斗井亦奉事，男麟慶郡守，龍慶參判。斗奎縣監，男潤慶、濬慶生員，淳慶奉事。斗璧縣令，男履慶、次趾慶、起慶皆縣監，致慶縣令，喜慶判官。

季珍男女，斗光府使，李箕恒妻。斗光男運慶、選慶。四壻子， 縣監李秀文、進士趙命迪、李蓍龜、朴曾錫、命錫，而韓婿繼子曰瑞丁。朴鏷子尙泰、尙澤。尹明遠子府使鳳韶、參判鳳朝。議政男漢藎尙和順翁主，參判男漢喆校理，餘不能盡記云。

金朔州兄弟復讎碑

潭陽府南二里香栢之洞， 有穹然而立於衢者曰金公成一、成九復讎孝烈碑，過者咸式焉。金出光州，八代平章之後，而其居是洞，則自判校自敏始。判校後七世曰俊民，統虞候，成一、成九其子也。

俊民有弟世民， 其奴金伊與世民之妻奸， 俊民憤疾欲去之，事泄，己巳十月三十日，金伊與其父若弟乘夜入俊民寓舍，亂斮之，肆其殘虐。時成九在香栢，去寓舍數里，忽然心動，若聞有驚呼之聲，蒼黃赴難，路中嘔血數斗，成一亦自漢師奔歸，而賊不得。兄弟指天誓心，不爲營葬，日詗察賊情，乃於場市中，獲金伊及其父母，手自屠殺，出其肝，使人懸於殯前，計父死僅四十有五日矣。卽日詣府獄，骈首請命曰："父讎已復，死且無恨。"府使李潤雨與推官光州牧使任孝達據經證古，請傅生議，觀察使宋象仁以聞。庚午九月，該曹覆奏，照《大明律》杖罰條施行，仁祖大王特命赦之，承旨李景容次知頒下。

嗚呼！父子一體也，手足頭目，其勢相須，而不幸遇變，只當致死而已。然父死於人而爲之報者，蓋未之多見，是或有力不能者，而終亦自愛其生耳。二公者之爲此事也，豈自知其必不死哉？其視死固如歸，而卒乃無死，是豈非順天理感人心，自有莫之然而然者歟？古聖王之制法也，不許其擅殺，一待以死刑，而於其中又或爲之酌量而輕重之。我聖祖特恩，蓋深得此意，而其惇倫礪俗之義亦盛矣。不如是，何以爲後世人子勸哉？

成一兄弟不忍居故土，流寓于扶安、興德之間，後成一爲諸名公所識拔，羅致幕下。丙子，扈駕南漢，尋擢武科，歷官內外，以朔州府使卒于官。成九自變後，無意於世，築亭沙津浦上，日與文人、韻士相周旋，棊酒自娛，以終其身。尤菴先生嘗爲之傳，其論《春秋》賊不討不書葬之義，引朱子說，發揮甚至，有補於世敎大矣。獨於成九事，略有脫漏，鄕論惜之。余故採摭其一二，爲此文，使刻于其陰。是碑也，實潭陽與傍近章甫合心幷力而成云。

閔氏先山碑

驪興之閔，始自奉御諱稱道，八九世大著麗代，而奉御之孫僕射懿墓於平山斗城里者，歷五百載而復顯，其餘兆域，失不知處。松都之西，有寺曰甘露，權陽村近之記文云"驪興府院君先塋皆在此寺後"，以今考之，驪興公之考葬於別處。

自其祖文順公頔泝而至奉御，寔諸閔所同祖，則凡厥墓宅之在玆，宜若無疑，而世遠迹泯，莫直其地。

歲丁酉，後孫判書鎭遠始就所謂甘露寺者而訪焉，寺後峰勢巀嶭，從山背得馬踏之原，負江面巽，有三塚纍纍然。村父老聞公至，輒咨嗟相語曰："是崗之爲閔氏葬，自昔流聞，果然。"且言："舊見龜趺宛然，而今亡之矣。"崗西有寺址，至今稱以閔齋宮，洞口有巖可坐，云是國舅更衣處。蓋其地形與寺記合，而故老所傳，又歷歷可信，獨碑刻無徵，莫辨某某藏也。越二年，復使子姪走墓下，爲壇以告，徧搜幽誌，而卒不得，則公乃喟然曰："吾惡乎用其誠？將樹石記事。"以命姊子縡。

竊惟吾外先積德基善，累百年于玆，雖伸屈不常，埋宜食報於無窮，觀於僕射公墓可驗。況仁莫先乎報本，厚莫大乎追遠，吾於是知外氏之慶未艾也。後之人，苟以吾舅之心爲心，誠之至也，神必格，安知晦於前者不顯於後乎？是若茫昧不可必，而可必者天也，顧遲速如何爾，謹拱而俟。又按儀曹舊乘，齊陵在於元敬王后閔氏本族世葬之內，開國後族葬、私墳並許仍存。國家嘗遣禮官伐木，其書啓有曰"外白虎作案處有四墳，又其南邊西向之原有三墳，其下二十步許，又有三墳，墳形尙存"云。蓋此十塚亦必爲文順公以上所藏，而今不可詳也，幷記此以諗來裔。

淑人昌原黃氏神位壇碑

故金溝縣令趙公見素之墓在林川郡西盤山，而其元配淑人昌原黃氏，丁丑江都之難，赴海而死，故無葬焉。後百有餘年，其宗孫龜世與族弟靖世謀曰："吾祖妣潔身全節，樹立卓卓，而當時偶闕旌褒，最後子孫據實陳籲，而朝家謂歲久事昧而不之許，固爲萬萬痛寃。而以其無墓也，故四時香火仍缺焉，此又子孫之所共槌心泣血而無所及者也。竊稽故進士宋公克己墓不知其處，其後孫尤菴文正先生卽其祖妣墓傍，設神位壇而祭之，其記文曰：'《禮經》有「去祧爲壇」、「榜標記之」之文，此不可謂無於禮者。謹設右享之位，以爲幷薦之所，其於禮義，可幸無罪焉。'先正已行之迹，可倣而行之，吾輩不於此用誠，惡乎用其誠？"遂治石以樹于縣令公之墓左，請文於縡。縡旣悲淑人之節行掩翳不章，又嘉諸趙追遠之誠，爲叙其大致如此云。

陶菴集

卷三十一

墓碣

墓碣

高麗直提學金公墓碣

光州之金，出自新羅王子興光，羅亡，王子先去之，遂爲光州人。其後孫諱若時當麗運之訖，遯于廣之金光村曰"我罔爲僕"，年七十二以終。君子曰："金氏有二仁焉。"公乙亥以降，實與我太祖大王同年，擢癸亥科，官至直提學。洎太祖開國，公及夫人徒行之廣，於山谷間架木爲簷，以蔽風雪。村老怪其衣冠，往往來問，不答，或饋以酒食，亦不受。憂傷悁鬱，仰天優唈，人莫測其懷，亦不知爲誰某也。太祖物色得之，特賜誠明坊第，手書書松軒御號，蓋待以布衣交也。又授以原官，欲强之，公託青盲，終不起。嘗謂家人曰："吾國亡不死，其不能高擧遐遁者，以先人邱墓在耳。我死葬此，不封不樹，用石二左右置識之。"及卒，從其言。

至顯廟朝嘗夜對，公後孫宇亨爲承旨，語及公遺事，上歎曰："爾祖節操奇哉!"公之系大提學稹、判軍器寺事英利、光城君鼎，是曾祖、祖若考。前後夫人，礪山宋氏，原州元氏。子孫顯者，提學磁、檢閱神童、典翰虯、府尹穎男、監司止男、參判質幹，宇亨後爲判書。

十代孫岱壽、十一代孫正言壽錫謀曰："吾祖墓無刻，百世之後誰知者? 治命雖如彼, 不朽之圖吾責也。" 遂謁文於余。余惟公高風峻節, 蓋與吉注書相似, 而公則又泯其迹焉, 聖祖一言之褒, 豈有感於夫子稱泰伯之義歟! 然顯[1]晦亦皆有時, 於公何加損焉? 惟一段赤心, 足以貫金石而通天地, 今不必鋪張揚厲, 以傷公素志, 只曰"高麗直提學金公某之墓"足矣。

監察柳公墓碣

國朝節義, 惟莊陵爲盛, 世所稱六先生者, 固焯然與日月爭光矣。其餘晦迹山林者, 又不知其幾, 而乃或歷數百年始顯, 余得一人焉, 曰監察柳公自湄。其家乘云, 公景泰辛未文科, 越五載乙亥爲禪受之際, 公卽走入空門, 以沒其身。公子集賢校理輊欲從公, 公不可, 强之仕, 每請覲, 輒曰"臣父得心疾, 放浪山水間"云。始寓首陽之神光, 晚移西山, 遺戒治喪勿用浮屠法, 且曰: "吾不能死於君, 毋葬先人側, 墓道毋書汝曹推恩官職。" 及卒, 諸子不敢違。臧獲之在海州者, 歸于宗子家, 至今有榛栗、粟米、海菜、箕箒之貢, 蓋自公在首陽始。

　公文化人, 政丞曼殊、商議中樞原之、縣監洽爲公三世。公子七, 輪縣令、輊贊成、軫·軒大司憲、轅縣監、輔

1 顯: 底本에는 "隱." 일반적인 용례와 문맥에 근거하여 수정.

直長、輯正郎。輯之婦，成先生三問之孫也。公墓在楊州之漢洞，久而失其處。肅宗辛酉，後孫世鼎得片石於墓前，書曰“司憲監察柳自湄”，宛然可讀，遂走相告，子孫後先來謁而封築之。曰祼、 曰世顯與世鼎，皆輊之後；曰震芳，軒之後；曰亨培，轅之後。自是墓有主，祼之子世茂又樹碣以表其事，屬余文。

竊迹公大節，實與清寒翁一流，清寒顯，公則晦，此曷故焉？余嘗寓東峽，其地多清寒故棲，樵童牧竪能識其名，躑躅不能去，不知採薇遺墟，亦猶是也否？余登西山，欲訪公事蹟，而烟雲草莽，杳然不可識矣。然公之墓旣失而復顯，則是公大節終不可得而晦也，豈遲速有時而然歟！栗谷先生傳清寒翁，雖病其抛棄名敎，而至論其節義，則曰："雖謂之百世之師，亦近之。"使公顯於一時，卽當同傳，豈容改評？姑記此以竢後之尙論者云。

掌令崔公墓碣

往在燕山之世，士禍罔極，一時賢人君子芟刈斬伐，殆不可勝記，至今思之，可爲於邑。余從湖南士友得辛參奉應純所爲《輯錄》者讀之，有曰“掌令崔亨漢，貫慶州，生員永源之第二子也。燕山荒淫無度，乃敢抗直，待命闕下，遂自盡焉”，公卽其人也。余竊悼公遭時之不幸，懷忠掩抑而死。然當時事實，莫詳於《戊午黨籍》，而公則無少槪見，豈公之死在於戊午之先歟！是未敢知也。

崔氏家乘，盡逸於兵燹，惟得於先輩文字者，略有可据。蓋公成化庚子進士，越四年癸卯及第。連喪二親，服闋，始由館薦拜司憲府監察。充書狀朝燕，比還出監玉果縣，旋授靈巖郡守，入爲掌令，是公履歷。而其赴玉果也，朝廷咸惜其去，濯纓金公馹孫作序以將之，謂公文學優贍，引重甚盛。

公世居光州，州之西巾之山，親墓在焉，去家纔一里。公作亭於其側，名曰永思，成慵齋俔爲記文，稱道其孝。公之見推於一代名士大夫者如此， 而獨恨夫致命一事無足以考信者。

嗚呼！古之人諫於其君，而不聽則去，否則死於職下，又往往憂憤鬱塞，無以見其志，則寧引決以自快焉。公既不能去，則其死也，固不出於斯二者矣。然其抗直之辭，不可得以詳，而況所謂自盡者，或引毆或仰藥，其事不一，則不知公所處又果如何也。 是則國史氏必有大書特書者， 後之人當自知之。然知不知，於公亦何加損焉？

公字倬卿， 其先自麗朝政丞雞林府院君光位始， 其後孫潞中領郎將，郎將之子仲濟縣監，《輯錄》所稱生員，其子也。公外祖曰生員陰城朴繼陽。公娶靈光金氏，郎將孝本之女。三男三女，男長彦潀生、進兩試，次彦泓進士，次彦冲生員。 女爲進士宋驌、參奉丁需、參奉張俔妻。 彦潀男松年文科縣監，彦泓男栢年部將，春年參奉。彦冲男應期、應世、應時。張壻之子以吉司諫。 三房子孫甚蕃， 而俱以儒業承家云。 公之墓亦在巾之山， 八世孫進士洛及沃來請樹隧之文。余謂："公之事迹，固微而不章，而乃其心，則蓋所謂天理民彝之不可泯者，理必終顯於世，盍少遲之？"洛作而言曰："雖然，願且得子之言以視諸後也。"余不能辭，銘曰：

我聞濯纓，節行之士。餘事文章，闊步高視。
而獨於公，引重若是。聲氣之同，孰疑其死？
百世之後，請徵國史。

持平晦谷趙公墓碣

嗚呼，此已卯名賢晦谷趙先生廣佐之墓也。其仲兄廣輔號方隱者，葬在其上幾十步。先生漢陽人，與靜菴先生爲袒免親，而道義相契，俱居龍仁，相距纔十里。李陰崖耔又廬其間，有切偲講磨之益，或漁於川，或採於山，又或吟風弄月以歸，其樂蓋有人不及知者矣。故老傳言"四先生每食，未嘗異器，又使一匙，且謀作四隱亭於斗巖巖上，不果"云。

靜菴與陰崖諸賢一時彙征，先生亦薦授刑曹正郞，尋擢司憲府持平。方設賢良科，先生與其薦，而不肯就。靜菴時爲大司憲，先生同伏閤，請削靖國勳濫猥者，累啓始從。及禍作，與大司憲柳雲力救靜菴，不從。已而靜菴受後命，與黨籍者三十九人，先生亦削奪。辛巳，宋祀連上變，先生被逮，卒拷死，十月二十日也，年三十八。方隱自甲戌佯狂自晦，後亦爲袞、貞所誣，幾死而免。

陰崖嘗言："孝直能起季良，而不能起仲翼，蓋孝直知仲翼之不欲仕，而仲翼實高我輩數等耳。"又曰："孝直常稱仲翼曰顔子復生，稱季良曰豪傑之士。"孝直，靜菴字，仲翼、季良，先生兄弟字也。

先生性至孝，其在親側，夜不解衣，蟣蝨滿體，凡於享先供老，雖臼杵之役，必身爲之，故老相傳又如此。而金濯纓馹孫作先生伯兄正字廣臨之碣， 有曰： "兄弟日講《小學》，務道以善。"先生天分固過人，而其得於學問者，亦不可誣也。

趙氏出自麗朝僉議中書之壽， 有漢平府院君涓以我太祖甥，策佐命功。是生慕知敦寧，生宗孝僉知中樞，生勛郡守，先生考也。先生配丹陽李氏，有繼子沆。方隱無后云。

先生五代孫僉知廷翊、廷賓來謁文， 余謂："先生德業之盛，人鮮克知之。然靜菴之道尊，則先生之道亦尊；靜菴之名不滅，則先生之名亦將不滅矣，何待余言？ 顧余方寓是土，幸而與先生同鄉，幸州又吾故里，而先生之藏適在於斯，所以聞風而景仰者，實百倍於人，而託名於斯文亦幸也。"先生家乘失於禍燹， 無一二可徵者， 略取野史所載及陰崖書牘，叙爲此文，俾揭於墓側，而於方隱事，亦不敢全沒者，蓋倣古人同傳之意也，後之人尙或有以攷焉。銘曰：

嗚呼盛哉！漢陽之門，旣生靜菴。
又有先生，一之已難，而況其三？
百世之後，誰其知者？我徵劒潭。

察訪南公墓碣

黃澗之南，有所謂考槃臺者，鄉人指以謂曰："此三槐翁故墟也。"翁明廟時人，諱知言，字慎之。始除齋郎不就，爲金泉道察訪，一赴官卽歸。相泉石佳處，築室以居，婆娑偃仰，以終其身，門外有三槐，因以號焉。歿幾二百年，人高其節，猶誦道不衰。然公自幼少時，能事親以禮，養則致其忠，喪則極其哀，祭則盡其敬。其事載邑志甚詳，讀之者曰："幸哉，有是子。"此尤其大者也。

始公早工文，中鄕試第一，見士習不美，不復就會圍，或勸之，則作詩以見意。鄕有不孝者，公每出，取迂徑，不肯過其門。喜讀朱子書、《小學》，與村秀學子，講討不倦。病革問日如何，强起盥櫛，正席而逝，距其生正德丁卯六十。

公之考參奉諱寅，以孝聞于朝。公又就婦翁嵐亭金公始昌學，嵐亭以《小學》律身者，稱人之美，必本其父兄師友，豈不信然？南氏籍英陽，後改固城，有諱琴，吏曹參判，其子義文始居黃澗。生世智奉事，於參奉公爲考。外祖贈判書高靈申泂。公二子，長景孝直長、次景悌，景孝能世其孝，人謂南氏三孝。守約、守謙、守柔皆大耋通政，守一縣令，長房出。

公墓在壽山，與考槃臺相望，其來孫道弘，以丈巖鄭公澔狀來請銘，銘曰：

黃溪之水，其流洋洋。碩人在澗，其樂無央。
然且有大，孝爲行源。勉哉後人，尙式斯墳。

縣監朴公墓碣

退陶門人之賢者，在湖南則有曰朴公光前，字顯哉，竹川其號也。其先出珍原縣，國初有直提學熙中，其子(暉生[2])贅于寶城，子孫仍家焉。曾祖胤原生員，祖衎宣敎郞，考而誼進士。

公少善文辭，父兄命以科業，而意殊不樂，間取《性理全書》，潛心玩索，欣若有得。自己卯士禍以來，士大夫諱言道學，公能奮發自立，其志固已卓然，而晩始請業於退陶之門。先生方手抄朱子書，顧語公曰："此爲學根基也。"臨別贈詩五章，奬勉甚至。

隆慶戊辰，進士。柳眉巖希春爲監司，搜訪人才，以公應命，除慶基殿參奉，移獻陵，旣而棄歸，復除氷庫別坐。時國無儲嗣，以輔導王子爲急，公及河洛爲師傅，每講，河務多，公務精，上考王子所讀而曰："多則不精，當從朴師傅。"秩滿，遷監察，出爲咸悅縣監，慈良樂易，民皆親之，公暇詣鄕學，引邑子與講。以事忤方伯罷，後由掌苑爲懷德縣，其決獄訟，不畏權勢，又不苟循上官意，旋罷歸。

壬辰之難，同任公啓英倡義兵討賊，及光海以世子監軍南下，公進見，陳時事十餘條。亂定，用募粟勞拜軍資正，公蹙然曰："無功，敢安其賞？"因任公以實自列，遂寢

2 生：底本에는 없음. 《竹川集附錄·墓碣銘幷序》와 《隱峯全書·竹川朴先生行狀》에 근거하여 보충.

不行，識者義之。除翊衛，一謝而歸。丁酉，寇又犯湖徼，鄉人推公爲義將，公曰："吾雖老，敢愛一死？" 室文氏卒於亂中，公疾亦甚，猶能以忠義自勵，軍聲稍振，守宰之鳥獸竄者忌其成功，反沮撓之。未幾卒，時十一月十八日也，壽七十二。葬于同郡沙谷坐艮之原，後贈左承旨。

公內行純備，事父母，未嘗少違其志，老而執喪愈固，篤於奉先，厚於親族。平居矩度甚嚴，而誠心接物，和氣藹然，無賢不肖，皆不厭焉。其學專務爲己，積之既厚，晦而益章。教人先以《小學》，喪祭悉從《家禮》，蓋一以朱門爲準。而先生嘗授《節要》一帙，公終身讀誦而不怠，有《質疑》一冊行于世。

文氏，僉使亮之女，男根孝縣監，根悌參奉。孫曰春秀、春長、春豪，曾孫曰震亨、益亨、賁亨、同亨、濟亨、有亨、世亨、蔓亨。婿之顯者判書李光迪，餘不盡載。

公沒既百有餘年，其造德淺深，有未易窺測者，而門人叙述，猶可徵信。安牛山邦俊之論湖南名儒，以河西爲首，高峰、一齋、眉巖及公次之，其言非阿好者，而其稱公，則又曰"踐履篤實"。嗚呼，若公者，豈古所謂"可知爲先生、弟子"者耶？銘曰：

退陶之學，實本朱子。一部《節要》，乃其宗旨。
誰當授者？曰汝爲己。公起且拜，小子無似。
積誠單心，庶幾於是。造次顚沛，斃而後已。
我考其用，孝有終始。義無後君，忠不惜死。
人道之大，要不外此。不負所學，嘻其賢矣。

惟公德行，有源有委。我徵牛老，以揚厥美。

牧使徐公墓碣

栗谷先生嘗疾革，口號北邊方略，以授受命巡撫者，徐公益，字君受，其人也。公還，條便宜十二策以上，時先生已卒，朝廷不能用。重峰趙公憲上書訟之，不報。蓋公與先生，爲道義交，又與鄭松江澈最善。一日松江自南造朝，候先生與語移晷，先生曰："子見君受來耶？其言論風采相類也。"先生以東西相軋爲深憂，至誠調娛而卒不得。後汝立追攻先生，并及松江。公在義州，慨然上疏，爲諸賢辨誣，極論汝立前後反覆狀。且以一父遇諸子之變，置酒泣告，使諸子感動爲喩曰："臣恐兩家子弟，一成一敗，世世爲敵，爲殿下子孫萬世之患也。"上不省。比解歸，時象日乖，悒悒不喜在朝，棲遑兩湖間。高山山水淸絶，公意樂之，置一亭，脩竹萬竿，仍自號曰萬竹。始汝立有盛名，公一訪之，知其隱慝，不見而歸，上疏言："汝立外竊重望，內實陰詭，必將圖不軌，願早爲之徙薪。"上焚其疏。及汝立伏誅，上始歎其先見，公歿已三載矣。命索其半稿于家，家無存者，疏遂不傳。

公先出百濟，在高麗兵部尙書存最顯，其後貞壽 當我世祖時謫恩津，子孫仍家焉，於公爲五世。高祖熙、曾祖秀孫、祖進士寬、考震男。外祖直提學樽巖李公若海，己卯名賢也。

公文藻夙成，十三魁湖試，甲子生員第二，時栗谷爲魁。己巳，文科，於內歷兵·吏二曹郎、弘文館校理、議政府舍人，外則舒川、安東、義州，而義州其擢也。嘗屢擬臺閣，上靳之，銓臣請其故，則曰："其人太直，處以糾繩之職，恐朝廷無完人也。" 公家乘散佚，其踐歷事業，皆不可詳也。或傳公少讀書山寺，夜如廁，有魅犯之，叱之使退。一公館舊廢，使星過者往往睡魘不起。公獨明燭看書，見女鬼，訴其爲人所殺尸在屋樑上，檢覈其實，得其人誅之。安東吏獷猂難制，公命列馬木自門而階，呼群吏冠之以陶器，使俯伏出其下，旬月而一變。義州民有三女盡嫁與中貴人，公將之官，中貴人迭請餽酒，公諾之。其人來謁，公命以三杯訖，捽下數其罪而殺之云。其詩淸健有格，上幸龍灣，見公客館一絶奇賞之，取其板以歸。

公以萬曆丁亥正月十四日卒于益山寓舍，年四十六。墓在恩津東杜芝里向午之原，夫人黃氏祔。黃氏監役廷秀之女，趙判書彦秀之外孫，嘉靖乙巳生，後公十四年而歿。二男、三女，男龍甲、虎甲，其婿監察金吉遠、都事宋榮祚、都事白信民。寅甲、羊甲、永甲、玉甲、尹暘，側出子若婿也。平市令雲駿、贈判書雲驥長房出，雲驩次房出。雲駿男後聖出后人，後遠察訪、行遠、尙遠。雲驥男必遠，文科，判書。雲驩男鳴遠、濟遠、志遠。尙遠男敬始、敬一，敬一爲後遠后。鳴遠男敬守、敬大、敬所。濟遠男敬維，志遠男敬初、敬行，必遠男敬祖牧使。敬一取族子文德爲后，實尸公祀。

公生當宣廟盛際，且以栗谷、松江爲師友，其正直之操、經濟之具，可以想見其略矣。卒之儃徊蹇滯，不克大有所爲，豈非天耶？余讀公義州時封事，忠愛藹然，其論朋黨之禍，誠若灼見於百歲之前矣。栗谷欲合之於將裂之初，而公則欲救之於旣潰之後，其勢不已難乎？使公不死，終必與松江諸公受其禍敗無疑，其或視之以後世調停之術，則是不知公者也。噫，公之心，蓋栗谷之心也。銘曰：

嶷嶷徐公，膽大智圓。矧是正直，天與其全。
誰其師友，栗翁大賢。栗翁云喪，公亦迍邅。
斂彼壯志，于林于泉。長白嵯峨，鴨水淸漣。
中間宦跡，滅如雲烟。惟有一封，輝映簡編。
江、河之大，始自涓涓。不有明見，孰識未然？
我闡其幽，貞石斯鐫。

正郎楊公墓碣

公諱士衡，字季平，自號漁隱。楊氏出南原，始祖曰知郡事敬文，其家于淳昌，則實自烈婦李氏。麗末大提學以時，與牧隱諸賢遊，是生首生直提學。李氏其配也，抱遺孤走南中，以全其節，仍相宅而居焉。直學後五世兵曹佐郎公俊，生司僕副正洪，是公兩世。妣豐基安氏，考曰主簿克誠。

公己卯司馬，戊子，文科。壬辰之難，上西狩，八路瓦解，觀察使李洸擁兵坐視。公時以直長罷官鄕居，貽書責以勤王，辭義嚴正，仍徒步赴行在。後又與邊公士貞、丁公焰糾合義旅，以殲餘寇。歷官兵曹正郎、都體察府從事官、南平縣監、靈光郡守，歿後錄原從功，贈承政院都承旨。

嗚呼，公遇亂盡節，忠義激烈，足以愧後世後君之徒。其餘內行宦蹟，必多可觀，而惜乎家乘散佚，鮮有傳者。蓋聞公早遊玉溪盧公禛、眉巖柳公希春之門。李活溪大㞳，南之賢士，而又與之友善，殆古所謂"不見其山，願見其木"者。而活溪哭公詩有云："接人諧笑沖和氣，許國經綸慷慨心。"於此而可以得其爲人矣。

公生於嘉靖丁未，卒於萬曆己亥，葬于南原求仙洞，朔寧崔氏祔。崔氏之考，贈承旨穎。男女各三人，時晉持平、時冕進士有高致、時邁將仕郎，博士鄭弘緖、縣監曹應休、申尙浚其壻。進士汝梅、汝梓、汝椋，長房出，仲季男汝樓、汝樟。曾孫曰海擧、溟擧、弼擧、別檢夢擧、逸擧、爾擧、後擧、仲擧、聖擧、先擧、郡守五擧、舜擧、說擧、卨擧。說擧之孫應秀，以諸宗人言乞銘。銘曰：

龜岳之土，烈婦胥宇。天報善良，以生衆楊。

宜爾賢孫，昌大其門。我闡厥美，忠義之士。

縣監洪公墓碣

靜菴先生有賢弟子曰洪判決事奉世。奉世之孫曰百順，字士吉，甫齔而孤，判決公憐而鞠之，常置懷中。公自幼有異質，受《孝經》、《小學》，便能謂"不學此，無以爲人"。及長絶意學子業，服膺庭訓，專精學問。及判決公歿，公追慕罔極。判決公手書聖賢格言及師友往復簡牘，散佚於兵燹，公心常痛恨，收拾其餘存者，粘付一帖，朝夕觀省。嘗曰:"昔在膝下，見王父好讀《中庸》、《大學》、《心經》、《近思錄》等書，進德之實，何敢窺測？而惟讀書一事，尙可以追繼其志，曷敢不力?"又曰:"吾常夢見王考，自陳己所行事之實，王考有喜色。祖孫一體，豈無感通之理乎?"以至一言一行，無不以判決公爲準則，嗚呼，若公可謂判決公肖孫矣。

公旣尊信判決公所讀諸書，刻意覃思，不少釋手，多有自得之妙，而猶不自信，乃從宋龜峰先生難疑答問，反復沈潛，其於義理，洞見大原。而於沙溪文元先生，則始與同門，卒又師之，先生則待以老友，蓋公少文元九歲矣。公常曰:"人樂有賢父兄，君子就有道而正焉，不如是，何以成德哉?"

公天性至孝，事判決公，承順無違，愛敬俱至。判決公晩年多疾，晝夜侍藥，不解衣帶。其喪也，葬祭一遵禮制，三年守廬，日上墓哭拜，不以風雨寒暑而或廢。自以幼失所怙不及奉養爲終身之慟，每遇諱辰，哀疚慘怛，如袒括之初。

其事母夫人，竭力子職，衣服之奉，脂瀡之供，無所不用其極。或有微恙，不櫛不翔，憂形於色，至於入廚煎粥，親自爲之，不委於女奴之手，夜則亦抱薪爇火。母夫人歎曰:"爲人子者，孰不欲孝於親？而安有賢於吾兒者耶?"母夫人卒，葬祭廬墓，一如判決公之喪，毁極幾不全，未老而鬚髮盡白。制終之後，輒嗚咽不自勝曰："孤露餘生，當死不死，罔極之德，無以報答，惟有奉祭祀致誠敬耳。"每秋量一年大小祀事之用，如米醬油蜜實果之屬，無不預具而別儲。家雖貧，一無缺乏。祭之日，手自滌器具饌，坐待雞鳴以行事，闔門而退，肅然如聞其容聲，輒汪然悲泣。或閒步園林，望邱墓則亦涕，每晨起，整衣冠謁祠堂，朔望必省墓，年至耆耋而不少懈。人曰"孝哉！洪公，殆古未嘗有也"。

癸亥反正，命擧學行遺逸之士，特起公，布衣直拜宜寧縣監。吾曾王考晚悔公及愼齋金文敬公亦與斯選，世稱其盛。公黽勉之官，豪猾斂手，百廢皆興，未一年而賦歸，行橐蕭然，不以一芥自累，民到于今，頌其清白。丙子，避兵嶺左，遠近人士來見者，坌集塡門，寇退返舊居，己卯十二月十日卒，春秋八十三。以庚辰二月，葬于廣州狐洞坐子之原，崔恭人祔。

公歿後幾三十年，一鄉公議始發，以公至行聞于朝，同春宋先生筵白，請加褒尙。於是特贈公承政院左承旨，仍旌之曰孝子之門。余嘗訪沙溪舊宅，偶閱故書籍，得公與先生書，深以全廢讀經爲恨。時公年七十五，其心炯炯可識，渾厚懇惻，一出天眞。余讀而敬之，傳謄一本，以遺其玄孫河瑞，以河瑞終身力學，亦足爲公之肖孫也。河瑞文科，兵曹佐郞，淸介不俗，窮餓而死。他餘子孫，不能盡記。余夙慕公德懿，今於樹墓之文，義不敢辭，略序次而系以銘。銘曰：
人於祖先，同一形氣。各具容體，鮮有肖似。

矧伊德性，其尚克類。是以《詩》云，夙興夜寐。
無忝爾所生，殆公之謂歟！

參奉任公墓碣

自古詩人多浮薄而少氣節，人或輕之，然如澹菴之直氣、後山之苦節，亦不免詩人之目。由是觀之，則所謂詩人者，豈可以一例論之也哉？國朝詩運，莫盛於穆陵之世，而有鳴皐任公者，與石洲齊名，固亦所謂詩人者。而攷諸先輩叙述，實是忠義節行之士，今得其遺事讀之信然。

公諱錪，字寬甫，鳴皐其號也。少從牛溪成先生游，先生稱以慕學善士。平居篤於孝友，家甚貧，處之晏如也。三除寢郎，皆不就。壬辰之亂，車駕西狩，公始避兵東峽，與同志者慨然有執靮之志，路塞不得通，聞湖南倡義使金千鎰住兵江都，往從之，爲書記。天將謀擊京城賊，公以倡義命作都城圖以進，且獻二十韻詩，天將賜座褒賞之。後倡義死於晉州城守，公往哭於其家，與幕下舊僚伐石記績于江都，作文通諭湖南。公雖在亂離顚沛之際，眷眷師門，精誠屢發於宵寐，於其日錄可見。

公素嫉柳永慶、鄭仁弘爲人，居常大言憤罵，及至昏朝，見時事日非，惟以潔身危行爲志，所與游，皆士林名勝。而凡有不平無聊，一發於詩，深得杜陵忠愛之意。公歿後，石洲詩禍作，公家人取平日所爲篇什而悉焚之，是以不能多傳于世。昔放翁幾見染於侂胄，朱夫子憂之，至有天津胡孫之譏。嗚呼！若公者，可謂拔出汙濁之中，一洗詩人之羞者矣。

公嘗倣李白《古風》，有"蘇、黃亂風雅"之句，蓋深惡之也。其婦翁尹判書自新以公不逐時好見屈公車，手書蘇、黃詩以勸之，公不肯觀，其志尙如此。

公卒於萬曆辛亥，年五十三。後以扈聖從勳，贈司憲府執義。墓在楊州筍谷坐艮之原，配淑人南原尹氏祔。任出豐川，爲東國名族，考諱允臣觀察使，祖諱楨寺正，曾祖諱由遜監察。公男器之進士壯元，文科，獻納，三女婿，說書鄭晟、進士奉埴、教官黃潞。孫曰昪、寔、弼、畐。曾孫曰世泰、世鼎進士、世復以孝贈持平、世益、世稷、世龍、世夔、世重。玄孫述、遠皆文科，選及道進士，運、邁、達、逈、迪、遵、蘧、遇、遂、近、追、逵、逢。述之弟逸來乞銘。銘曰：

詩出情性，有正有邪。於此觀人，庶不或蹉。
公之爲詩，就實去華。曰蘇曰黃，號爲大家。
擧世奔趨，而獨不阿。中抱正音，一埽淫哇。
維此節行，所原匪它。滕仁齊烈，將比孰多？
農老有評，我又何加？爰作銘詩，永世不磨。

從事李公墓碣

萬曆壬辰，倭寇大入，嶺以南瓦解，至尙州，助防將邊璣遁，其從事李公慶流死之。時干戈道不通，朝廷不以時聞，難定又未遑褒錄。公孤穧，公死時生甫四歲。旣長，上書自陳，始贈某官，旌之曰忠臣之門。

公字長源，韓山人。自稼亭、牧隱曁良景公種善、文烈公季甸、大司成堣，仍粲世赫舄，三傳至判書增娶慶州李氏司直夢黿女生公。公慷慨有志節，二十八進士，仍取明經科，用判書公勞陞六品，爲成均館典籍，翼年拜司憲府監察、兵曹佐郎，尋移禮曹。

寇報猝至，百官鳥獸竄，公疾赴闕。廟堂將遣將守鳥嶺，公仲兄慶涵差從事，倉卒誤以公名啓下，兄曰："朝議屬我，我必往。"公曰："事急矣，安敢辭難?"卽馳馬去，無幾微見色。至嶺見主將有逗留意，引義責之，是夜將走不知處，一軍驚散。公計無所出，聞李鎰軍在尙州，亟往從之，未及數十里，賊兵已彌野，鎰亦逸去。尹公暹、朴公篪以從事皆死，公灑泣告餘衆曰："國事至此，惟有死耳。"遂赴敵力戰以死，卽四月二十五日也。

臨陣，以朝衣帶及衾付一吏歸，與書家人曰："事機已急，吾命在天，只望安奉兩親，善護兒子。"又謂家僮曰："吾饑甚，趣取一盂飯來。"比覓飯還，已不知公所在。乃間道歸，遇判書公赴行在，痛哭陳狀，判書公用衣衾葬于廣州樂生之先塋。具八谷思孟作《三從事歌》以哀之。

嗚呼，公以眇然一白面，釋褐纔一年，軍旅非其所學，而一朝有急，走死地如鶩。彼擁彊兵受厚恩，而望風逃遁者相隨屬也，而獨能捨命趨義，明白從容，雖用不盡材，而其風聲義烈，足以扶樹人紀。國家養士數百年，正爲今日得力，公之一死，又曷可少哉？公歿後四十餘年，精魄不泯，凡有憂慶，家人往往如見如聞。余以同閈後生，亦耳熟矣，豈非朱子所謂"養得氣剛大，凝結不散"者耶？嗚呼，異哉！

夫人橫城趙氏，父曰僉知遴，梱範純備，蓋以公訣書爲終身用，年八十八庚寅卒，葬在公墓之右。穧文科，府使，別座權俠、牧使金孝誠公壻也。府使二男，廷夔參判、廷龍郡守。奉事濆、郡守涬、贈判書沆，長房出。府使澳、參判澤、進士浹、觀察使潗，次房出。沆男秉常判書典文衡，浹男秉泰副提學。外支顯者，承旨金世鼎、判書尹德駿。

公之後旣蕃而又多賢，天之報施公，其在是歟！觀察在海臯，將樹碣，走書幣請文，余敬諾。無何觀察以櫬歸，其從子判官秉鼎書速曰："不則吾叔之目不瞑矣。"余悲觀察之志，遂爲之銘。銘曰：

天地之間，氣剛烈兮。不生與存，死與滅兮。
是或融結，山岳崒兮。又爲雷霆，洩壹鬱兮。
商水湯湯，平原忽兮。空裏投橘，神怳惚兮。
猨唫鶴飛，非我匹兮。有菀梧楸，安此室兮。
冠佩莘莘，享祀潔兮。鍾玆忠孝，慶長發兮。

判敦寧尹公墓碣

維靖僖尹公旣卒之八十一年，其後孫濟州牧使植，具公之氏族、歷官、行治、德義之大者，求銘刻之辭於三州李縡曰：公坡平人，諱絅，字美仲，自號歧川。其先自高麗功臣莘達，幾世而至文肅公瓘，文肅公及其子彦頤皆文武忠勤，有功于國。入國朝，議政府右議政士昕、恭襄公繼謙俱顯于時。是生諱珷，朔寧郡守，贈吏曹參判。生諱敦仁，水原府使，贈吏曹判書。其子忠佐衛上護軍贈議政府左贊成諱大老，夫人李氏左議政荇之孫，以隆慶丁卯生公。

公自幼能自知學，少長，明《左氏春秋》。二十三擧進士，萬曆丙申，登第補校書館正字，遷承政院注書，久居近密，勤職不懈。陞成均典籍，屢遷禮、刑、兵三曹佐郎，調良才道察訪。未幾，召拜司憲府持平，論賊臣許筠之罪，由是出爲平壤庶尹，平安、黃海二道都事。由戶、兵二曹正郎，補舒川郡守、瑞興府使，所至稱治。

丁父憂服除，拜竹州牧使，櫛垢爬癢，號爲循吏，秩滿從民願借一年。代還，連拜分司承旨、兵曹參議。時光海遷母后于西內，逆臣爾瞻等謀廢之，不從者死。公深懷憤悒，終不與廷議，且曰："臣以分司官，方衛西宮，不敢獻議。"遂坐罷歸楊根。

辛酉，接伴毛文龍于椵島，時西事方殷，人皆求避，而公坦然無所難。旣而宣諭關西，未還而仁祖卽位，用廉平，拜海州牧使。明年李适叛，公以州兵赴黃州。丁卯虜難，從昭顯世子下全州，執羈靮，備盡艱難。自礪山府使爲掌隷院判決事，勤於所事，剖斷無滯，上嘉之。丙子，從上南漢，干戈蒼黃，百司皆失其職，獨公持印坐衙，晏如平時。移兵曹參知、參議，尋以扈從勞陞都摠府副摠管，拜利川府使，罷歸。優遊田野七八年，授工曹參判。丙戌，公年八十，其子弟欲依例乞加恩，公力止之。上聞而善之，特拜知中樞府兼春秋館事，入耆社。己丑，行司馬回榜宴。

孝宗元年，漢城府判尹，翌年陞正憲大夫，其後因筵臣言又拜崇政大夫、工曹判書。時公年九十，以老乞解不能得，改判中樞府事，提擧司圃署。顯宗元年，判敦寧府，月致餼廩，春秋賜衣資以寵之，公上疏辭，優批不許。

甲辰五月十一日，卒于第，上爲之罷朝二日，賻贈有加，官庀葬事，禮官致祭如例。用其年七月，葬于積城縣長坪之原。肅宗辛酉，賜謚靖僖。夫人宗室李氏，配德無違，先公十五年卒，壽亦八十，初封貞夫人，後贈貞敬夫人。有五男、三女，男正得、命得、信得、志得、善得僉正，女辛喜循、洪宇寬、僉正李晉。曰蕆、歆、韶、頀、彰其孫也。歆之男僉知中樞事集成，濟州之考也。

公爲人仁厚忠誠，與物無忤，而臨事堅確不撓。歷事累朝，仕宦幾七十年，位至公卿，而自持如布衣時，貧無以爲家，其心尙裕如也。厄於群小，中被擯斥，逶迤於卑官小邑之間，而其志則不屑也。常時坐茅屋，左右花木，觴咏逍遙以自娛。

緈之先祖戶部公，嘗與公及諸名卿約爲城西耆英會。緈幼少時，從里閈遊公之園而識公之第，又與濟州善，其知公之詳也，則宜乃爲之銘曰：

萬曆之前，公則降精。平陂往復，垂及百齡。
秩視公孤，禮近老更。尊而不有，德莫與京。
無競無求，物我兩平。類古有道，可謂順寧。
嗟余小子，同閈後生。遊于東園，想像典刑。
風流弘長，俾也可忘？勒于玄窼，用視茫茫。

參奉金公墓碣

南原有所謂在澗堂者，故處士金公澕所居，仍以自號，其義蓋取諸衛詩云。鄉人尸而祝之，流風遺韻，猶至今不衰。其後孫筴謁余以樹墓之文，余讀其狀，實公從子之白所爲者，之白亦賢士，其言愈可信。

公字道源，上祖高麗平章事坵，曾祖曰錫良，進士有節行，曺南冥植銘其墓。祖曰光，察訪，考曰益福，忠清都事。金氏世著籍扶安，平章之後，有光敍者，麗亡不肯事二姓，歸而老焉，子孫爲扶安人。至公從母家，始遷于南原。弘文博士安公處順己卯名賢，其子瑑號竹溪者，其外翁也。

公生有雋才，爲文無世俗氣，不喜進取，以親在强赴公車，萬曆癸卯，中司馬兩試，自後絶意世路，杜門讀書。其事母,色養備至，及喪而毁，兄弟湛樂無間。所居有溪壑之勝，又雜植花竹，每暇日逍遙，翛然有出塵之趣，凡世所謂聲利嗜欲，無足以累其靈臺。

平居端儼自持，雖遇倉卒，無疾言遽色。聞人之善，若己有之；見人之失，矜而容之。胸懷坦夷，和氣溢發，而望之自然可敬。蓋其爲學，不區區於口耳之末，反躬實踐，涵養本源，晚年氣象高遠，人莫測其所至云。公身不出戶庭，而朝廷士大夫聞風交譽，薦除軍資監參奉，不起。

年七十有五卒，臨終意思安閒，無一言及身後事，鄉里咸齎咨曰"賢人亡矣"，人士來哭者亦莫不盡哀。配全義李氏，生員廷龍之女，其祖正言承孝也。男之純學經行參奉，女適士人李國馨。之堅、之鍵、李必慶妻，其側出也。參奉男蓍，蓍之男榮世、榮業。李國馨子文規生員、文冑，女婿李必明。篵，榮世之幾代孫云。

公天資甚美，充養有道，是其中必有大過人者。今去公百有餘年，雖欲想像其萬一，而不可得矣。余嘗讀衛詩，其所謂隱者言行，無可徵，又其詩所謂"永矢不諼"者，不知所樂何事。然深味其意，見其碩大寬廣，充然有得，視天下之物，無以易此，公之所自樂者，亦或如是耳。惟善讀是詩者，可以知公也歟！銘曰：

有美一人兮古帶方，明月佩兮芙蓉裳。
發浩歌兮依脩篁，蛻穢濁兮樂無央。
山蒼蒼兮泉泱泱，風流長兮不可忘。
我銘公兮公不亡。

洗馬趙公墓碣

余舊聞趙洗馬平爲湖、嶺間豪傑之士，而生也後，莫詳其爲人。今得黃處士信龜所爲狀讀之，衡仲字，而雲壑其號。蓋蚤聞寒崗鄭文穆公之風，而晚就正于沙溪文元先生者也。公聰睿夙成，生三歲能識字，八歲哭祖母，過期始進酒肉。文穆公守咸安郡，大興儒教，公以邑子方童丱，秀出衆中，文穆一見稱奇問之，則曰"故參奉趙元鰲之孫也"。本郡則趙之鄉貫，而參奉學經明行修云。參奉之喪也，既葬而不赴擧，文穆嘉歎不已。郡有琴川書院，學者以百數，咸推公爲首。

壬辰寇亂作，負兩老避入湖南，自任實移住金堤之九水洞，以"三求"名其室，銘曰"心求正，友求賢，田求畊"。既遊溪門，退而與崔石溪命龍講學，信從者衆。公爲文章，尤長於詩，四十一始中司馬，嘗對策，直言觸時諱下第。及昏朝廢母議起，杜門自廢，尋以无妄爲人誣告，被逮卽釋。去之任實，復移淳昌。癸亥改玉，文元先生承敦召，書問以出處之義，公答曰："古之聖賢，知道之可行，然後可立於其朝也。"是冬，除公昌陵參奉，連除黃山察訪，皆不起。

丁卯，拜世子洗馬，旋遞授沙斤察訪，黽勉之任，悉蠲郵弊。又入誣獄，上素知其賢，特原之。居數歲，又除濟原察訪，公感激趨謝。及之官，金冲菴之孫聲發爲錦山守，公與之協力，修七百義塚爲五壇，徧祭重峰、霽峰諸公及其子弟、幕佐，遂以爲常。遷義盈庫直長，病不能赴。

丙子之難，公爲招募都有司，諭以大義，聞者感動，乃得精銳累十人，并糧餉以助義兵。俄而聞南漢不守，同安牛山邦俊北向痛哭而歸。嘗草疏以爲"我邦雖力屈，而大明之恩不可忘，請密遣使從海路朝于南京"，不及上而公已病矣。年七十九，丁亥卒，門人爲之加麻者六十餘人。

公考舜歲，贈司憲府掌令，妣昌寧曺氏。公凡三娶，高靈之李、光州之金、咸豐之魯，皆無子，取宗人景麟爲後。景麟四男，有璉、有玹、有琥、有瑗。

公天姿英毅，濟以學力，大爲諸老先生所推重，而遭時不幸，備嘗險難。其所以動忍增益者，若將有爲於世，而卒不能焉，此何天也？公雖身居草野，其心則未能忘世也。忠義奮發於言語文字之間者，至今令人髮竪而氣湧，惜乎！其不能大究志業也。抑公忠愛之性，亦有本焉，嘗遭親喪於亂離顚沛之際，喪葬祭奠皆能自盡，又於母病，連刺左手五指端，出血灌口，母病乃已。而公老年偏虛之疾，實祟於兹，其篤行如此。公墓在任實縣西沙谷先兆。有瑗使其子鎭恒來乞銘，鎭恒，有玹出而後有瑗者也。銘曰：

聳壑雲松，橫天秋鶚。
於此數語，可以想見其氣象。
抑公有大，烈烈蹈海之心，老而益壯。
噫公忠義，得於秉彝。
孝以爲本，學以濟之。
魯無君子，斯焉取斯？
雲水之山，埋此奇氣。
我闡其幽，斯亦衰世之意。

典籤鄭公墓碣

崇禎丁丑之難，南漢圍解，朝廷爲虜立碑於三田江上，詞臣李景奭撰進其文，頌虜功德甚盛。我肅宗大王嘗臨筵論此事曰："雖不得已而應命，胡乃褒揚至此？其語全無斟量，宋時烈譏斥之言宜哉！" 當其時也，鄭公儁士秀爲瓦署別提，當燔瓦而閣之，恥不肯爲，卽棄官去。公之子雲翰方爲雲峰守，公不苟就專城之養，遵海濱而處，不易其介。次子雲翼以童子隨，行商以爲養，士大夫高其風節。

公延日人，圃隱先生之雲孫也。先生固吾東方道學之祖，而其倡明《春秋》之大義，尤有功於世敎。公之所表見於世者，雖是微事，亦可謂不忝先烈矣。公以大賢宗孫，朝廷始廩之，三十除禧陵參奉，轉健元陵，遷濟用監奉事、司宰監直長、長興庫·敦寧府主簿，由敦寧府褫爲瓦署，後累歲復敦寧判官。

甲申十月十九日，以宗親府典籤卒，年七十二。葬于先生墓西未向之原，後用扈從勞，贈承政院左承旨。公凡再娶，元氏士人世弼女，吳氏進士尙立女。男雲翰及女適縣監趙沔者，元出。男雲翼後爲縣監，女適尹鼃、李命時者，吳出也。長房男元徵縣監、龜徵從仕郞、星徵奉事，次房男文徵、獻徵。元徵男纘光都事、纘輝翊贊，能世其學。龜徵男纘憲參奉、纘祖、纘昌、纘成、纘章。星徵男纘一、纘彬、纘馨、纘淵、纘明。文徵男纘冑、纘粤。都事二子鎬、錫皆縣監。銘曰：

位微祿而身大義兮，凜乎其蹈海之風。
惟歸骨於山足兮，庶無愧於圃翁。

郡守柳公墓碣

余自少從柳承旨泰明道輝游，心服其孝友之行。今讀其高祖郡守公家狀，有云"怡愉奉親，湛樂同爨"，余於是知世德之有自也。公諱允昌，字伯勖。柳氏之居全州，自其祖濕始，仍著籍焉。曾祖諱堪，議政府舍人，乙巳士流。祖諱永立、考諱櫶皆文科，觀察使，外祖正郎兪必仁。公晩中司馬筮仕，歷官次第不可詳，而司饔院直長、掌隷院司評、刑曹佐郎、司憲府監察，外則開寧、盈德兩縣及痲田郡也。

公爲人質慤，居官不苟，凡貴勢之居己右者，輒以直道相與，不少屈下，雖以是屢遭跋疐，而亦無悔也。所莅皆有惠政，去後輒見思。訓子弟，必以義方，御家衆先正名分，閨門之內，肅若朝廷，而及其接人也，和氣藹然。平居淨埽一室，淡然無累，惟以琴書自娛，號琴隱云。崇禎丁亥六月二十七日卒，壽六十五。以再參從勳，贈承政院左承旨。葬於交河黔山坐癸之原。配昌寧曺氏，參判倬之女，先公十二年歿，至是祔。

男炫蔭補郡守，側出男女曰爋、主簿李之澄、及第廉應徵、張弼周妻也。炫三男，世憲贈參議、世顔、世閔。參議六男，長曰宬都事，承旨其子。承旨之弟復明亦文科，參判，承旨歿後，參判以書來乞銘，銘曰：

維昔循良，悃愊無華。觀公始終，其庶幾耶！
惟此孝友，克世其家。我溯厥源，庸作銘歌。

縣監朴公墓碣

密陽之朴，爲東方名族。有訥齋諱增榮，成宗朝校理，是生承旨諱薰，世稱江叟先生，己卯禍，與靜菴諸賢同竄。公其玄孫，諱廷龍，字子雲，四十始仕，歷司憲府監察、軍資判官，出監山陰、安陰二縣，有政績。時二尊人無恙，克盡志物之養，及歿不復進取，歸老於鄉。

公性渾厚，見人善若己有之，人服其德。顯宗癸丑十二月二十一日卒，壽七十五。葬於清州木瓜洞，去其廬幾里。公嘗裒集訥、江二公遺文，行于世，尤菴先生序之，稱引甚盛。《禮》曰："先祖有善而不知，不明也，知而不傳，不仁也。"嗚呼，公於是乎免夫。考諱安建，社稷署令，祖諱承賢，縣監，外祖宋縣令應先，於尤菴爲叔祖。配清風金氏，振伯之女，與公祔。

男女皆四人，世輝、世美、世長、世憲，壻曰申湘、黃有孫、崔堣、朴慶後。守成、守素、守皥、守約、守文、守初、守裕、守謙、守讓、守誨其孫，而曾孫不能盡記。銘曰：

二賢有後，尤老之言，公其不朽。

直講朴公墓碣

國初移豪右實邊，士族往往流落，仍長其子孫。而北方最荒絶，習俗貿貿，人多鄙夷之。近世朴公興宗能奮發自立，以學行爲一方倡，自是儒敎稍振。余少以評事過鏡，問之故老，蓋如是云。

公字顯叔，咸陽人。其遷于北者，七世祖素，祖謙，父夢弼訓導。公生時母馬氏夢龍含珠入室，自幼聰穎絶倫，書過目成誦，筆翰尤神速，屢冠發解。仁祖庚午，進士，壬午，擢明經第，隷國子，序陞典籍。出爲輸城道察訪，寬仁得吏卒心。爲咸興府敎授，善誘掖後進，後再除典籍、敎授，皆辭，除直講，又不就。時有親在堂，亦不以祿養爲意，惟日怡愉其側。地主愍其窮急，捐賑餘周之，不受，其介潔如此。

公少學詩於李東岳安訥，大被賞許，旣而悔曰："詩人多輕薄，非所以養德器也。"酷好性理諸書，手抄口誦，未或小間，沈潛玩繹，幾忘寢食。所居漁郎里有湖海之趣，而以華谷靜寂可喜，築室其間，村秀子弟多從之者，讀書之暇，或徜徉山巓水涯，樂而不知其老也。

公萬曆庚子生，肅宗丁卯卒，壽八十八。葬于飛鴻湖之側，室陽川許氏祔。男文熙、文粹，側出文精，文科，正字，女爲李暉吉、池天與、李週妻。文熙男濟，文粹男淰、湜、淨，文精男洙、瀓、澹。廷碩、廷獻，濟出，廷最，淨出，而爲湜後。廷楫、廷霖及廷楡、廷櫓、廷相,瀓、澹出也。

公行誼甚至，親喪廬墓凡六年，以伯母有鞠育恩，又爲之心喪。睦於親族，信於朋友，於鄕黨以謙卑遜順爲事。平居無惰容、無遽色，日籍記言行，以自攷其得失，而於心術隱處，尤痛省焉。其教子弟學，以勿緩勿急爲要，而所戒者文辭之害道也、科業之奪志也。又曰：“形氣之慾，無小大，雖一飮一食，苟爲饞口所動，此便卽饕富貴厭貧賤之根苗。”嗚呼，此名言也。公起身遐荒，卓然有守，至老而猶好學。歿後幾六十年，鄕人愛慕不衰，豈非古所謂豪傑之士耶？濟之孫遠枝嘗從余遊，遠來請銘。銘曰：

華谷逶迤，湖水洋洋。有美一人，蕙佩荷裳。
左《詩》右《書》，其樂無央。德音孔嘉，俾也可忘。
我銘斯石，以風北方。

參奉孔公墓碣

孔子之後五十四世，有曰紹者仕於元，因事東來，封昌原伯，子孫仍著籍爲昌原人。其子俯，號漁村，與圃隱、牧隱諸賢相友善，入本朝，屢徵不起。七傳而至大司憲瑞麟，己卯名賢，公其玄孫也。考道傳、祖眉壽皆隱德不仕，曾祖譓司憲府監察，外祖驪興閔師聖。

公諱德一，字應三，氣宇沈深，自幼已有成人器量。八歲能詩賦，未冠赴東堂試，意謂功名可立就，旣而屢擧不利，遂不屑也。嘗曰：“吾祖大憲公之學，實出寒暄金先生，先生之敎，實從《小學》立脚，志於學者，盍以是爲準？”自是專意爲己，日夕孜矻，以至濂、洛、關、閩諸書，靡不研究，雖醫藥、卜筮、筭數、兵流，亦皆旁通，以爲己分內事。

或傳癸亥反正時，諸公以公有文武材，勸仁祖再顧公於東湖，而不可得以詳也。賊臣金自點方鼎貴之日，新占江亭，與公居相近，慕公名屢見訪。公以見惡人避咎之義往謝之，因微事見其有無君之心，遂絕不復見。

丙子，除繕工監參奉，不就。是冬,奉二親，避兵于嶺南，時當搶攘，猶躬自負米，以奉饔飧。亂定，過驪江，誅茅以居。父病革，斷三指，和血進藥，得復甦，人謂孝感。及喪，哀毁踰制，喪葬悉從文公《家禮》。三妹早寡，公皆率養於家，誠心撫恤，而定省之時，諸妹在側，則夜入必秉燭，又未嘗同席而坐，雖亂離奔迸之日，亦必異其土室而處焉，其嚴於男女之別如此。每春秋，薦獻於大憲公之墓，仍會親族，以叙敦睦之義。

公天資倜儻，志氣慷慨，常讀書至家國興亡之際、忠臣烈士之事，未嘗不掩卷三歎。當南漢下城之日，公在嶺外，聞而却食，泣數行下曰："吾生不辰，乃見此世界。"間作歌詞，以洩其憤，蹈海之志、《下泉》之悲，讀之凜然，可以想見其人矣。

公自是屛居龍仁墓下，以酒隱自號，戊戌七月二十日卒，去其生壬寅，壽五十七。葬于同縣支石北麓坐亥之原，室全義李氏祔焉。後肅廟丙戌，因多士呈文，命贈戶曹參判，以孝也。一男元鳳，一女適朴昌周。九鳳、乙鳳，側出也。元鳳三男，迺興、迺文、迺章。迺興子，曰重魯，迺章繼子承魯。公有詩文若干卷藏于家，就仁來乞銘，卽尸公祀者。銘曰：

文武之材，生若不偶。壯心濩落，居然皓首。
天地飜覆，世運陽九。有海莫蹈，迺隱于酒。
悲歌激昂，老年意氣。孝烈載揚，哀贈有煒。
一善成名，豈公素期？歿可祭社，鄉議非私。
我銘不朽，徵信在玆。

縣監姜公墓碣

蓋自丙子以後，天地閉塞，冠屨倒置，有志之士，抆血含痛，直欲高飛遠走，不在世間。時則有若姜公恰、沈公長世、洪公宇定、鄭公瀁、洪公錫相攜而隱於太白之春陽洞，士大夫高其風節。其後數公者，或出或處，或仕而止，是不可以一槩論，秖當觀其時如何爾。

姜公字正吾，晉州人。有高句麗元帥以式，禦隋煬東征之師者，爲其鼻祖。國朝通亭兄弟最顯，而大提學淮仲之後三世參判澂[3]，用文翰趾美，是爲公高祖。曾祖億正言，祖德瑞應敎，考胤祖禁府都事。

公少從象村申相國欽學，庚午，司馬，遊太學，士論推

3 澂：底本에는 "徵."《海隱遺稿·先祖考陶隱府君行蹟》과《柳溪集·曾王考處士府君行狀》에 근거하여 수정.

重。乙亥，栗、牛二先生從享之請，公實主疏事。無何遇亂南遷，公性至孝，雖干戈搶攘之際，僑寓間關，而甘旨未嘗乏絶，每夕手自爇薪，以適其溫凉。父疾嘗糞禱天，及居憂，菜醬不入口者三年。始除齊陵參奉，不就。丁酉，又拜翊衛司洗馬，黽勉趨命，序陞侍直、副率。

一日心動遽歸，居數日，繼母尹夫人卒，論者謂“方之古黔婁，尤奇”，蓋公平日善事尹夫人。夫人有一己出，異室而居，夫人時往來，而未嘗留宿，恐傷公孝心也。及其子死，夫人不欲貽公之憂，惟望其廬悲泣而已。畜其遺孤，居常戒之曰：“願汝百行，如汝伯父。”其心悅如此。夫人之喪，公年近六旬，而柴毁幾不全。父墓在交河累百里外，辛勤奉櫬而祔焉，乃曰：“今後吾死而可瞑矣。”

南相九萬以御史，擧公實行，除省峴察訪，公以其先人舊踐，又勉赴焉。郵人有罪，公輒自刻責，間施笞箠，而哀矜則至，郵人相敕不忍欺。時大疫，牛盡死，公捐俸買牛於嶺東，量驛戶大小而班之，民不廢農，歲大熟，牛亦蕃息，郵人號曰姜侯牛。道臣褒聞，陞拜山陰縣監，攀轅號泣者數千人。公去後，或有疾苦，必伏於公碑前而愬焉。

縣在湖、嶺間，氓俗不古，公爲治剛明，吏戢民懷，又愼於獄訟，無敢以非理干，豪右往往有感德而革心者。秩滿始歸，行橐蕭然，惟藥裹書簏而已。年七十辛亥五月一日，卒于法川之溪舍，歸葬交河先壟。

公爲人貞白，拔出流俗，樂善好義，意氣慷慨。親族同爨者數十人，至于四世而庭無間言。友有遇賊死而妻孥貧困者，公哀之，取其女使季子妻之。其餘可書者不一，而公之至行，實無愧於古所謂孝子，則細者可略也。公嘗在翊衛司，同春宋文正先生爲贊善，晤語從容，甚敬服之，且歎其衣冠有山野氣云。

嗚呼！昔我寧陵在宥，慨然以復雪爲己任，山林諸賢咸造在庭，謀猷密勿，治化休明，故如公肥遯絶俗之士，亦不能固守初志，使非然者，豈肯爲區區郵縣之責而遽出者哉？然觀公晚年，以潛隱自號，蓋欲尙友彭澤，而無亦有悔往追來之意否？恨不及見公奉質也。

公配青松沈氏，監役偰之女，相國之源，其兄也。三男鄗、邱、鄧。長房男再烈、再發，皆僉知中樞。再弼宣教郎，再亮、再昌、再望、再光，二房、三房出。曾玄以下不盡記也。再弼之子元一能業其家，使姪子漢乞銘。銘曰：

有美一人，太白之巓。高歌激烈，天地腥羶。
積陰微陽，洞壑淸娟。衣佩光華，望若神仙。
然其遐遯，非欲潔身。周老來歸，越膽方懸。
于時草野，自無遺賢。小官非卑，大義敢捐？
留犢之惠，歌詠百年。猿鶴相招，林澗依然。
樂天觀化，終焉法川。晩節淵明，本心魯連。
後欲知公，視此幽鐫。

正郎柳公墓碣

公諱炫，字汝晦，系出全州，實高麗大丞車達之後。粤若大司諫軒、舍人堪皆罹士禍竄謫，有諱永立、諱穡，兩世屢典藩牧、亞卿。公之考郡守允昌，穡之子也，配昌寧曺氏，參判倬之女。

公以萬曆癸卯生，生而氣度軒昂，人皆期以遠大。壬午，中生員第二名，越三年，授四山監役。官歷世子翊衛司衛率、工曹正郎，出爲咸興判官，淸道、泰安、陜川郡守，所至蔚有聲績，或立碑思之。公長於文辭，而卒不第，於世骯髒寡合，仕又不遂。甲辰十月二十一日卒，明年葬于交河黔山先墓之側。

余旣爲郡守公銘其墓矣，孝友之行，蓋其世傳，而公則又善居喪，廬墓三年云。庶母性無良，而能不失其歡心，資給衣食屬厭而後已，終乃感服。其子好勇鬪狠，公至誠敎戒，而不能得，卒犯死罪而得不死，亦公庇覆之力也。公平居謹愼少口過，性簡不喜與人徵逐，而於朋友多有忠告之益。無何堂洪公柱元、鄭相國致和、鄭進善瀁最友善，諸公每相語曰："柳某雖親，可得而狎耶？"其見敬如此。

淑人南陽洪氏，考曰牧使邁，祖曰參判仁恕。生於富豪，而不喜芬華，僕御罕見其啓齒，年五十七，先公歿，及公葬而祔焉。男世憲贈參判、世顔、世閔，女適副正權世經，側出曰世程。長房六男，宬都事、宣、完、寅、寬、寂，三女婿，士人辛晢、李絅、正言李徵奎。都事男泰明承旨、益明、震明、恒明參奉、復明參判、鼎明參奉。完爲世顔後參奉，完之子謙明修撰。世閔男容，女金相逸。寅之婿領議政李宜顯，權婿二男，牧使相夏、僉正相殷。銘曰：
爲善之報，遲速各有。
不贏于躬，以貽厥後。
我爲公銘，用勸永久。

參奉朴公墓碣

公諱惟棟，字時甫，舊居黃澗縣安定村，晩卜物閒山下玉溪之上，後又卜石橋之活溪，自號一石。酷似曰重峰先生，師曰沙溪文元先生，友曰尤菴、同春二宋先生。

公少時，躬自漁獵，入廚具需，夜以讀書，蓋聞重峰之風者。家甚貧，處之逌然，酷嗜書，嘗曰：“《朱子大全》地負海涵，義理淵藪，可爲終身究竟法也。”此又尤菴法門也。公事父母有深愛，在側不大聲色，惟意是順，有一弟三妹，友愛甚。喪祭皆如禮，國忌亦齋居不肉，鄕里多化之者。

壬辰，擧進士，用學行薦，除穆陵、慶基殿 、社稷署參奉，或拜命數月而歸，或不拜命。尤菴嘗枏棘長鬐，和公詩云：“惟憐安定村居士，鯤臥滄溟未脫鬐。”及其宥還，公相迎於松溪書院，同諸生行相揖。當尹拯之背師也，公甄義嚴責，拯外若悔懊，而卒不能改。公端居靜坐，日與村秀子弟講討以爲樂，年踰大耋，精力尙旺，上下崗巒，步屐如飛，興至題詩，筆力豪健。尤翁貽書曰："老兄可謂烟火仙也。"

戊辰四月二十四日卒，壽八十五。臨逝，召子孫男女諭曰："汝曹其兄弟和、夫婦敬、宗族睦。"此皆公一生行于身而化於家者也。公又手書杜甫"便與先生成永訣，九重泉路盡交期"一句，使送於尤菴，其終始眷眷於友道者如此。

朴出忠州，始祖高麗副正英，國朝江陵府使孝誠，以淸白著。曾祖諱成健副尉，祖諱以麟，考諱事三，以孝行贈司饔院參奉。妣白川趙氏，贈判書應趾之女，莊嚴有禮，通《孝經》、《小學》，重峰先生曰："吾妹女士也。"從祖應勳，號梧村，以孝行名。公歿與梧村躋享于松溪書院，從鄕議也。

公墓在金山挂榜嶺下酉坐之原。配和順崔氏，先公卒，至是祔。男含章、獻章、天章，女李文龜、柳時澤、參奉郭檢。余夙慕公行義，公之曾孫慶運來乞銘，不敢辭。銘曰：

有美一人，考槃在澗。邱壑生涯，詩書芻豢。

天餉厥福，壽而康健。我銘不爽，淵源之遠。

陶菴集

卷三十二

墓碣

墓碣

司禦遜愚洪公墓碣

公諱錫，字公叙，號遜愚。少師事清陰金文正先生，丁丑之難，先生自南漢痛哭歸福州，公亦慨然有蹈海之志，會丁父憂，及吉卽棄科業，抱經入深山。遂卜地於太白之春陽洞，與姜恰、鄭瀁、洪宇定、沈長世諸公爲友，士大夫高其風節，擬之四皓。杜門讀書，若將終身。己亥金公壽恒白上曰："臣祖尙憲嘗言'洪某隱居求志，非尋常士'。"尤菴先生時秉銓，請待以不次，初擬水部郎，旋除宗簿寺主簿。人問其去就，則曰："吾世臣，聖上又將大有爲，死於巖穴，吾不願也。"亟起趨命。無何孝廟賓天，公投疏徑歸。後一爲郵官，復由宗簿除龍潭縣令，又爲翊衛司翊贊、司禦，皆應命。人或疑之，公曰："不卑小官，吾志也。"

其在龍潭，治績卓殊。首訪孝烈而旌別之，禁僧尼養耆老，事有不得不勞民者，招集一境，曉以道理，雖勞而無怨。每衙罷，必自省日內所爲事，或有私勝於公者，寢食爲之不安。峽俗貿貿，取其地名，建顔、程、朱、諸葛武侯祠，使生徒居而肄業。尤菴命公所構小亭，曰太古，蓋美其政也。以司禦上疏，陳春宮進學之要，旋棄歸，惟於寧陵遷奉、顯廟禮陟時，一詣陵闕，以自伸其誠而已。公退處邱壑，不忘向國，自聞尤菴南竄，憂念世道，至於出涕。庚申，時運復亨，舊人彙征，而公則不能知矣，公以是年正月二十一日卒。臨命有“可笑侯師聖，何須問意思”之句，又令人書“還收會極萬理方全”八字，壽七十七。葬于安東味谷山癸坐之原。

公南陽人，高麗將軍先幸之後。副提學洞，燕山朝被泉壤禍。是生彦弼，生暹，仍父子爲上相。生監正耆英，生郡守敬紹，是爲公考。配清州韓氏，都事浣之女，駙馬景祿其祖，而外祖林塘鄭相國惟吉也。郡守公嘗爲公議親，臨昏其家坐贓，公堅不肯娶，郡守公始難於違約，而亦不能强。淑人杞溪兪氏，考監正尚曾，先公二歲歿，壽與公同，葬與公祔。五男二女，聖迪、聖休、聖希、聖範、聖傳，壻曰士人尹瑋、尹濟卿。翊相、宅相，長房出；司禦可相、生員允相及殷相、履相、道相，二房、四房出。五房男是相參奉、一相、禹相、濟相，一相爲三房後。曾玄以下，不能盡載。

公爲人俊邁，氣和而色嚴，未嘗强與人唯諾。家法斬斬，出入夫婦相拜，子弟晨昏必拜。遇喪餘，則絶過從廢宴遊，以終其月。其以長房尸祀也，老而常躬行。別儲祭需，舂揄簸蹂，必令子弟齊沐而監之，以至魚鱗果殼，不敢褻棄於地，又令婢僕衣澣銜枚，以供其事。所畜雞犬，不食其肉，或見草木爲藤蘿所纍，則必手解之而後已，其德性如此。尤嚴於飭躬，嘗爲三省之目曰：“制心有不正歟？接物有未誠歟？處事有非理歟？”草《瞽說》累千言，經邦說三綱十八目，甲寅後又疏七條，不果上。自少手不釋卷，晚喜雅頌，殆忘肉味。尤菴常歎曰:“老而好學，可愛也。”公博究群書，所著述亦多，惟《喪祭要錄》行于世，《禮記類會》則實取證於文正先生者也。噫! 文正先生出處大節，昭乎若日星，公之長往，固與之同志，中間或仕或止，是必有時義，而蓋亦不失其遂初之義矣。顧公抱負甚大，不比拘儒曲士之滞於一隅，若將有爲於世，而進而所自試者，惟一小縣而已，其於時命何? 然檢身砥行，以全其天得，亦可謂不負所學矣。曾孫生員熙績來乞銘。銘曰:

太白之山高巃嵸，誰其隱者遯愚公。
擊節高歌何所思? 蹈海之士茹芝翁。
畢竟出處何必同? 乃心未忍忘君民。
七十七歲坐讀書，林巒無恙猿鶴親。
我將大筆書其墓，石室先生之門人。

寺正崔公墓碣

何山崔公，諱孝騫，字聖許，何山其號也。崔氏之先，有曰永奎，佐麗朝有功，封隋城伯，隋城，水原之號，遂爲水原人。代襲簪組，近世稍不振，部將義、判官慶元以武進。考諱尚高，以行義褒贈司饔院參奉，妣漢陽趙氏。

公生六七歲能屬文，出語驚人，就鄭壺亭斗源學，鄭公稱爲神童。及長博涉經史，汎濫百家，尤好讀莊、馬、韓子文，窮日夜不厭，慨然爲古文章，不欲觀宋以下文，出以戰藝，累居上游。甲申，擢別試乙科，隸成均館，轉議政府司錄。間攝堂后入侍，筆翰如飛，上目屬之。遷典籍，爲司憲府監察。大君宮奴有衣錦者，禁吏莫敢何問。公奮然曰：“吾職雖卑，豈畏貴家?”發吏捕之，大君不敢拒，臺風肅然。由禮曹郎出爲江原都事，自後累典外邑，茂長、結城、永平、載寧、端川、安山、永川、富平，而端川則以親老不赴。內則秋曹郎、直講、司藝、禮賓寺正。

公性骯髒，不肯與俗俯仰。其治郡，廉白剛明，務鋤强梗，又不阿上官，權貴或有干囑者，守正不撓，往往至於投紱，以是不能久居職，然去後民輒立碑追思。公治績既著，朝廷將授以大州，公不願曰：“吾欲得小邑，以便養耳。”遂得永平，則暇日嘯詠山水間以自娛。其在安山，因星變應旨，進萬言疏，以《中庸》三達德爲出治之本，且條時瘼可矯革者，優批嘉奬，下廟堂，格不行。永川邑，大有痼弊。公至則大闢公門，令一郡咸造，有寃卽告，聞卽伸理，又以缿筩鉤奸，居三月大治。以不能將母辭歸，民遮道請留，又赴愬于道臣，不能得。除安城守，未及赴，丁母憂，哀毁踰制。服闋仍居墓側，不入城市，朝廷記公廉清之節，而惜其久處散。甲寅，除左通禮，遂爲開城經歷。是時時事一變，群賢悉擯斥，公憂惋不已。適嶺人自海幕爲臺職過府，公不出見，被構罷。丁巳，公見奸壬濁亂益甚，草一疏，至引昏朝事，痛詆其貪淫狀，遇遯不果上。年七十三，卒于楊州何山精舍，葬山北丑坐原。

娶丹陽禹氏，通政弘基女，名儒倬之後。壽九十，賜爵淑夫人，仍贈公承政院左承旨，後公十三年癸酉卒，祔葬公墓。一男勣有文行，累擧不第，授英陵參奉，早卒。三女士人具徵、監察金燦、生員朴弘祐。勣二男，長叔雲生員、次叔雨。叔雲四男二女，致堂進士、致重掌令、致垕生員、致圭，士人趙綖、洪重人其壻也。叔雨亦四男，致城進士、致均、致望、致壤，一女士人趙慜。致堂無子，以致重男日觀爲後。致垕以致圭子日晉爲後。致圭四男，長日復、次日晉，餘幼。

公氣宇峻偉，性嗜書，行必帶經。爲文如水湧山出，鄭東溟斗卿常推重曰"崔某之文，於《孟子》得力最多"云。間與許滄海格、洪北汀處亮、南壺谷龍翼詩筒往來，諸公咸斂衽稱服。凡歷七邑，冰蘗自勵，罷官之夕，家無甔石。從宦四十年，低徊下僚，士大夫莫不歎嗟，而公則逌然。晚年退處田里，與兩季同居，友愛篤至。最季家最貧，且有兩子女，公憫其婚嫁失時，輒親自經紀焉。教子弟有法，雖勸課詞章，而本之以孝弟忠信之行，鄕塾之間，誦聲洋洋。常杜門却埽，左右圖書，興至吟哦古詩，氣調淸壯。凡有感憤無聊，輒於詩發之，所著詩文合千有餘篇，三淵金公昌翕刪定，爲遺稿若干編行于世。公忠愛懇款，其爲詩，長於抒情。嘗於孝廟諱辰，作詩志感，論者以爲藹然有老杜遺意云。日復從余游，以掌令公命，請爲銘。銘曰：

窮通夷病，一委之命。感憤憂悲，一發之詩。
忠孝廉潔，乃其大節。斯其爲君子，孰謂之文士？

都正黃公墓碣

肅宗辛未，黃公世耉年八十，政典，四品以上當加階，公曰："吾老不能陳力，敢虛國恩?" 後四歲，吏曹言常典不可廢，遂授公通政大夫、敦寧府都正，又四歲卒。

公字廷老，少攻博士業有聲，與游皆勝流。乙酉，司馬。嘗對策入高第見黜，公曰"命也"，自是不赴擧。筮仕寢郞，陞一級，以微事罷。叙拜義禁府都事、司纂直長，遷司僕主簿，由戶曹佐郞爲加平郡守，五年遞，除工曹佐郞。公素著才能，度支又辟爲郞，凡三入。歷沔川、槐山兩郡，內則司宰僉正、社稷令、廣興倉守、繕工副正、軍資·濟用監正。公恬靜自守，爲邑律身奉公，御史屢褒聞。守槐時，尤菴先生在華陽山裏，公一馬來往，先生以吏隱稱之。老年爲城西耆社會，暇日招邀，觥籌交錯，吾從祖都正公亦與焉，至今傳爲勝事。公卒後二十九年，用孫龜河推恩，贈吏曹參判。

黃氏出昌原，上祖麗侍中忠俊。曾祖諱瑋以奉教，出補平安評事，卒官。祖諱立中郡守，考諱洄贈左承旨。妣淸州韓氏，其考僉正應文。

公早失怙，奉韓夫人盡孝，家貧甘旨無闕，夜則躬親燃薪，以適寒煖，及喪廬墓致哀。事伯氏如父，待宗黨以慈，與朋友以信。公娶咸陽朴氏，倉守知讓之女。有四女，長李震英、次參判沈枰、次兪瓚、次牧使朴重圭，　繼子曰鍵。鍵四男，泰河府使、龜河文科·戶曹判書、遠河縣令、星河縣監。　李仁基·元基·重基·東基、府使沈壽俊、進士朴敦義，婿出，兪婿繼子守一生員。曰檃·格、曰柙·楹·棆、曰楱、曰櫓，曾孫也。墓在廣州險川巽向之原。泰河以判敦寧公欽狀，來請文。緯同閈後生，夙慕公耆德，不敢辭。銘曰：

往聖有言，恭則必壽。公有厥善，天餉之厚。
而善有大，維孝與友。在邦而推，有碑民口。
洛社婆娑，韶顔皓首。亦有友朋，樂此春酒。
聖世優老，常憲則有。公乃逡巡，乃驗厥守。
維歲在卯，日昃歌缶。菀彼松檟，廣陵之阜。
四時來祀，朱輪紫綬。豈必自生？猶子我後。
猶子狀德，亦旣耆舊。我最其文，昭視永久。

持平吳公墓碣

蓋當寧陵初服，人材爲盛，大率淬礪名節，以淸議相尙。若持平吳公翽，其傑然者也。士流方倚以爲重，不幸蚤卒，同春先生有詩哀之。

公字逸少，海州人。其先出高麗軍器監仁裕，考諱士謙宗親府典簿，妣全州李氏，庶尹時中之女。祖諱定邦兵馬節度使，是光海廢母時獻議用"烝烝乂不格姦"一句者，曾祖諱壽億虞候。至公兄弟，以文學大鳴，天坡公常呼爲卯君，以公生於乙卯也。

公癸酉，司馬，除獻陵參奉，不就。丙戌，庭試壯元。

成均館典籍、兵·禮二曹郎、司諫院正言、司憲府持平、侍講院司書、知製教、仁祖實錄都廳郎，被弘文錄。公立朝，風彩可觀。時自點當國，貪縱不法，勢焰熏天，其倡爲削黜之論，實自公始。同春繼以請竄，仍并劾勳宰狎客，憲長有崖異其論者，公右同春而斥憲長。淸陰金文正公嘗爲柳碩所螫，碩以江原監司，國哀食肉公座。公悉擧其罪，削其仕版。大司憲趙公錫胤、正言李公慶億言事，大觸威怒，公疏救之，深陳聖心忿懥之失。上雖遞公職，而被譴者稍解。又應旨上八條，言益剴切。上亦知其忠讜，以朝夕論思待公，而公已病矣。公得年三十九，卒之日十月二十一也。葬于陽城天德山先塋辛坐之原。

配原州元氏，其考大君師傅振海。慈順莊淑，甚得婦道，生與公同年，丙辰卒，葬而同岡。三男斗光通德郎、斗龍進士·佐郎、斗雄通德郎，女適監役愼元萬。生員冕周、鳳周，長房出。次房男昌周，三房男宗周。冕周以鳳周子珽爲嗣。昌周、宗周皆四男，曰瓚·瑣·琰·璲、曰瑋·瓔·瑾·璥。

公淸修潔靜，樂善好義，出於天性。平居無疾言遽色，而當事果確，於聲色貨利泊如也。母病嘗糞，及喪葬祭以禮，喪餘則旬日致齋，有終身之哀，奉邱嫂如母。待人忠實，辭氣藹如，觀者自然感服。少從張谿谷學，谿谷稱以文章手。出遊場屋，輒屈曹偶，詞賦尤膾炙一時。公不以自多，嘗作堂，扁以百千。篤志爲學，手不釋卷，於《周易》、《近思錄》用力最深，且邃於史學。性不喜仕宦，通籍八年，家食半之，暇日匹馬遊楓嶽而歸，風致蕭然。繂婦翁陽谷公嘗曰"吾季父拔流俗千丈"，可以想見其爲人矣。繂又嘗讀公少時所爲《斥和三臣傳》及《擬平遼奏》，辭旨慷慨，幾於涕下。使公充其志操，所成就豈可量哉？如今人物眇然，義理晦蝕，士大夫間，不復聞此等言論矣。雖欲起公於九原，而安可得也？噫！冕周請銘。銘曰：

玉雪之清，弦矢之直。我不見公，其心可得。
於戱寧王，立我民極。茅拔距脫，公與有力。
洌彼井泉，可汲可食。胡不永年，並受其福？
三復《匪風》，增我心惻。我銘玄石，其名不泐。

牧使李公墓碣

延平李忠定公以靖社元勳，有忠孝大節。其子孫敦行檢重信義，大率多氣尙宏偉，類非世俗齷齪庸下者流。尙州牧使諱陜大而，在諸孫中，最英達夙成。其考延城公守瑞山郡，咸陵李公澥同盟知己，亦宰洪陽，分憂隣境，事多咨議。若書牘之難煩者，必命公而往，公時年六歲，致命於長者，儼若成人。咸陵每字延城而稱之曰："某有兒如此，此家國之福也。"九歲從母夫人之外家，母將卜日壽其王母，而忽聞延城病報遽歸。公請曰："兒雖幼少，猶足以代孃伸情。"夫人許之。乃大供具，獻酌如禮，一家驚服。甫成童，從懷恩君德仁受業，所與遊皆一時名流。丁丑以後，無意當世，仍廢學業。

乙酉，以門功入仕，由金井察訪遷司僕寺主簿，出爲金溝縣令旋遞，歷忠勳都事、平市令。丁內艱，服闋，除翊衛司翊贊，以疾辭，授禮山縣監。延城公眷係國恩，辭退不得，臨命命公曰："吾死後，返疑於湖莊，仍過三年，則庶副吾歸休之願也。"公如其言，自後遞官，輒歸湖莊，實遵遺志也。先是延城主管惠廳二十餘年，多所區畫。沂川洪相國命夏踵其後，一遵約束，公既免喪，卽辟爲郎，公黽勉就職。未久出拜天安郡守，後又拜公山判官、白川郡守。公自以世臣休戚與同，所至殫心奉職，蔚有成效。公物，雖尺布之微，不作私用，其冰蘗自勵如此。

甲寅，群壬得志，士類竄逐，公慨然益無從仕之意，屢除太僕、繕工僉正，皆不就。爲延城延謚赴韓山郡，屬歲大侵，善賙賑，及決歸，邑民數千至上章願留，而不能得。庚申，拜豐德府使，引病免，尋參討逆會盟宴，陞通政。壬戌，拜尙州牧使，公辭以年老，無意應命。國法守令移職者，除朝辭赴任，在家則無此例。而相臣、銓長爲敦勉公，請破格許之，仍令嶺、湖道臣問其離家與到官日子以聞。公感激異恩，不敢辭，經歲而歸。論者謂"公治蹟，近古所罕"。年七十三，辛未五月四日，終于湖莊之水鏡堂，是年八月，葬于保寧孝峙延城公墓傍麓甲坐之原。

夫人安東金氏，參判光炫女，文忠公尙容之孫，孝順勤儉，治家有法。庚申生，後公十八年卒，葬于公墓左，同崗異兆。公無子女，朝家特命公叔氏同敦寧恒子彥著爲後，文科，持平。三男長浤敦寧府都正，次濟有志行蚤死，次渻縣監，出爲人後，二女適進士金錫禹、郡守趙哲命。浤四男曰命集·命采俱進士、命來、命棨，婿奉事沈鏞。濟五男曰命億、命奭、命祿、命爀、命岳，婿縣監閔樂洙。渻三男命德生員壯元·教官、命福、命迪，壻鄭晩祥、兪彦鏽。金婿繼子道健奉事，趙壻子載遇奉事、載選進士、載述、載道。

公聰明絶人，上自經史，旁及理數，如星緯、堪輿、軍旅、刑法、醫藥、卜筮之類，無不通解。平居默若無所能者，遇會心人說話，其論人物賢愚、古今治亂得失，沛然無所礙滯，其需世之具如此。而內行又篤，其事親，生而務養其志，祭而不違於禮。於邱墓事，尤盡其力，待守者有恩，以至近處氓隷之賤，遇之加敬，深得朱子遺意。公家有嫡長俸祿，畿莊歲入且優。洛中諸弟妹每窘乏，不稟而取用殆盡，奴有來告者，則呵之曰："吾弟輩用之，何問爲？"至於鞍馬服用，無有彼我。姪子之幼穉者，亦多率養，無間己子，痛禁婦女多言，門內雍和。

少時親友或官位高顯，則終身不到其門，於窮交氣味相合，則情愛至死不變，存恤孤寡，有過於平日。平生重義輕財，爲人周急濟困如不及，士大夫落南者倚公爲重，婦黨從而移居者，多至八九家。公雅好琴，興至作數弄。晩年兄弟俱解官退休，家置絲管曰："吾非樂此，但爲鴒原暮境之娛耳。"或令琴婢、笛奴採薪汲水，無異凡僕，其不專以此爲樂可知也。

如公氣宇之卓犖，識慮之周通，雖使不生於勳閥之家，足稱識務之豪俊，況公先執諸名公舉以國器許之。而公乃深存盈滿之戒，固守韜晦之志，逡巡末宦，自處常調，使抱負之大，不得展布其萬一，嗚呼惜哉！命奭來乞銘，銘曰：

高山鉅谷，龍虎變化。我想延平，魁傑人也。

直下諸孫，無齷齪者。公惟最秀，器度倜儻。

六歲傳命，先執撫掌。曰此可做，宜將宜相。

胡然下僚，屈此雄圖？數邑碑口，治蹟卓殊。

論其抱負，曷云展布。天道忌盈，君子時晦。

思休遺志，爰有弊廬。湖海豪氣，老年不除。

婆娑邱壑，我篪我塤。昃日歌缶，翛然返眞。

我訪舊宅，永懷其人。作銘闡美，以詔千春。

持平盧公墓碣

玉溪盧先生爲明、宣間名臣，其曾孫曰亨夏，字長卿，兄弟六人，序居其五。公七歲而孤，能執喪如成人，人謂玉溪復生。玉溪舊居，嶺之咸陽。公母崔夫人遷而之南原，南原，夫人本鄉也。未能齋諱尙重，於夫人爲考，而其子弟又多賢，以故夫人挈諸孤而依歸焉。

公性敏而且勤，於書無所不通。又能工詩，九歲作《旅懷》詩，膾炙人口，又數歲有《萬古吟》百餘句，宿儒亦歎其不可及。乙酉，進士。戊子，文科，權知承文院正字。公始遊泮宮，所與交，皆一時名勝，有八美之稱，及登朝，聲聞益藹鬱。然嶺人以公異己齮齕者衆，見枳史薦，久之始遷侍講院說書。移承政院注書，上疏陳母病乞歸省，上許之，仍賜藥物。壬辰，還槐院，序陞至博士，遷兵曹佐郎，與修仁廟實錄。癸巳，拜司憲府持平，完南李公厚源爲僚臺所誣詆，公引避以明其實狀，忤上旨譴罷，仍下鄕。尋叙拜司諫院正言，病不能赴召。以甲午十一月二十一日卒，年僅三十五。訃聞上下敎曰："盧亨夏爲人，予甚嘉愛，今聞其死，不勝慟惜。" 嗚呼！ 公特藐然一新進，而受知於聖主者如此，夫豈無所以也哉？ 蓋公天姿粹美，風儀秀朗，無一點塵俗氣，孝友著于家，忠信孚于鄕。且其才猷敏達，雖不相好者，亦稱爲國器云。

盧出豐川，鼻祖麗朝國子進士裕，我朝參判叔仝、校理盼、信古堂友明，卽玉溪三世。玉溪諱禛，謚文孝。子士詹有才行早死，以仲兄郡守士誨之子脂爲後，公之考也。公娶咸安尹氏，頲之女，貞淑有婦德。及公歿，引刀自決，賴崔夫人救護得不死，年八十四，壬午卒。其所後子曰澺，東奕、東益、東弼其出。而東益男得一、得七。東奕出爲人後，男曰得珪、得琦，女壻高漢元、尹弘履皆士人。

嗚呼！我東文明之治，莫盛於寧陵初服，群賢彙征，士論恢張。公幸而生於其時，苟假之以年壽，則言論事業，必有大可觀者，而乃閼折之，百不能一施，是孰使之然哉？權文純公尙夏嘗語其門人曰："吾先公爲注書時，與盧公同在實錄史局，其華藻行誼，最爲當時僚友所推重云。" 其言益可徵也。公葬于府南霽峰下坐酉之原，淑人祔。東益使得一來請銘，銘曰：

嶺、湖之彥，玉溪之孫。之才之行，宜大爾門。

既鳴以文，胡嗇其年？嗚呼已而，不我者天。

同知黃公墓碣

記余少時在外氏，見黃同樞丈來臨，則吾舅忠文公兄弟皆倒屣下階而迎之，文孝相公一日偶來，致敬亦如之，公輒居上座不讓。時公年已老，而廣顙疎眉，神彩映發，軒然若仙鶴之特立。聽其言，間雜諧笑，氣味溫醇，一見知其爲厚德君子。因舅氏之教，蓋聞公之學得於春翁者爲多云。公歿後三十餘年，公之孫以章來請其樹墓之文。余夙慕公德義，不敢辭，遂按其狀而叙之曰：

公諱世楨，字周卿。始祖珞以中朝宰相，新羅時流於東土，仍家懷德而遂爲之貫。有諱裕，懷川尉謚良悼，尙太宗大王女。其玄孫諱三戒司憲府監察，於公爲曾祖。祖諱穎男掌樂院主簿。考諱德潤中司馬兩試，又登第而見罷，無何早世。妣高靈朴氏，宣教郎珙女。

公生而明秀，異凡兒。三歲而孤，從祖叔母趙氏率往懷鄉而收養之。六歲始受學於同春宋先生，一年畢讀十九史，先生亟稱其英才。公以母夫人在洛，往來省覲，九歲往問《綱目》於崔相國鳴吉，容止已儼若老成，相國稱以大名之器。適天使來，設彩棚，都下老幼爭奔波，公獨不觀，凝坐讀書，人皆異之。至十二歲，以母命專心爲己，自是不離師門，晨夕攝齊，祇承提誨。性理群書，靡不淹通，蓋其天姿穎悟，故凡於義理綜錯處，有聽受而無疑難，若有會意者，殆忘寢食。事長接賓，必敬必愼，進退揖讓，自中儀度，先生眷愛之，及門弟子無出右者。與先生之胤光栻往游於愼齋金先生之門，益聞其所不聞。先是尤菴宋先生與同春同居一村，講論道學，公又從而師焉，左右質問，啓發爲多。公嘗愛杞城星田之幽寂，尤菴以其土素愜於心，移屋而同居焉，情愛之篤，人莫能間焉。

孝廟丙申，搢紳交口尉薦，公連除英陵參奉、童蒙敎官，皆不就。己亥，復授敎官，公以母夫人年深，黽勉就職。老峰閔公首遣子鎭長受學，學徒日以坌集。公至誠勤斆，期至成就，近歲以來，居是職而盡其責，未有如公者云。已而棄歸，築小窩於燕歧，尤菴書贈"霽谷幽居"四字，公仍以爲號焉。壬子，哭同春先生，服喪至期。先是尹鑴於公爲最親，盜竊重名，自其改註《中庸》，公已覰其用心，而未忍遽絶。至是倡群不逞，售網打之計，以己亥服制之議，構捏二先生，無所不至，竄尤菴于北塞，同春亦被追削。公駭憤欲死，草疏暴兩師之寃，又斥鑴、穆等欺天誣正之狀，懇懇累千餘言。疏入卽配珍島，備嘗險艱，處困愈亨。監司朴信圭承望時宰意，狀請加罪，不果。

庚申，更化蒙宥，除義盈庫主簿，移工曹佐郎，出爲延豐縣監，儒雅爲治，民頌其惠。大臣咸惜公屈，騰諸薦章。尋有己巳之變，尤菴先生初配濟州，旋有拿命。公不勝痛迫，亟構一疏，願以身替囚，爲一知舊所挽。旣不得籲天，則還就前路，日夜疾馳，到海南津頭，與先生行相遻，瞻望雨泣，先生責其近於婦人。遂至長城，當夜陪寢，至井邑，先生受後命，公服喪如喪同春焉。甲戌，坤位復正，師誣快伸。公牽復宗廟署令，爲一謝力疾上京。玄石朴公方造朝，來見公，要與同議國事，公辭以不敢當，卽下鄉。其秋門生閔相公以下諸人上疏，陳誘掖之功，伸廩祿之請，於是特加通政階，仍有僉樞之命。公年七十八，不謀於人，往游楓岳，步屧如飛。僧徒咸異之，以爲尤菴後初見。

辛巳，判書金公昌集白上，以爲"黃某踐履之篤，年紀之高，宜有顯褒"，又加嘉善，拜同知中樞府事。甲申，朝家以皇朝運訖之歲，懷恩欲報，旣設壇而親祀之，又謀建廟，而筵臣或以諸侯祀天子無古禮難之。公慨然陳疏，言微子抱祭器去之，欲行殷祀於去處，仍據朱子於《綱目·漢紀》特書令郡國立太宗廟之事，以明建廟之少無未安，議竟見格不行，識者歎之。乙酉二月二十三日卒，壽八十四。屬有微恙，書陶靖節"乘化歸盡"之句，至夜問侍者曰："何晨之遲？"雞鳴便恬然而逝。以其年四月，葬于全義之沙村，與夫人同塋。

公內行甚至，嘗以早孤爲至痛，順適親意，靡不用極，事伯兄如嚴父。至於遇妻子御婢僕，倫理克正，恩愛兼篤，皆可以爲後法。自髫歲師事同春，動靜語默，無不心識而體行，篤信尊奉，白首如一日。每以發揮先師盛德爲己任，撮記遺事，附文集之末，又與同門諸友草定《年譜》。黔潭卽先生別業，而去霽谷不遠，公倡起多士，專祀先生，雖大耋之後，有時造謁，以寓追慕之誠。至於尤菴，一體尊事，到老彌篤，乙卯一疏，誠得致死之義，中間雖積有疑謗，而終則釋然也。每遇愼齋、同春、尤菴三先生諱日，食素哀慕，以至末年。

胸襟灑然，不設畛域，閒居獨處，儼若有思，及至待人接物，只是一團和氣。平生未嘗以師道自處，而隨其人之至誠，誨之不倦。傍近院儒多推以爲山長，凡所以教導諸生、指揮院事，一遵兩師門成法。待鄉人，一於誠信，尤不喜論人長短、發人陰私，而有一善一行之可取者，則必稱以揚之，要使成就而後已。雖身在草野，而於朝廷得失之機、賢邪進退之際，未嘗不激昂慷慨，憂喜輒形于色。朝夕屢空，淡若山僧，而無一言及於産業，只與二三學子講討自娛，不知老之至也。

夫人延安李氏，察訪宣女，樗軒之後。二男三女，男熑翊衛司司禦，熚通德郎，出爲伯父後，女適士人崔壽石、監役宋徵遠、士人洪禹天。熟、薰，其側出也。司禦男以章縣令，以雄通德郎，女壻宣傳官李夏重、士人申光道、鄭昌佐。熚男以大、以泰，女婿士人鄭夏賓、池翼禎。崔子始重、始光、始德，宋子復明、著明、龜明，洪繼子啓祿。內外曾玄不能盡記。系之以銘，銘曰：

春老之門，曰有賢士。髫齡攝齊，自知爲己。
一事尤翁，不替終始。平陂往復，吾道方否。
尺疏叫閽，碧波瀰瀰。生三之義，蓋重致死。
中間睽阻，遇雨之喜。一柱亭亭，山頹之後。

坐致列卿，邱園白首。典刑之餘，足見善誘。
儀表後生，天錫壽耉。翛然歸盡，怛化何有?
仙鶴風度，尙能記取。屢辱誨語，如醉醇酒。
載銘玄石，用示悠久。雖微我筆，亦可不朽。

察訪許公墓碣

近世滄海翁號奇士，丙、丁後慨然自廢，用詩酒老，公其兄子也。公亦尙氣節，常言"我東方蒙被神宗皇帝再造之恩，古亦有茅屋祀之者"，草疏欲上，不果上。公歿後一年甲申，議築大報壇，相國申公琓白上曰："故察訪臣烇嘗建是議矣。"既而壇成，士林又建祠于華陽之洞。嗚呼！恨不令公見之也。

許氏出陽川，我朝左議政琛、左贊成磁大顯。由贊成四世爲主簿橚，實公考。滄海翁名格。主簿娶原州李氏，頤俊之女，天啓丁卯生公。

公字夏昌，年十七始授書，數歲出遊膠庠，輒屈其曹偶，文辭放逸，滄海翁大歎賞之。公生而失恃，終身以爲戚。事繼母孝，母寢疾，左右扶護惟勤，每倚壁達宵，汗漿衣爛，冬則雪霰被體，如是者十餘歲。家貧，躬漁獵供旨甘，里社間得一味，必懷歸。父病割指，居前後喪，皆啜粥廬墓。公自負才氣，竟蹉跎不偶，同宗有顯者欲援之仕，惡其權勢斥絶之。晚除慶安道察訪，赴官數月解歸。老年倣香山會，名曰五一以自娛。年七十七卒，卒之日九月四日。

室晉州姜氏，同樞說之女，後公十四年而卒，合祔于廣州小石洞。一男星，女適判官李志洵、士人李保春、李重晳、鄭老徵、李尙晟。外孫顯者文學李瑋，判官出。

公骯髒不俗，每憂時慷慨，嘗奏萬言疏，不報。玄石朴公作詩許以知音，有“平生不盡君民策”之句，其負抱可見。然此於公未爲大。今世士大夫不復知有尊周之義久矣，公能於此拳拳不忘。書雖不得上，而其言則固未始不行也，嗚呼韙哉！星曾屬余文而遽歿矣，幽明之間，未忍傷孝子心，就狀中最其大者以歸。爲星後者，其名鏞云。銘曰：

峨峨乎禁苑之壇，肅肅乎華陽之祠。
四隣未出，何必吾爲？
欲觀公志，請攷于玆。

判書洪公墓碣

粤在肅廟初服，名公巨卿磊落相望，其以王室近戚，扶護士類，屢經世變，而所操如一者，惟貞簡洪公乎！公豐山人，文懿公柱元尙宣祖女貞明公主，封永安尉，公其嗣子也。祖禮曹參判霙、曾祖大司憲履祥以經術德行名于世。

公諱萬容，字伯涵，金華其號也。孝宗辛卯，中進士兩試，壬寅庭試、丙午重試，俱壯元。初授成均館典籍，遷禮、兵曹佐郎，累拜司諫院正言、司憲府持平，由京畿都事薦入玉堂爲修撰、校理，以吏曹佐郎，兼侍講院文學、校書館校理、中學教授、知製教，轉獻納，陞司僕寺正，改副應教。丁未，以都廳勞加通政階。明年，拜承政院同副承旨。

其爲言官也，首論庠學醜正者之罪，其徒南重維疏詬栗、牛兩賢，仍幷攻公，上惡斥之。徐必遠引祖孫不復讎之說，得罪士論，公因避辭而明其是非。李公端夏、閔公蓍重、金公益炅、朴公長遠非罪被譴也，公輒隨事諫正。其在玉堂，因災異上箚，請奮聖志、革舊習、察民瘼、決壅蔽、數開經筵以講治體。及在吏曹，長官有欲引用匪材於近密者，公執不可，至日晩下獄坐罷。後又爭銓注忤旨，出補高山察訪，大臣陳其得體，上遽從之。時上久有疾，不視朝，公以承旨請延接臣僚，盡修省之道，上亦許之。轉右副，拜大司諫、戶曹參議、兵曹參知。

己酉春，以左副承旨從幸溫泉，移吏曹參議，自是連爲承旨、禮·工曹參議、大司諫。時賊臣吳挺昌以持平投疏，譸張眩亂，語多陰險，公論請其罪。執義李公翔疏論許積奸狀，上疑其爲黨論，至命削黜，公又請還收。其正議不阿類如此。未幾文懿公卒，服除又爲大司諫。時群凶濁亂，兩司有二宋先生遠竄、追奪之啓。公力言其戕賢毒正之罪，上以爲負國護黨，特罷之。

庚申，改紀，陞京畿監司，旋移漢城府右尹、兵曹參判、都摠府副摠管。爲都承旨，侍講《心經》，公言曰："先王嘗命宋浚吉講是書，補益弘多。今宋時烈在朝，宜頻賜引接，以時顧問，豈可聽其老而不留自助也?"上嘉納焉。初吳始壽因虜使弔祭，假其言誣辱先王，已而事覺鞫問，尋賜死，旋寢其命。公以大司憲率三司請對，力言其不可，上特從之。是時朝臣以此論執經年，而不能得，至是皆歎公之一言有回天之力也。

明年，以都承旨陞嘉義，歷工·刑·禮參判、同知敦寧·義禁府·春秋·成均館事。嘗言於上曰："昔相臣鄭澈爲知申事，當宣廟遇災求言之日，有陳戒之啓，而語多切實，可行於今。"遂幷寫其本以進，上亦嘉納之。遷吏曹參判，是歲癸亥三月，仁祖反正甲子一周，而公主尙無恙，領議政金公壽恒請別賜慶問，上置宴設樂，公卽上箋謝恩，一時榮之。翌年，用明聖王后殯殿都監勞，進資憲大夫，工、禮曹判書。

乙丑，遭憂。除喪，拜知中樞、議政府右參贊，兼知經筵，復拜大司憲。正言鄭澔嘗奏劾吳道一驕悖狀，至是持平金洪福欲彈澔，公抗議不撓，終見論遞，士論益傾嚮焉。冬，使燕，明年己巳，還朝。時庚申餘孽復起用事，卽謝病陳疏，盡解諸職，杜門不見賓客。及王妃遜位，群凶庭請而不強爭，公在班中，正色折之，自構草將力諫之，凶徒尤側目。旣而退歸高陽先墓下，日飮酒無所問，或語及國家事，輒泫然涕下。無何以疾舁還京第，竟以壬申六月六日卒，春秋六十二。訃聞上輟朝，弔祭如例。以其年八月九日，葬于豐德祖江文懿公墓兆之次。今上丙午賜諡貞簡。

公器度凝遠，言語簡重，恭以持己，謙於接人。其出處去就常與世治亂相參，而言論風裁足以增吾道之重。忠誠懇惻，愛君憂國，不以進退而有殊。然至權要重職，逡巡辭避而不居，顧乃優游閒局以自娛焉。是以雖經涉世禍，而卒無所嬰也。其居家孝友儉約，出於天性。旣老白首，朝夕怡愉於親側，不失嬰兒之愛。兄弟析產分居也，相持號哭，不忍遽離。所居第或敝漏不治，子弟請修飾，則公止之曰：“先人遺迹，猶存乎斯，何忍易以新之?”其仁如此。嗚呼！斯其所以令聞長德光于家國，蔚然爲近世名卿，人不得以間之者歟！噫其盛矣！

配貞夫人礪山宋氏，都承旨、贈吏曹判書時吉之女，先公十五年卒，從葬公墓，有尤菴所爲誌。公凡有五男三女，男重箕進士、僉正，次重範生員、僉正，次重衍進士、府使，次重福進士、敦寧府都正，次重疇進士壯元、參判，女適參判李大成、注書沈龜瑞、正郎李師亮。孫男參判錫輔、判書鉉輔，重箕出；郡守鼎輔、錞輔，重範出。重衍繼子鑑輔僉正，重福男鏡輔正言，重疇男郡守銓輔、鑑輔、進士欽輔。內外孫曾，多不能盡記，而尸公祀者，大司諫象漢也。鉉輔之男洗馬鳳漢有女，冊我世子嬪，公之篤慶毓祉，其將與國家無窮矣。於乎休哉！銘曰：

富而能儉，貴而不驕。
王國之毗，令聞式昭。
職思其居，有言則韙。
觝奸守貞，靡悔于圯。
詩酒棲遲，我行不時。
旣忠以孝，士類攸依。
寬樂令終，子孫承承。
祖江之原，有封不陵。

銘于墓隧，以視無止。

佐郎柳公墓碣

公諱俰，字叔惠。柳氏爲全州望族，考諱東閔贈參議，祖諱永會軍資監正，曾祖諱希泗贈承旨，妣晉州蘇氏。公生而穎悟，纔授書，便能善問，長者莫能難。六歲作《松濤賦》，稱爲奇童，及長累魁鄕解。丙午，生員。壬子，庭對中第。公嘗居泮，惡賊鑴改《中庸》章句，爲著書發明朱子本旨，鑴銜之，坐是枳於榮塗。甲寅，凶人朴瀗投匭，語犯慈聖。公在國子，與史官趙公持謙通議施罰，士論偉之。序陞典籍，歷司憲府監察、禮曹正郎、兵曹佐郎。太學士金公錫冑選文士兼承文校檢，公亦與焉。外則爲保寧、康翎二縣。戊辰，又除興海郡守。翌年，時事大變，公不樂在官罷歸，自是斂迹鄕里，不復進取。丁丑，薄遊都下，以疾六月六日卒，年六十七。歸葬于任實無厭山向坤之原。

公聰明絶人，於書十行倶下，過眼卽成誦，善屬文，下筆數千百言，又長於史學，貫穿古今。晚年喜讀《小學》、《心經》諸書，取聖賢要語，揭諸座右，又刻木以佩之。持己不苟，尤嚴於貨色兩關。蓋公父、祖遊於栗、沙二先生之門，故擩染有素，殊不以文藝自喜也。善居喪，三年不入中門，臨祭致慤，雖大冬，必沐浴。事兄如父，於宗黨一如晁以道家法，其內行如此。而居官則守淸愼勤三字，亦不欲人知。平居和易，不爲斬截之行，而疾惡如讎。憂時憤俗，往往廢食，語及古忠臣烈士，未嘗不流涕。每有爲國一死之志，然卒無以自見於世，惜哉！始公仕而爲貧，不屑其去就，閱歷世變，操守罙確。性又骯髒，寡交遊，尤恥見達官要人。以是坎壈終身，而無所怨悔，杜門却埽，書籍自娛。間又遊名山水，以舒其壹鬱焉，有文若干卷藏于家。

配洪陽李氏，護軍樓之女，有婦德，生卒皆後公四載，葬而祔。二男忠玉、光玉皆生員，長房男綰，次房男組生員、組，女適士人金始增。輝天、輝台，綰、組出，組男幼，壻之子胤光宣傳官。組來乞銘。銘曰：

公生南紀，文行寡伍。
晉塗方闢，而孰尼汝？
衆則翕熱，我不媚嫵。
維腹爲笥，中涵三古。
持以自娛，得喪奚數？
抱此奇氣，反歸于土。
刻銘闡幽，庸示來許。

僉知柳公墓碣

公諱曼，字長卿，完山人。麗季寶文閣直提學克恕，其遠祖也。至我朝有大司諫諱軒錄淸白，後三世軍器寺副正諱永成。是生諱秩，鐵原府使，丁卯虜變立慬。生諱孝昌成均生員，娶全州李氏，縣監敬義女，公其子也。

顯宗癸卯，生員。肅宗甲子，文科，年已五十二。以甲科例授司宰監直長，歷成均館典籍·直講·司藝、司憲府監察、禮曹佐郎·正郎、宗廟署令、禮賓寺正，外則全羅都事、鎭岑縣監、文川郡守、蔚山府使。戊寅，由承文院判校陞通政，僉知中樞府事、五衛將。戊子六月二十五日卒，壽七十六，葬于楊州松山庚坐之原。夫人李氏之葬，距公墓約五百步。夫人孝寧大君補之後，承文博士昌馨之女也。

余嘗怪公以故家華閥，宜達而窒，立朝數十年，遲回薄宦，朝廷屢有大進退，而榮辱不一及於其身，豈古所謂隱德自晦者歟！及得公外孫李徵士東公擧所爲狀讀之，蓋知公非流俗人。氣度冲遠，喜怒不形于色，杜門深居，不問家有無，惟好讀書，老而不輟。有時興至，幾於舞蹈，不知者曰："此有何樂?"人有訪者，誠心遇之，去而不復報謝。若所謂黨習、時好、一切榮利，不一經於心口。世方以翕翕爲熱，而公則泊然自守如此，其不得於人也宜哉！又其奉祭祀以禮，敎子弟以義，家法斬斬可觀。人亦莫能知，而其知不知，於公何與焉？嗚呼！公可謂恬靜篤行人也。

公四男三女，男春元、春蕃、春根、春植。女適郡守李泰貞，徵士其子也。次爲士人尹東相、李喜昌妻。孫曰埰、塾、壆、至、在、懃、懿，在進士。春植來乞銘，余不及識公，而素重徵士之賢，其言爲可徵，遂不辭。銘曰：

古井不食，其中湛寒，我心爲惻。
外孫之賢，可徵厥德，請刻于石。

縣令韓公墓碣

尤菴宋文正先生任繼開之責，一時才俊多出其門，如韓公伯箕礲五者，最有盛名，人謂合置文學、政事之科。公始見先生于華陽山裏，以詩呈于先生曰："行藏在我初心見，顯晦隨時至理存。俗客但知山水樂，這般眞味與誰言。"自後心誠悅服之意，屢形於吟咏之間。凡於經禮之說，亦多往復評訂焉，先生或入都下，必主於公，其相契之深可知也。公內舅沂川洪公命夏居廟堂而爲山林主人，凡係斯文事，必與公相議而後決之。及乙卯士禍作，先生竄北關，公時爲甑山縣，卽投紱歸，年四十三，丙辰卒。先生在謫中哭之慟，抵書畏齋李公端夏，有曰"韓礲五不起之音，實是運氣所關"。

清州之韓爲東方望族，高麗柳巷諱脩以文學著，公其後也。曾祖諱孝仲同樞，以直言著節昏朝。祖諱必遠禮曹參判，考諱如斗掌隸院司評。

公以崇禎甲戌生，風骨俊爽。甫四歲，春沼申公最奇之，許歸以女，及昏，人見其老成，咸服其藻鑑。素不喜遊嬉，常凝然端坐，人莫敢以戲言加之，嚴毅如此。而其在親側，則和氣融融，未嘗高聲言語，親心所欲，莫不先意承奉。至於內外親戚，皆以誠意待之，不設畦畛，人無大小，必罄其歡心。申冕於公爲姻屬，而公惡其人，早與之絶，冕果敗。公伯父僉樞公與司評公俱有遯世志，不與時合。公亦留心於古人爲己之學，無意榮進，而以參判公命，黽勉公車。丙午，中生員。翌年，除金幷道察訪，秩滿，移漢城府參軍。辛亥，別擇賑郎，公兼管，陞司饔院主簿。壬子春，又差賑郎，移疾罷，旋敘爲司憲府監察、秋曹郎。癸丑，寧陵遷奉時，差都監郎，換水曹，竣事，拜軍資監判官。其出爲甑山，則在甲寅。

在官賞罰公平，撫字勤摯，宿弊漸革，奸猾亦戢，人稱之以爲"廉潔之治，近歲所未有"云。及決歸，眷屬尙在衙，封庫官除出半百斛米，以資行費，金淑人却而不受曰："夫子居官淸白，有此積聚，爲民也，吾豈不體其意而受無名之物?" 卽此而知刑家之一端也。以少年韋布，蔚有公輔之望，與洪得禹、趙相愚齊名，有三士之稱，不幸早世，不得展布其所蘊。卒後數歲，庚申群凶迸黜，尤菴先生宥還，而公不及見矣。

公元配平山申氏，一女適都正尹春教。再娶順天金氏，銧女，男女各一人。男重朝以成就後學，陞資僉樞，以孝行，贈吏曹參判，女適正郎李宜相。孫命玄三男，正養生員蚤歿，次聖養生員，次敬養。公始葬驪州新村，後移葬于局內參判公墓右負乾之原。命玄使敬養來乞銘。銘曰：

孔門惟商，號爲篤信。公於事一，早能自盡。
時有平陂，義同舒卷。於所爲主，相與可見。
孝順之德，乃其根源。中道夭閼，天理寧論?
大老號咷，哀若喪子。一命之卑，謂係運氣。
志菀雲雷，百不一施。不及淸時，嗚呼窀穸。
八哀之詩，慟均今昔。我闡厥幽，載勒玄石。

縣監宋公墓碣

清州有所謂三賢閭者，西阜、圭菴兄弟及其妹婿東洲翁所居。公西阜公之來孫也，諱元錫，字善長，生于永同，旣長從其考察訪公徙而家焉。叔祖尤菴先生題其齋曰蒼巖精舍，因以蒼巖號焉。先生嘗稱其甚有學行云。恩津之宋，故多賢，由雙淸堂愉至西阜爲數世。西阜諱龜壽，其孫邦祚淸名直節，世所稱習靜公者。是生諱時榮，丁丑虜變，立慬于江都，謚曰忠顯。察訪公，其嗣子，諱基隆，以行誼聞，守志不仕。

公胚胎前光，生而質美，察訪公又教之嚴。自五六歲，學于尤菴，又遊同春先生之門，諸先生器重之。公早知有向上工夫，益奮志自勵，質疑請益，方進而未已，中年被疾幾危。未幾同春捐後學，尤菴慍于群壬，卒以身殉道，世故飜覆百端而公亦老矣。公自以不能肆力學問爲恨，而惟深居讀書，得味於安靜之地，世亦無知公之蘊者。然其可見之行，則本於孝悌。事親容色愉婉，往往爲嬰兒戲。與兩弟居，湛樂無間，弟歿，撫其子如己子。其教子孫，遠雜戲敦實行，當祭蠲潔致誠，進退可度，每晨拜廟，退而坐中堂，治家事，井井有條理。鄕隣敬服，從遊者衆，一時名卿鉅公多尉薦之。

始除昌陵參奉，不赴，後特陞六品，爲造紙署別提，又不赴。丙子，爲鎭岑縣監。公本不樂仕宦，至是爲延忠顯公謚，一赴官。屬歲荒，單心賑饑，遇不悅者爲御史，摭微事置對，旋辨晳。公在道作詩，有"歸臥東山"之語，是後除翊衛司衛率，不起。戊子七月二日卒，去其生崇禎乙亥七十四。葬于州南榛谷負卯之原，與精舍五里而近。

公外祖咸平李弼元。室韓山李氏，牧隱之後，考曰尙稷，能儉而勤，以配公德。後公四年生，其卒在癸亥，公歿而祔焉。三男四女，男長達源有至行，公卒後數歲歿，士友惜之。次活源、發源，女適郭載績、經歷李秀衡、尹商柱、李顯成。卨源、徹源及柳垕妻，側出也。達源子羲相、周相，活源子夏相，發源子漢相。郭鎭維·鎭普·鎭輿·鎭奎、李思兼·思贊·思勖、尹炯、李端中，其外孫。

公器度莊重，倉卒無遽言，和氣滿容，可親而不可慢。胸懷寬曠，樂道人之善，退然若懦，而中則有守。幼從尤菴於沃州江上山齋，近墓門，有時陰雨，鬼嘯震屋，公獨宿無難色。嘗到漢江，颶風幾覆舟，舟中人惶急乞命，視公正冠危坐，莫不異之。晚多病，或勸移舍以禳之，公笑曰："鬼能爲祟，其可逃乎？"家人不敢爲巫祝禱祀之事。家業旁落，而一不置諸懷，間與友朋徜徉泉石，命觴哦詩以爲樂。作事必求遠圖，爲善必矜細行，不爲苟難以高於衆，不喜便給以適於時，其素性然也。好讀《大學》，又夜誦《西銘》、《心經》，老而不倦。遂菴權公聞公訃，爲之慟曰："耆德凋喪，吾道益孤。"其見重如此。

羲相能紹述家學，纂公事行，使來請銘，以緈有累世之好。銘曰：

《詩》云恭人，維德溫溫。孰賦厥美？公有淵源。

大賢之宗，忠臣之孫。自躬而推，行孚于家。
施及鄉隣，薰德飮和。我想其容，深愛積中。
世道累嬗，公髮亦華。左松右菊，林也婆娑。
我有詩書，其樂只且。疇其式者？三賢之閭。
豈無居人？噫公可思。我闡潛德，作此銘詩。

佐郎崔公墓碣

肅宗辛巳六月，崔公弘甸卒于漢師，年六十六。李相國畬諸人爲具棺及凡喪事，歸葬興陽之中山，遂菴權公尙夏旣錄其事行，三州李縡題其碣曰：

公字壽會，生有異夢，起孤寒，力學取明經第。星曆堪輿家，近世儒莫學，公兼能之，又善望氣，言多驗，最邃於《易》，晩喜《心經》、《近思錄》，其學博而卒反之正。性至孝，父母歿，讀書至"父母"字，涕下。篤信尤菴先生，嘗曰："孔子作《春秋》，朱子述《綱目》，我東惟此老擔荷得此義，彼設淫辭而助之攻者，何哉？"己巳禍，便棄官歸，放浪山海。或勸之仕，則書報曰："君看牛斗南少微星，如何？"前後再爲郵官，得陰竹縣，忤當路不克赴，官不過水部郎。蓋公貌不揚，又訥於言，骯髒塵俗間，人莫能知也。公得鍊氣術，能數月不飢，感微疾，與人論天文，半餉而逝，穆然若安寢。嘗聞公註《參同契》，豈亦崆峒道士遺意耶？

崔氏出耽津君思全，世家寶城。祖夢得，父南振，母某郡金氏，二子台岳、華岳。華岳嘗請業於遂菴之門云。

護軍李公墓碣

尤菴先生栫棘于蓬山，朝夕禍不測。會大旱，李公東亨獨草疏數百言，叫閽訟先生寃，凶徒投之慶源，時戊午六月，慶去漢師二千餘里。公始爲老母在，遲徊久之。金夫人知其意，謂曰："生三事一，義也，余恐范滂母笑人。"公意乃決，及別，夫人處之泰然。先生聞之曰："噫！是宜有是子矣。"先是夫人疾革，公同時遘癘，能自力斫指以進，夫人康寧。且十年，及公宥還，夫人先一歲歿矣，聞者傷之。

公字泰卿，驪州人。其見於譜者，高麗翰林學士皐、我朝吏曹參判審最顯。有諱錙判官，壬辰爲體察白衣從事，特贈左承旨。是生司議諱德言，松江門人，見重士友間，亦贈承旨。生諱烜進士、贈參判，於公爲考。夫人籍順天，縣監日新之女。

公崇禎丁丑生，癸丑司馬。少師事先生，先生許其氣槩。其在謫，憫北俗蚩蠢，揀其民秀，教《小學》講四禮，作成者多。聞夫人訃，哭踊頓絶，水漿不入於口者十日，慶人歎曰"孝子孝子"。壬戌，齊陵參奉，序遷典獄署奉事，理犴屋去渫汙，囚以不連死。由繕工監直長改宗簿、軍資，陞典牲署主簿，移司憲府監察。道遇達官，不爲避，公服拱立，大臣亦下而相揖，古規也。歷戶·刑二曹郎、社稷署令、漢城府判官·

庶尹，於外爲新寧、白川、杆城。在寧，設鄕約省民徭，訪節孝、高年，周以食物。又値先生禍作，卽日棄歸。乙亥大饑，白爲甚，公以公幹赴闕，上召入勉諭。公退而泣，竭心賙活，民無捐瘠。隣邑民枉罹倫常大獄，一言疏決，人稱神明，爲御史挾私論罷，在杆又爲臺臣所劾去，二郡人輒走闕下愬寃。歸水原光敎山下，結茅以居，雜樹花木，嘯詠其間，家屢空，不問也。晩爲左水運判官，進通政，肅廟溫幸，復進嘉善，以優老也。除五衛將，不拜，年八十一卒。

公爲人軒豁，好談論喜飮酒，子弟未嘗見皺眉。然見哀矜者，涕淫淫欲下，在邑洞開其門，窮族歸之。爲資裝迎婿，舍己子而先兄之子，爲遠祖置祭田，合宗族立契法。又篤於朋友，脫驂襚衣無難色，訃至必爲位而哭。一家論議乖張，由由然善處其間，平居口不道是非，或有語犯師門者，怒叱之，鬚髯輒張。

配恩津宋氏，考曰察訪、贈參判國憲。先公卒，窆于淸州造次山坐亥之原，公始葬廣州，後四歲庚子，遷而合封焉。二男膺文科·掌令、廈直長，壻士人徐宗萬、贈判書趙泰夏、敎官宋有源、士人柳命權。廉與厚，側出也。壽龍、壽岳、正言朴弼均妻，長房出。壽松、壽栢、進士黃鵬河·士人金硂妻，二房出。三婿子徐命楫·命楷·命樑·命栻、兵使趙虎臣、宋得相·沃相·命相·鳳相。

余不及拜公，而因公之狀，得公實行。其在邦在家，可書者不一，然且有大焉。當寧陵盛際，先生在朝，謀猷密勿，公時未見先生，年且弱冠，而手自磨劒曰：“時乎時乎！”

每讀《出師表》，慨然太息，其志氣可謂偉然。近世士大夫不復知有“復雪”二字久矣，嗚呼！如公者，何處得來？是不愧爲先生弟子也。銘曰：

嗟哉是翁！陸沈兮朱墨，缶歌兮蓬蓽。
少時壯心兮誰知？古劒顔色兮霜雪。
雲天嶔兮兩脚血，事如一兮義炳日。
今之人何獨無此性兮？或助攻而自絶。
我最其大兮，昧者之呾。

參奉鄭公墓碣

鄭氏出延日。圃隱先生當麗季運訖，與國俱亡，精忠大節，直與日月爭光，且其倡明性理，以啓吾邦三百年文明之治，尤菴宋文正先生作大碑闡揚之。其孫監察諱保當世祖丙子獄，爲六臣慷慨欲死，被親鞫亦不屈，將轘之，以忠臣之孫，特貸其死。其後數世，又有典籤諱儁當丙子虜難，崔鳴吉等立碑頌戰功而閣之，以媚于虜，以瓦署郎，恥不肯供瓦，遂不仕。綷猥爲二公作墓銘。嗚呼！鄭氏之門，一何多賢也？

公諱星徵，字文甫。考郡守贈承旨雲翰，典籤之子，監察則典籤之幾世祖也。公生而有俊才，文辭夙就，屢捷發解。顧以早孤終鮮，無意於世，杜門深居，寓意稼穡，深得古人樹藝之妙。圃隱先生宗孫纘光蚤死，其諸孤窮而靡依，公單心竭力，攝其宗事。方謀諸宗人，移刱祠廟，會時相吳始壽白上，命有司造給。又以宗孫稚弱，特除公章陵參奉，權奉先生祀，公黽勉應命，而意不樂也。及庚申新化，老峰閔相公鼎重請別建影堂，以便後學展敬，已而尤菴先生又請廪纘光孤子之流落湖西者，亟歸守祠，公喜曰："吾事畢矣。"適仕滿，例陞典獄署奉事，遂卽日棄歸，尤菴先生聞而善之。

公自是大歸田里，以知足名其堂，婆娑其中，雖家無甔石，而晏如也。好讀《論語》及朱子書，至老不倦。以承旨公宅兆不吉，移窆於鴻山，公衰病不能來往，方卜地於新壟近地，攜諸姪同居，以倣張公藝故事，遇大侵不克就。以疾卒于青陽，時己卯閏七月也，壽六十一。遺命勿書官名於銘旌，蓋以始初就職爲恥也。葬於鴻山之鄒谷，距承旨公墓十餘里。

公配南陽洪鏶之女，六男二女。男纘一、纘彬、纘馨、纘淵、纘明，最季未娶而夭。女壻士人金柱南、柳一星。諸孫曰錘，銖，錞，錗，鋏，鐸，鑴，錀，鉦。錀，纘馨之子而爲纘明後者也，遠來乞銘余。

惟公之溫雅之資、敦睦之行，固已見重於宗黨、鄉里，而性本恬靜，不喜交游，不事矜衒，以是知公者蓋鮮，而又不幸遭時屯否，終於一命，豈非命之窮耶？余故歷叙公先世德美事業之大者，以見公之賢有自來者，而重恨公不能大有樹立，以增光於先烈也。銘曰：

在《易》之比，戒存匪人，噫公一命，偶丁不辰。
黽勉祿仕，卒無緇磷。雖見淸時，自甘農民。

讀書安分，以終厥身。嗚呼圃翁，義兼賢親。
曷云無忝？秪足自珍。我表其志，以刻貞珉。

主簿敬菴李公墓碣

子朱子嘗歷擧入敬之方，首之以程子"主一無適"之訓，謝、尹諸先生之說次之，用力次第，蓋莫詳於此。後之學者，非不讀是書，而鮮或眞知而實蹈焉。近世李公行泰能以是爲己任，終身力持，死而後已。學者稱之曰敬菴先生，人以爲庶幾無愧於是名云。

公字泰而，全義人。二歲而孤，幼有至行，得異味，輒曰："吾母食否？"母夫人不食，則不食也。喜讀書，夜以繼晷，及長治擧業，累發解。年三十三，偶患心疾，忽惕然感發於栗谷先生"非學問，無以爲人"之語，遂盡棄其業而學焉。甲寅，始從玄石朴先生請業，日取《小學》、《大學》、《心經》、《近思錄》諸書讀之。晨昏定省餘，惟叉手高拱，終日兀然，家屢空，而讀書自若，神氣益淸茂。人勸其少輟，則曰："我自樂此爾。"又笑曰："雖飢，讀書外，亦做何事？"自以晩學必須下人一己百之功，勵志益嚴，學以頓進。癸亥，丁母夫人憂，後又就近師門，移寓江郊。玄石每見門人輒曰："近見李某否？與之講學，必大有益。"以故同門之士迭來扣問，後生從遊者亦衆。

甲戌，朝廷議薦士，大司成徐公宗泰以公應命曰"行誼純固”。未幾哭玄石，心喪期年。戊寅，始除昌陵參奉，以不敢當薦目辭不就，又移居楊根北山之巖溪。癸未，復授穆寢郎，公自謂“世臣分義，不當數辭”，旣肅命，盡心職事，不暫離職次。奉審及焚香，必舍輿而步，忌辰、朔望所需香炭，別儲之，不混於他用，又建一庫，以藏凡百器用。嘗笑謂人曰：“吾爲是官，得展所學多矣。”移童蒙教官，公旣善誘掖，德容又令人觀感。故蒙生始雖厭其拘束，而終則帖然遵教，行於道上，必拱手徐步，威儀可觀，不問可知爲公弟子也。

仕滿，謝疾不應講自免。後除世子翊衛司洗馬，閔公鎭遠又薦公篤行，金相國昌集奏陞六品階，授宗簿寺主簿，皆不起。年七十九，戊戌十二月十七日卒。疾革謂其子曰：“吾默念平日事親之節，無大愧於心，而不幸墜馬傷腕骨，以是甚慙於啓手也。”夜半又謂曰：“吾常夙興而今晏矣，爾其扶而坐我。”起輒困乏旋臥，歎曰“已矣”，無一語及他事。侍者請曰：“欲見某女、某孫乎?”揮手止之，恬然而終。葬忠州仰巖坐丙原，令人申氏祔。

公自初爲學，卽以古聖賢自期，自少至老，未嘗一日措其身於浮惰不實之域。嘗謂學者曰：“敬是一心之主宰，而心又此身之主。持敬以存心，存心以明理，明理以誠身，則敬卽聖學之第一義也。”又曰：“隨事必敬，有物必敬，語亦敬默亦敬，寤於敬寐於敬，吾之一身，與敬爲一，則自然無過，動必合道矣。”又曰：“謝、尹二先生言固切實，而但無摸捉處，不如就九容上捉得定。”且論九容之義曰：“足容，視他容尤難，以是居先。重，不特徐緩之謂也，雖急步疾趨之中，亦有重容。蓋步步心存，不失其容，則行雖疾，而重固自在也。”於此可見公用工之實。而平居肩背竦直，一如泥塑人，雖家人子弟，未或見其夷坐欠伸也。蓋不待勉强而自然有成法，呂與叔六月中緱氏氣象，殆似之矣。年迫八旬，於衛武《抑》戒，欽歎不已，每自誦曰：“朝聞夕死可也，豈以年老而有所弛放也？”日必整衣冠，植坐竟晷，見者無不驚異曰：“八十翁乃如是耶？”有來學者，必先授《小學》曰：“以《小學》律身，以《大學》窮理，則修治之道，綽然有裕矣。”

天資質實，終身無僞言僞行，而持己嚴正，常不食私屠肉，被服不御間色。居處飮食，殆非人所堪，而處之晏如。嘗謂子孫曰：“使吾不志於學，蓋不知爲何狀人，雖老且窮，而終無所悔，爾曹勿以我爲戒。”又愼於取予，每曰：“苟非其義，雖千駟萬鍾，視若糞土而有不取；雖秋毫之微，重如千金而有不予。”然性好施，不計家之有無曰：“若待積而後散，則我無可散之日矣。”

事母夫人，愛敬交至，忠養悉備。其居喪，四日絶飮，三月歠粥，期以前，疏食水飮，三年之內，夏不扇冬不襲。人有請學者，略略酬酢曰：“先儒固亦有居憂授徒者，恐終未安。”見大夫人素所服用及手澤所存者，未嘗不泫然。忌日不食餕曰：“心有所不忍，豈甘於口？”値先忌，若未逮事，則必披觀其遺言遺行，以致思焉。雅好佳山水，興到翛然獨往，嘯詠忘歸曰：“不琴不瑟之中，自有我樂。”

雖其遯迹林下，而意未嘗忘世，嘗以崇節義辨邪正爲本。甲戌，更化，玄石造朝，秉軸者方營護國賊，擧朝靡然，公爲力言其不可，玄石之議遂定。戊寅，唐米之來也，或有問其當否者，公歎曰："聞請米之奏，至以普天王臣爲辭，羞辱甚矣。堂堂周粟，夷、齊尚不食，況此胡米乎？"嘗慨然曰："縱不能躋斯世於三代，獨不可做小康乎？吾欲成萬言疏，且編一書，名曰《治平要訣》，以獻吾君，而不能得也。"見經幄奏箚，則歎曰："辭非不美，而彼以躬所未行者勸君，何能感格乎？苟有益、稷之臣，則不患吾君之不爲堯、舜也。"嘗論儒者進退之道曰："近世儒者，有位致三事而不識君面者，非儒非隱，古未有如許出處也。"又講究禁絶僧徒之策，論說甚詳，使可底行焉。所著書有《日用至訣》、《四禮類會》、《三才撮要》，詩稿若干編藏于家。

李氏出麗大師棹，我朝孝靖公貞幹以孝聞，累傳至節度使諱濟臣號淸江。其第三子都事諱耆俊出爲族父進士崇慶後，卽公祖考。考諱德基贈判書，

配平山申氏，年七十七，先公三歲歿。繼子萬格，四女婿縣監朴壽漢、士人趙錫奎·洪禹九、進士兪興基。萬格三男徵大、徵壽、徵光，女適士人沈垸。

昔明儒胡敬齋以敬名齋，於其所著《居業錄》中，論敬最詳，惟其身有之，故言之親切而有味。公之於敬，蓋亦如此，而一生服行，至死不懈，其施諸人也，亦易從焉。《記》曰"修身踐言，謂之善行。"《孟子》曰"以身徇道"，公實有焉。縡生也後，未能覿公德容，而竊聽於士友間，其爲己篤實之

功，蓋尠公比，願爲之執鞭，而不可得矣。嗣子萬格將竪碣于墓，來請文，不敢辭，系之以銘。銘曰：

古之君子，學惟爲己。終身力此，斃而後已。
論其節度，敬有妙理。自程先生，曁謝、尹氏。
標揭以示，厥有終始。坦然由之，其道如砥。
嗟世之季，日趨虛僞。旣鮮篤實，那免恣肆？
迺挺豪士，全義之李。栗翁有訓，奮然興起。
爰初爲學，已見大意。蚤夜孳孳，於敬一字。
眞誠之積，外著章美。其容睟然，其坐如峙。
迺在大耋，不離造次。如富鄭公，座隅書識。
維北有山，維東有水。濂溪、百原，我樂在是。
出處適義，忘世匪志。荷篠亂倫，畫牛若戲。
顰呻憂世，感激論事。孰置君側，俾民受賜？
林泉不恨，溝壑堪喟。我誦斯詩，以風有位。

陶菴集

卷三十三

墓碣

墓碣

朗原君墓碣

宣廟別子仁興君諱瑛謚靖孝有二子，公其仲也，諱偘，字和叔，自號最樂堂。崇禎庚辰生，甲午，授朗原正，未十年自都正而君。肅宗己未，裒輯璿源譜系以進，上嘉奬，特加中義，公仍請釐正列聖徽號之訛誤者。尋超三階，充上价之燕，後又再往。戊辰，爲莊烈大妃守陵官，屢陞秩至顯祿，別職都摠府副摠管·都摠管、司饔院·宗簿寺提調。上命摹太祖晬容，奉安于永禧殿，又重建健元陵碑閣，又樹石于昌嬪墓，皆公所建白。而戊寅莊陵之復，其發端蓋自公始，公嘗有追封大君之請，言議明正，識者偉之。

始公十二而孤，以善居喪稱，及丁宋夫人憂，毁極而疾。上愍之，使醫視，且强以薑桂。公涕泣受之，猶未忍承命，以終三年。上以公宗英耆舊，寵遇罕比，嘗錫宴禁中，以公醉甚，命小黃門扶而出，又取入公眞覽之曰"甚似"，異數也。己卯，公有疾，禁巫覡祈禱，疏陳九條，首勉以崇儉，又戒諸子勿請謚，九月四日卒，臨終以不得更瞻天顔爲恨。上震悼，庀喪賜賻，踰於常格。

宋夫人，礪城尉寅之玄孫，考曰僉正熙業。公娶全義李氏，右議政行遠之女，年三十四丁巳卒，淑哲柔婉，甚得婦道。 凡七男， 長全坪君瀞出爲伯父朗善公後、全城君混、全溪君溥、全山君深、全川君滌、全安君潢，其第五夭。清林守潭、清陽正溶，側出也。全城男益寧君梯、益陽君檀，女適佐郎吳遂燁、奉事金樂曾。全溪男洛山都正檄、洛豐君楙，女適士人金爗。全山男密陽君梡、達城都正㭽、長溪君棟， 進士金宇槩、士人權應衡、進士韓師直、士人尹得命、尹在衡其壻。全川以益陽爲後。全安繼子東陽君梢，女爲進士朴鳳漢妻。全坪亦無后，取密陽子之， 二婿府使申義集、監役洪九行。曰樸海昌守、曰壄靈川守，清林、清陽之繼子也。

公內行甚篤，侍大夫人疾，衣不解帶，血指以進。持喪一遵《朱子家禮》，又手書《祭儀》，以遺子孫。以屋宇過侈，改而損之，終日端坐，人不見惰容。被服寒素，不通賓客，不談時政，左右圖書，淡泊自守，遇之者不知爲貴介公子。晚年福祿隆盛，愈益謙愼，子弟有過，雖位高，亦撻之，門內肅如朝廷。最工於篆法，一時公私額扁皆歸之。性喜山水，屢入楓岳，徜徉忘返。楊州天寶山下有谿壑之勝，寘小築於其間，筍輿獨往，風致蕭然，歿而仍葬于屋後，夫人祔。尤菴宋先生嘗稱靖孝公以爲“至性純行， 度越群倫”， 又於《淨友堂記》，美公兄弟和樂，而蓋本之於《麟趾》之化。觀於此， 益信公孝友之德其所自來者遠矣。 益寧之子明煥來乞銘，銘曰：

凡人習氣，居養易遷。聲色輿馬，夫豈性然？

公則異是，貴介寒士。入則圖書，出則山水。

然且有大，惟孝與友。涕泣血指，天右壽母。

大老作文，鄂韡其華。位崇心卑，降福孔嘉。

《詩》歌振振，必本文王。於戲穆陵，遺澤弘長。

天寶之崗，孝孫樹碑。有來千秋，其永式之。

參奉金公墓碣

金氏之先出金海，世將家，有鶴城君完，誅逆适有名。其弟府使宇，府使有子汝沃，獨能用儒學顯。府使公老于家，嘗喜公曰："生子不當學文耶?"公字啓乃，爲人端重，讀《小學》，慨然爲己，手書《四勿》、《敬齋》諸箴以寓警，動遵繩墨。九歲母久疾，輒坐而達曙。父每出送至衢，候歸亦如之，雖夜深，不敢先父食。十八父卒，哀毁幾不勝，送終以禮。有疑質李典翰壽仁，李亟歎賞。事母有深愛，及喪廬于墓，日上墓哭，涕處草盡枯。春秋不廢時享，晨謁如事生。拜宗家，下馬巷外，燕處不戲言，子弟出入，拜於堂下。與宗族合力置祭田，以祀祧墓。設義學、義田、宗會法，令子孫遵行。鄉黨感服，有不善，曰："毋令公知。"

公則恥言人過，於子弟不貸也。口不道黨論，人有問者，笑曰："人受於天，自有公平正大道理。"不喜交遊，不迹官府，置屋花竹間，左右經籍，終日兀坐，人不見惰容。覃思實踐，其進蓋未已也。方伯薦于朝，除慶基殿參奉，不就。 翌年乙丑二月廿四日病卒， 年四十五。 有《中庸標語》、《啓蒙補解》藏于家。

公素篤信石潭翁，嘗讀其理氣諸說曰："明白發越，體用全備。"且以《擊蒙》一書爲終身用，其的確如此。公奮遐陬，力學惇行，以光其門，可謂孝矣。今夫詩禮家子弟，朝夕擩染，而不能踐一善者，視公何如也？母忠州池氏，考曰達汶。其配陽城李弘佶女，先公一年卒，同葬龍津之先塋。四男世純、世忱、世恭、世寬。世恭來乞銘，銘曰：

有美一人，生此南垂。《兎罝》之門，有禮有詩。
其德孔備，孝以爲基。我服芬芳，我佩陸離。
寤言永歌，石潭我師。青青綠竹，煌煌靈芝。
月出扶輿，其水漣漪。有挹遺風，請攷刻辭。

縣監宋公墓碣

恩津之宋，自二先生出，蔚然爲河南門戶，其子弟皆以行誼業家。有諱彝錫字君叙者，尤菴從孫也。弱冠喪父母，能保其門戶，守其祭祀，其弟妹六七人俱稚弱，至誠鞠育，昏嫁不失其時。嘗作聯棣堂於郊西，尤菴作記美其行，又加勉以柳仲塗語。公兢兢焉不敢失墜，常以忠養未卒爲至慟，與諸弟相對涕泣。每日晨謁廟，出入必告，遇喪餘，哀慟如袒括時。宿戒必杜門謝客，隆冬亦不廢沐浴，別具祭器，齋服不他用。平居動引古訓，臨觴則曰"得不及亂否"，對案必曰"小飯而亟之", 一言一事, 無少放過。待人寬和, 不設畦畛, 而見不是, 亦不之貸, 親黨愛而憚之。

公祖考進士諱時瑩嘗倡多士上章, 辨栗、牛先生誣。丁丑, 除大君師傅, 將赴瀋, 以伯氏忠顯公時榮殉節江都, 引禮經兄弟之讎之義, 竟不往。考諱基善, 痛家國深讎, 沈淪以沒其世。公亦素無仕宦意, 晚授繕工監監役官, 黽勉一就, 守法奉公。嘗見閹人擅伐苑木, 痛禁之, 旋爲其所中, 坐不葺宮墻罷。提擧爲直之, 復公而罪閹人。序陞典牲署主簿, 爲比安縣監, 愛民興學, 僅一歲, 以疾歸。未幾尤菴受禍, 公自屛清州之晩山, 與先生孫校理疇錫, 議倣花樹故事, 設禊講歡, 名以同堂, 不及就。公以甲戌十二月廿五日卒, 年五十四, 始葬文義, 後改卜晩山先塋坐酉之原。妣全義李氏, 考曰牧使聖基, 配完山崔氏, 監察世榮之女, 先公一歲生, 七十七而卒, 與公祔。嘗以己子委乳婢而自乳夫之弟, 弟全而子不育, 宗黨以爲難。擧三男四女, 男百源早歿, 次性源郡守, 次萬源, 女適進士李興朝、士人李思道、進士金時叙、士人趙明濟。百源繼子甲相進士, 金宗大、韓相台其女婿。性源繼子復相, 女爲參奉任安世、士人李胤濟、李垙妻。　金時叙子若婿則顯行、勉行、謹行、善行、李東馝、安杓也。性源乞銘, 銘曰:

凡今之人, 孰無兄弟? 相怨相猶, 鮮或不替。
聯棣之扁, 同堂之禊。我懷伊人, 其心孔惠。
曰友曰順, 惟孝爲基。不有大賢, 斯焉取斯?
我最厥美, 以訊來玆。

郡守朴公墓碣

朴公尙一雖浮沈祿仕，而才識超邁，志節過人。嘗遊尤菴先生之門，先生推許甚重，與人書，至曰"不失爲東漢人物"，其抱負可知，而百不一試，卒坎壈以歿，士類惜之。朴出咸陽，本朝兵曹判書習後，數世至貳相大立兄弟最顯。曾祖諱知幾奉事，祖諱由寬郡守，考諱乃昌縣監，外祖曰師傅恩津宋時瑩。公以崇禎辛巳十一月七日生，生而岐嶷，見者咸期以遠大。及長，治學業有聲，嘗赴庠製，作《辟寒犀賦》，清城金公錫胄置魁選曰："此非吾輩所敢批也."

顯廟丁未，漳泉人林寅觀等奉永曆正朔，漂到耽羅，廟議執送與虜。公與四學章甫拜疏，極論朝廷狃鱳背義之失，其槩云："請斬首相鄭太和頭，以謝大明。"一世壯之。鄭相戒其子弟無憾曰："此人重義理，不饒姻婭，士論當如此矣。"公居前後喪，毁極而疾，殆於不勝，先生在謫中，以書慰勉。公少委禽于金沙川克亨之門，時賊鑴自負儒名，與金公相善。公一見知爲不吉人，勸以早絶，以是鑴操文來哭金公也，其諸孤擧遺命斥去之。鑴知其事之由公言，欲逞憾而不果。公嘗築室于土亭，號土窩，里中人不知祭父母，及見公，競相慕效曰："祭父母致誠孝，無貴賤一也。"三江風動，恥或相下。

庚申更化，朝廷擧學行之士，吾祖考議政府君以公應命。丁卯，始筮仕，爲敬陵參奉，陞宗廟署奉事、尙衣院直長。秩滿，遷造紙署別提、義禁府都事，出爲高山縣監，以養民興學爲務，會御史入怨者言，書啓坐罷。公怡然無慍意曰："得免一貪字，不忝我所生幸耳。"居久之，叙復歸厚署別提，陞宗廟署令，又出監松禾縣。人有以水土惡勸不赴，公笑曰："計較小利害，非吾志也。"縣有縣監公遺愛，公三年爲政，克循先規，罷歸便杜門忍飢，恥事干謁。後以平市署令，出爲高城郡守，則喜曰："中國人願一見金剛，庶幾愜吾素心也。"

乙酉，歲大飢，公曰："吾以神仙窟宅爲安，而民將孑遺，又安可立視其死乎?"蚤夜區畫，論移粟救民之術，列爲數十條，報于監司。監司以其冊聞廟堂，多採用。翼年又別遣御史監賑，遂得嶺南儲置米累千斛，船運以來，賙活甚遍，境外民亦誦公惠曰："非高城冊子，安得有此?"御史入邑，細詰官備穀之數，公知其將置褒啓之首，減報力避，人皆多之。方修啓時，御史傔從請食物，公枷囚經夜，御史慙謝不已。麥登場，男女耆艾扶攜塡咽，爭獻麥穗曰："是誰之力? 吾不忍先入口也。"及秋，又殺牛擧觴，則公嚴斥不受。丁亥十月八日感疾，卒于衙舍，享年六十七。戊子四月，歸葬于楊州牛耳山下卯向之原。公凡再娶，尹淑人祔。

公器量宏深，性且寬和，出言簡當，處事安詳，雖不以學問自居，而檢束不外於法度。人之親者愛重之，有不善或恐知之。居常謙挹，蘊而不章，然於名行上尤所致謹。嘗以己巳間不能休官，爲終身慙恨，然奉職一以法，不以權貴而少饒。其在尚方監刈也，公用外柴炭悉付之帶吏號爲閔驪陽舊傔者，欲令供奉西宮也。疎於產業，絶無營爲，雖窮窶之甚，而親族喪病，必竭力而助之。持己清愼，凡近於干名要譽者，一切不爲，民蒙實惠，所至輒有去思。引歸之日，涕送者亘十里不絶。遇雪嶺路不通，停櫬通川郡。浦民以魚藿請補祭需，取其一而還之，則皆投之水號痛，空船而歸，其仁澤之入人如此。公有三男，長受益，次道益，次斗益縣監。受益無嗣，取斗益子周幹爲後。道益男周新參奉，周翰亦斗益出也。斗益屬以樹阡之文，不能辭，銘曰：

東漢之世，氣節相尙。蓋公少時，意不多讓。
一疏忼慨，士流激仰。是爲大義，尤老所奬。
浮沈祿仕，豈所期向？混俗不流，猶見骯髒。
我銘其大，載昭泉壤。

觀察使尹公墓碣

公諱嘉績，字汝休。漆原之尹，肇自新羅太師始榮，高麗有八代封君者。國朝直提學碩輔坐直言謫卒，且以淸白著，於公爲幾世祖。正郎自莘、郡守有吉、掌令遇丁，其曾祖祖若考也。外祖留守李後山。公眉目秀朗，聰穎絶人，三歲尙乳，而王母之喪，能不肉。文藝夙成，二十二進士，翼年及第擄堂后，人稱三妙，以年與文翰也。由承文院博士遷世子說書，陞司書，復爲文學，拜司諫院正言、司憲府持平。嘗論李聃命、朴千榮科場奸事，至謂之“昏朝以後所未有”。復爲正言，疏論銓選之失平，願各令打破一私字。獻納尹敬教論相臣積，嚴旨特褫，公自引以爲"如臣庸下，啓殿下輕臺閣之心，有此過擧也"，遂褫，爲便養出監金化縣。

肅宗初服，以弘文館副修撰召。時金淸城錫冑驟擢守禦使，公上疏言："漢文賢廣國，不以爲相，而殿下於亞銓差出時，特命加望，必使銓官希旨擬錫冑而後已。人皆謂前者南九萬之一疏卽褫，是殿下爲錫冑儲闕也。其後兼帶諸任，輒以末擬受點，是安得厭服人心也？諒陰之制，縱難復行，中批除官，已開其路。愼始之際，自用如此，日後之憂，何可勝言？殿下雖欲飭勵群工，恢張公道，不淸其源而潔其流者，未之有也。禁中直宿之大臣，惟事承順，不思匡救，而臺諫一味含默，是何新化之初，乃有諱言之風耶？"大臣卽積也，嚴批見褫，爲兵曹正郞者再。

乙卯，朝象一變，賊臣尹鑴奉命傳諭於左相金公壽恒，而公肆詬辱，積强請推考。獻納李宇鼎以爲草野遺逸之士，不必責之以格例，至請還收。公以修撰上疏，陳敬大臣之義。凶黨方擊去銓長，而有以許穆可代之說白於筵中者，公斥其無嚴，又請李壽慶投指密啓之罪，且論南天漢不文無識，不可濫授銀臺。於是群凶迭起論斥，遂褫罷，出爲長湍府使、星州牧使。星，嶺之雄府，而武斷成俗，權宰李元禎之弟元祉家在官衙側，恣橫蓋久。公嚴飭鄕任，使撤其舍，及公之官，元祉已避之他境矣。豪猾斂迹，氓庶安堵，道臣之黨於元禎者遂置下考。公始寓鎭川，旋移忠州之嘉湖。上嘗臨筵問一邊人盡枳淸塗之故，凶黨對以皆有罪，上曰："如尹某者有何罪？"凶黨失色，以公嘗頻侍書筵，上稔知其賢也。

庚申更化，擢授義州府尹。公屢爲縣邑，而罷歸之夕，家人輒稱貸以給。至是益以廉操自勵，斥遠商譯，痛絶干囑。居一年，府庫充溢，歸橐惟唐本書若干卷。及還，屢除承政院承旨、禮曹參議，出爲公洪道觀察使，秩滿而歸，湖人頌惠，久而不衰。兵曹參議，又出爲忠原縣監，未幾卒于官，時乙丑六月二十七日也，享年四十四。家無時月之制，率皆貿用於京商之在境者。遂菴權公在隣壤，來治喪，見而歎曰："此人淸白，人不可及也。"以其年某月日葬于沔川駐節洞掌令公墓右崗。

公氣貌溫粹，性度凝重，孝友出於天性。其事大夫人，誠禮備至，居官祿俸，州縣饋遺，一聽大夫人處分。公退與群兄弟會于膝下，杯酒談笑，務悅其心。其爲忠原，亦從太夫人之志也。叔兄早歿，取其穉弱子女養之於家，寡嫂朝夕之需，必計朔而給之，推以至於一家親知，周窮濟急，咸盡其力。平居不喜交遊馳逐，門庭常寂然，其簡靖如此。夫人白川趙氏，義禁府都事錫命與樂靜公爲同堂親，卽其考也。仁恕謹慤，甚得婦道，一家謂公冰蘗之操，敦睦之義，夫人之助爲多云。老年蔬糲不繼，而無嗟怨之色，後公二十二年丙戌，年六十三卒，後甲寅祔于公墓。二男一女，男志浩進士，有儁才早死，次志溟，女適觀察使李晚堅，是縡季父也。志浩以志溟子敬祖爲後，敬祖又夭而無嗣，女進士任逈。志溟男敬祖、敬倫、敬臣、敬賓，叔季亦俱夭，女柳漢緯、李庚祥。李觀察子綬縣令、維。四壻參議尹汲、進士元景厚、洪梓、柳瀫。志溟在時嘗托以碣文，不忍負其言，遂爲之銘曰：

其直如矢，其淸如水。有一於此，足稱名士。
位德不稱，難諶者理。有墓于沔，銘以昭美。

佐郎吳公墓碣

綷少委禽於陽谷忠貞公之門，忠貞公從弟吳水曹斗龍時與相見，容儀潔靜，如冰玉然，陽谷之胤海昌公嘗言"吾叔心如其貌"。公卒後四十年，其孫頊屬以樹墓之文，余讀其狀而喜得其詳。

公字天用，海州人，系出高麗檢校軍器監諱仁裕，圭組蟬聯。入國朝有諱定邦，慶尙右道兵馬節度使，光海時獻議立節。其子典簿諱士謙，生天坡諱翻，以文學政事顯。天坡之弟持平諱翮，文科壯元，號百千堂，早卒，公其仲子也。外祖大君師傅元振海，麗朝處士耘谷天錫之後。

公以崇禎壬午生，聰悟絶人，早孤。及長自奮爲學，文藝日進，出遊場屋，輒屈曹偶。旣而屢擧不第，人或慰之，公則怡然曰："惟患業之不能精，得失非吾憂也。" 及遭母喪，同伯季廬墓致哀，人譬之大、小連。己巳，始中進士，時群壬秉政，而以公知名士，入於檢擬，除光陵參奉。忠貞公適以直諫受禍，公雅意不屑，而親舊多勸之仕，公黽勉應命。壺谷南公龍翼罷官郊居，公屢造其廬，有詩唱酬，往往暇日選勝，必與之偕焉。例調禮賓寺奉事，轉軍資監直長，陞禮賓主簿，移尚衣院別提，由司憲府監察，遷工曹佐郎。出爲新溪縣令，清淨之治，一境咸頌，絶不爲俗吏干譽之事，俸入外不私絲毫，居一年，坐微眚罷。家食之日，妻子不免飢寒，而公處之夷如。後數歲，又除陽川縣令，爲治一如新溪。

公以癸未八月二十七日卒于鄕第，春秋六十二，是年十月，葬于龍仁器谷先塋向丁之原。夫人居昌愼氏，生員之憲之女，婦德宜家，後公十四年而卒，與公祔。公男女各一人，男昌周，女趙鳴殷。昌周四男，曰瓚，曰瑱，曰瑛武科，方爲堂上宣傳官，曰璲出爲族父後。曾孫冠者載一、載德、載衡，外孫趙英彦進士。

公天性孝友，伯氏以病自廢，公中年離索，常以爲恨，嘗就伯氏所居，依山結茅，以爲終老之計。及其賦歸，公已病矣，告于伯氏曰："吾兄弟有何罪殃，乃至於斯？"聞者悲之。庶母鄭無子，託公以後事，其人頗有田僮，後公以其姪子欲之，盡歸之，臨財不苟如此。余嘗見公所爲從兄參奉公狀，蓋所謂實而不華者，今於公之文，亦不忍傷公之志云。銘曰：

清修恬雅，吳氏家風。冰玉無滓，我及見公。
有若處子，秉心鬱忡。祿仕非心，奈遭鞠凶？
德里桑梓，一畝有宮。晚年棣歡，婆娑兩翁。
此計謬悠，何命之窮？我表其行，三尺之封。

佐郎韓公墓碣

公諱聖箕，字仁甫，淸州人。韓氏自大匡蘭以後連世赫舃，國朝議政尙敬、贊成繼禧、參判胤昌最顯。 曾祖諱孝參通德郞，祖諱必迪僉樞，考諱如益縣監。公文藝夙成，出遊場屋，輒屈曹偶。肅宗丁巳，生員。壬午，筮仕，恭陵參奉、司宰監奉事、內資寺直長、氷庫別提、刑曹佐郞、宗親府典簿、龍仁縣令、瑞興縣監，是其踐歷也。

奉公恪勤，未嘗少懈，爲治務實惠，不求赫赫聲，民則安之。然公嘗出入泮中，持論嚴正，多見嫉於群小，以是屢遭顚躓，而不以介意也。丙申四月十一日卒，壽七十，始葬于水原三峰，丁未移卜燕歧高亭坐子之原。

淑人沈氏，靑松大姓，通德郞之溥女，先公卒，至是祔。四男鳴震、大震、挺震、翊震，女適士人洪啓益。後維、後億、後範、後敎，長房出。後洙、後濂、後洛、後涑、後汶，二房出。三房男後喆、後吉、後烈。四房二男皆幼。

公爲人敦厚樸實，甚有內行。其居憂，歠粥終喪，與兄弟友，待宗黨以仁，下至僕隷之賤，不曾一加聲色。與人處，無畦畛。讀書至古先忠臣烈士事，必爲之三復粲欷，蓋其素性然也。公自少慕悅尤菴先生，先生之被誣於凶邪也，輒同諸生申辨之，又與遂菴權先生相得驩如也。公歿，遂菴欲爲之銘，嘗自識曰："慕仰儒賢，敦尙節義，恥爲蔭仕，不居孝友，四事不可漏也。"文未成而遂菴棄世，公之季子以文屬余，仍以遂菴手墨示之。余於公，爲同閈後生，見識蒙昧，未足以盡公，今得大君子一言之重，庶其不朽也夫。銘曰：

我懷古人，悃愊無華。德厚祿薄，其如命那？
維恭必壽，斯理不譌。我徵遂翁，作此銘歌。

僉正李公墓碣

公諱成朝，字子正。延安之李，號爲我國文獻家，近世月沙文忠公諱廷龜、白洲文靖公諱明漢、青湖文肅公諱一相，仍三世典文柄，公文肅公之嗣子也。文肅公，仁祖戊子，出補錦城縣，公以是歲生。自幼嶷然有器度，見者期以遠到。叔父靜觀公謝官講道，公往從焉。讀性理群書，心欣然悅之，便欲棄擧子業。文肅公亦喜曰："從汝所好也。"無何文肅公捐世，甫外除，靜觀公又卒。公旣不得卒學，且自以家世隆赫，深存挹損，不樂進取，大夫人亦不之强。

公時年尙少，能自持門戶，尙寒素薄貨利，蔚然有大家風。內行甚備，其事大夫人，朝夕愉婉，務悅其心志。仲弟嘗遘奇疾，別營一屋以居之，每自視飮食衣褥而節適之。又延醫遠方，竭其誠力，三載如一日，人以爲難。尤善處親黨間，或有以微事乖阻者，平心易氣，一言以解之。見有過，則必切責而不饒，以是莫不敬而愛之。公嘗中壬子司馬，庚申，朝廷擧賢材，公用薦者始筮仕，內則典設司別檢、義禁府都事、禮賓寺·掌樂院主簿、掌苑署別提、工曹·戶曹佐郎。外則扶餘縣監、錦山郡守。度支務劇姦滋，公周詳練達，又長於摘伏，以善職稱。由是長官自辟，再入爲正郎。治邑斤斤守法，痛抑豪强，民懷其惠，吏畏其威。自奉廉約，臨歸官儲溢於始至。或曰："後來者未必廉，積之何益?"公笑曰："吾則盡吾心耳。"

辛未，公罷官家居，時凶黨盜秉日久，猜疑滋甚，一日奏竄十數人，公亦與焉，編定州。蓋公素有知慮，又嘗見憎於憸巧，會以疾憂頻有出入，爲偵伺者所訐云。至謫，鄉秀子弟多來請業。有不服繼母喪者，諭以禮意，使如制。甲戌，宥還，拜社稷署令、工曹正郎，出爲醴泉郡守。公雅通岐、黃術，適上候不豫，藥院請還於京職，以備問議，爲宣惠郎，移司僕寺僉正。丙子七月四日卒。始葬龍仁先山，己酉，改卜新昌東楸谷向亥之原。

公識量沈遠，嘗先論人邪正、事得失，鑿鑿多中，言論峻正，絶無依違態。好讀朱子封事，往往廢書噓唏，嘗曰："尤菴，後朱子，攻之者當爲小人。"以故先生之去國也，公在太學，抗疏留之，又或勸起多士，以直其誣，知友賴公而不失於趨向之塗者亦多。使公用於當世，是必恢張士論，以光家國，而卒不能大施，終于下位，識者深惜之云。

妣文化柳氏，郡守仁聲女。公配淑人豐壤趙氏，進士相鼎女，祖曰判書珩，祥順無違，宗黨稱其德，年七十二辛丑卒，與公祔焉。四男三女，長雨臣僉正，次舟臣郡守，爲公仲弟後。礪臣進士，梅臣奉事。縣令權益敬、統制使申翊夏、縣監朴弼榦，其婿。恒輔、鼎輔、益輔、注書南有常·士人申噢妻，長房出。二房男女，教官天輔、生員沈師周。三房男惠輔。公之季監司公辱與縡同年，世以家業期之，不幸早世。今公之孫鼎輔擢第入藝苑，其餘後承，頗以文行聞。天之所以報公者，或者於是乎在。銘曰：

李氏三世，大鳴以文，爾公爾孤。
天地盈虛，與時消息，況於人乎？
蘊高而卑，斂華而實，是亦克家。
其譬於物，豫章之木，枝幹巍峨。
不櫟不棟，而委于土，噫其命耶！

都正吳公墓碣

陽谷忠貞公三娶凡十子，公於男子子爲第二，諱鼎周，字重卿，崇禎戊子生。其妣原州金氏，崇文女，潛谷金相公堉外孫也。公謹厚無子弟過，屢從忠貞公藩府，外人罕識其面。蚤失恃，事繼妣黃夫人，慈孝兩至。幼時得數百白金於街頭，待其主，審而歸之。外氏貧敝，還其析券於尸祀者。平居泊然無求，其仲海昌公月致粟日繼肉，公則不問有無，深坐一室，凝塵滿席，客至寒暄外，無一語。凡世間可喜可怒可愕之事，若不入於心者然。入而在黃夫人側，白頭有婉容，與諸弟妹處，終日怡悅，至愛形焉。攝宗事，日必晨謁，祭奠一以禮，其內行之篤如此，而視其外，粥粥然人莫有知者。

縡，忠貞公少壻也，見公群弟談笑樂易，朋游甚盛，公獨靜默自守，三十年如一日，始異而終敬之。嗚呼，豈古之公叔文子之流耶？忠貞公諱斗寅，判書贈領議政，是嘗爲國母諫死者。朝廷錄其孤，公始仕。其資歷則四山監役、光陵參奉，遷奉事、直長、引儀、別提、監察、令。爲主簿、僉正者二，副正者一，僉知中樞府事、敦寧府都正。公居官勤恪自守，陞通政則以肅廟入耆社，推恩官四品以上年七十者。庚子三月二日卒，窆于陽城天德山坐酉之原，實吳氏族葬。先系世德，咸載大碑。

公夫人全州李氏，水使必馨女，與公祔。繼配尙州黃氏，考宣傳官羲瑞。有子曰璿進士，縣監。璿娶府使李成坤女，四男載弘、載中、載行、載長。公叔弟晉周嘗草公事行，字余曰："是必能闡吾兄潛德者。"璿以其言乞銘，公昆弟今無存者，益可悲也。銘曰：

天下多言詐僞作，全眞守樸惟一默。

洪鐘無扣容長寂，我測其涯和厚積，發玆幽光揭玄石。

僉知元公墓碣

僉樞元公隱居養親，居驪江六十年。江上多名士大夫，論質直篤行君子，則曰元公、元公。公諱夢鼎，字聖任，右尹諱萬春之子，左議政原平府院君諱斗杓之孫。元氏號爲勳貴家，而甚有家法，右尹公又嚴毅慤實。公一以爲準則，洞屬戰兢，頃步不忘，自少累從右尹公州府，不近聲色。肅廟丙寅泮試，人多躪死，舉子家皆驚恐。右尹公聞之曰："吾兒必不履危地。"書至果然，自是廢擧。右尹公嘗曰："吾父子雖在千里外，可以知心。"嘗營京第，材旣具，忽歸告曰："役不可爲也。"其意蓋與明道林木之戒同。右尹公喜曰："惟汝志。"右尹公勇於爲義，而公竭力承奉，不計家有無，亦不令右尹公知其勞苦也。

公年垂六十，大夫人無恙，保之如嬰兒，晨昏服勤，一如少壯時，喪而致哀，祭而盡誠。一弟後大宗蚤死，教其子，不爲姑息愛，痛繩以義方。且以心不可二用，於己子，視之若忘也。嘗攝宗事，務爲經遠圖，擧先代隧役之未遑者凡七世，而皆節用以自足，毫毛不以干人。又推以及外先曰："此吾母志也。"中年喪耦，不復娶，亦不畜姬妾曰："恐不能愼生，爲吾母憂也。"

公儀度嚴重，平居未嘗攲側，無戲言苟笑。雖負氣傲人者，於公折節致謹。病時盛熱，子弟請小拓簷楹則不許曰："苟取便身，人情豈有窮已？"仍顧二孫曰："吾朝暮人，庶幾知免，而所以自苦如此者，欲汝曹知我家先法也。"公秉心不苟，事無鉅細，惟義是視，守之以確，行之以果，大要以孝悌爲本，默然內修，惟恐人之或知。蓋公喜讀《小學》書，終身受用，實本諸此。公常自誦曰："與其文而詐也，寧質而野；與其濫而侈也，寧拙而嗇；與其通而流也，寧固而泥。"於此可見公素尙。而又戒其子孫曰："吾願汝曹爲守拙措大，不願爲無識宰相。"可謂名言矣。

公始蔭補英陵參奉，以親老辭，後用行誼幹具，卿宰交薦，調禮賓寺主簿，連除翊衛司翊衛、司禦，皆不就。庚戌，今上幸寧陵，推恩耆老，授通政僉知中樞府事。壬子七月三日卒，壽八十二。公外祖校理咸陽朴公宗阜。夫人海州崔氏，縣令時卨女，配君子無違德。男命益府使，次命稷縣監，先公夭，女府使李思一。命益一女幼，命稷二男四女，景淳、景厚、權搢、金濟相，餘未字。李思一男女各二人，子命坤，婿黃櫨，餘幼。公葬于原州長山先塋坐壬之原，夫人祔。嗣子將樹碣，屬余爲文。余常閔世之人虛憍渝薄，日離其眞而不反，以是益知公之爲可貴。嗚呼，今安可復有也？遂爲之銘。銘曰：

確乎有執，匑然如畏。我全我天，表裏無僞。
心古身今，孰識其貴？衡門之下，江水淸直。
我懷伊人，孝思維則。貽爾孫子，罔敢或失。
銘以著之，不愧我筆。

同敦寧安公墓碣

余生乎衰季，幸而得古之人焉，如同知敦寧安公是已。公諱綵，字子柔，竹山人。上祖曰高麗少府監濬，自後赫世勳庸。入本朝，有延昌尉孟聃尙英廟女貞懿公主。其子桑雞，英廟錫名，敦寧都正，於公爲七代祖。曾祖諱應河，訓鍊院副正，祖諱大梓贈左承旨，考諱廷燦贈吏曹參判，妣全州李氏。

公以崇禎辛卯生，肅廟壬戌，進士。癸巳，除明陵參奉，調宗廟署奉事、繕工監直長，遷尚衣院別提、司憲府監察、刑曹佐郎。今上乙巳，除造紙署別提，遷儀賓府都事。丙午，前參議兪拓基等上疏言“臣等村塾之師安某訓誨蒙學，成就者衆，及第五人，生進八人，請依例褒賞”，遂陞通政，卽日除五衛將、僉知中樞府事。夏，仲子相徽爲持平，以侍從親年七十，陞嘉善，旋除同知中樞府事，尋移同知敦寧府事，以敦寧已盡，上疏卽褫。庚戌，以八十陞嘉義，甲寅六月十八日卒，此其履歷始終也。

公年六歲，以母命受學於里中長者，一日長者有事，使公闕學，公曰："奈母氏呵責何?”長者曰："以吾出辭可免。”公曰："母亦可欺乎?”長者大驚服。嘗命賦菊，公卽對曰："萬物皆蕭索，菊花獨開香。”人目以安奇童。及就學于趙教官逢源，同學多英儁，而趙最奇愛公，客有問，輒先擧以對。早孤廬于墓下，服闋，母以鄉居僻陋，挈還京第。公奉承慈訓，篤志爲學，晝夜勤苦，淹貫經史，文名藉甚。家在藏義洞，洞中多名卿鉅儒，而無不折節交游。嘗與數三同志游大、小白二山，以太白可避兵，聚穀措置，以備不虞。與近山數郡人士結社，名曰洛山契。平時則山人來洛者，洛之人濟接，亂則洛人將以山之人爲依歸，其設施經遠多類此。

己巳，聖母遜位，公約京外章甫叫閽。時吳陽谷諸公上疏極諫，被庭訊，人皆惴慄，無敢爲疏首者。進士成揆憲忼慨自當，或短之，公惡其沮敗，據義峻責。俄有一朝士來言無益而添禍也，公奮然大罵曰："吾輩本不避雷霆之威，此何等大義，而幺麽一朝士敢沮之耶? 勿復言速出。”一座變色。丙子，丁內艱，哀毁踰制，鬚髮爲之盡白。家甚貧窶，殆有人不堪其苦者，而公獨怡然，一毫未嘗苟取於人，惟以書籍自娛。里中群蒙多就學，公以爲教育英才，亦一樂也，隨人惠訓，一以誠心，雖蔽厚魯甚者，必反復曉諭，至日昃而不知飢渴之在己，未幾多將就之材焉。庚寅，有海警，上求言，廣之多士推公爲疏頭，公詣闕，首論保障之策，兼附平日所嘗憂者，疏凡數千言，上賜批嘉奬。

始除明陵參奉也，不以衰老而自懈，事無巨細，必盡分而後乃已。余以禮曹參議詣陵，看審鑿峴路開塞，公着草履步隨，說便否甚悉。刑曹佐郎時，供劇勤於少年，剖決無滯，曹中推剛明。吾仲父歸樂公爲長官，訟有疑晦，輒歸之公，雖關勢家，不爲之拘，一斷以法。延昌尉嗣孫屢絶，終於爲庶，公建議擇同宗中一人以主宗祀。遠祖文貞公墓在平山，幾盡陵夷，公倡諸宗改築之。公又嘗痛副正公之節行未得旌表，又懼其湮滅不稱，詔其子曰："此墓表未立之前，父母墓表亦不可爲。吾無餘年，汝其圖之。"卒如其願，其爲先盡心，類如是者。相徽守榮川，奉公之官，公遊小白山，往往捨輿而徒，杖履輕快，三日不以爲疲，時年八十，人咸歎異焉。

辛亥，公還京，榮之八九耋老人各率其子弟，遮車相守，又輪守官門殆十餘日，公患之，乘曉跨馬獨行。及聞公喪，榮之官隷亦相率望哭，仁心所推，自然入人深者，此亦可見矣。公早以經世事功自任，常慨然有普濟天下之志，既落拓不遇，則每以揣摩時措者，語當路，冀其裨補萬一，而議論平實，要之可用於今。遇會心人，輒開襟說天下事成敗與夫歷代興亡損益得失，若指諸掌，纚纚不窮，聽者忘疲。愛君憂國，出於至誠，聞國家政令一有不便，爲之終夕不怡。嗚呼，使公早見用，則其忠猷博識氣節文章，必能爲一代之名臣，下而受百里之寄，其發政施化，必有可觀，而顧乃固窮六十而始得一命，終不得少試負抱，豈非命也哉？

夫人晉州柳氏，先公一年生，七十四卒，從公贈貞夫人，安貧好德，宜於君子。有二男一女，長相徵早歿，女適金岱壽，相徽文科，司諫。綷素服公德懿，今於墓隧之文，不敢辭。銘曰：

窮當益堅，老當益壯。昔聞斯語，今見安丈。
必行古道，不拘今俗。爲之在我，但當盡力。
推此義理，何適不然？德鉅位細。不我者天。
銘以昭之，有來億年。

正郎李公墓碣

記余少時，淹直史館，李公志爽以秋部郎，頻過訪，與語或至移日，蓋世以三絶稱公，氣貌疎爽，不類塵俗間人。于今三十年之間，公之墓木已拱，而余亦髮皤然矣。諸孤以墓文見屬，余病不能文，而亦何忍辭？遂攬涕而叙之。公字周卿，星州人。鼻祖高麗碧珍將軍悤言，本朝平靖公諱約東以儒學淸白名。有諱尙逸文科觀察使，同春先生之造朝劾去金自點也，公在臺省，實同其事，於公爲祖考。考諱坡郡守，居官廉謹，不墜家聲。妣完山李氏，掌令贈贊成迵之女。

公以孝廟壬辰生，自幼聰穎絶倫，觀察公奇愛之。文藝夙就，而不喜擧子業，年三十一，始以親命赴擧中生員。己巳，坤聖遜位，尤菴先生繼有後命。公與同志諸生上疏，疏不得入，則相率號哭於闕門之外，自是廢擧，惟以翰墨自娛。甲戌更化，卽除禁府都事，換冰庫別檢，俄遷司宰監主簿，出爲靈山縣監。嶺左風俗尙拘忌，凡遭大小喪，家有疫，輒不成服，亦不葬，以至逾月經歲，祭祀多詣寺供佛。公歎曰："嶺南素稱文獻之邦，而謬習若此，甚可慨也。"招鄕中父老，諄諄敎誘，一遵禮制。又報方伯李公世載，嘉之，遂遍禁一道。後又拜龍宮縣監，痛繩以法，豪右帖息。公嘗味趙滄江涑在官時"雖植一株木，亦爲報國"之言，故所至多所修葺。尋因臺臣黜補，褫爲典設司別提，移刑曹佐郎，俄陞正郎，復爲宜寧縣監。時郡守公尙無恙在星州，公三爲邑宰，皆取便近於家鄕，竭力致養，人以爲榮。丁亥夏，偶感疾，至八月十三日卒于官，以十月八日葬于本州加平村坐壬之原。

公業工詩，三淵金公昌翕賞其風格沈蒼，可繼湖、蘇。又善墨竹，朴定齋泰輔嘗稱公曰："書法不下於竹。"公之得名以此。家素淸寒，不以生業經心，菲衣惡食，處之晏如，雖在官，亦如在家時。子弟或以爲言，則曰："如是足矣。"御下寬恕，不喜鞭扑，有犯罪者，亦不卽治曰："方怒用杖，易致過濫，俟怒解，亦未晩也。"莅官淸愼，常以忝先爲懼，罷歸，家眷無以糊口，至或鬻婢。今之祿仕中人相對，喜計仕日、官味，而公則無一言及此，清坐譚詩而已。

室李氏，中廟別子錦原君之後，斗漢女，節儉之德，與公宜之，後公戊午，壽八十八卒。二男三女，男長世聖，次世瑩，女適崔孟孫、尹德龜、參奉柳恒明。世瑩繼子挺寅。系以銘，銘曰：

三絶之稱，蓋尠古來。斯未足貴，德勝于才。
厥德維何？人曰孝哉。大人賦歸，邱原白首。
小子趨庭，三韠墨綬。廉白傳家，此外無有。
岧嶢禁廬，屢接淸芬。宰木生悲，遙遙嶺雲。
公實不朽。何待余文？

參奉鄭公墓碣

公諱纘憲，字伯度，圃隱先生十一代孫也。曾祖儁典籤，祖雲翰郡守，考龜徵從仕郎，妣靈山辛氏，忠義衛應宗之女。辛夫人以親老無兄弟，旣嫁而歸養。公二十而孤，家事旁落，上奉母及外祖父母，一妹四弟皆稚弱。公旣躬稼以給菽水，又拊育成就，昏嫁不失其時。及外祖父母喪，附身附棺，一無悔焉。季妹有心恙，藥物扶救，積十數年，鬚髮爲白。

公生長外家，常有桑梓之思，晩自黃驪還于龍仁，兄弟同居，朝夕湛樂。時辛夫人猶無恙，彩服和顔，以娛其意。遭喪，又能自力致禮。忠義公遺命公尸祀，公以爲非族之祭，於理不當，上言于朝，擇其宗人爲後。田民盡歸之，無所私焉。庚辰，除順陵參奉，旋坐微眚編配，未幾放還。同時被罪者，次第牽復，公獨窮居守分，以卒其身。年六十八，己亥二月十日卒，其葬去圃翁墓幾百步。

配水原崔氏弘耋女。一男一女，男曰鎭，女適士人尹光台。繼配原州李葂女，與公祔。擧五女，參判趙榮福、進士李泰基、士人李永錫、觀察使尹敬龍、士人兪彦泰，其婿也。鎭男觀濟、興濟、謙濟、健濟、順濟。尹壻子睦、塾、埰，女爲士人洪沃、都事李礪臣妻。趙壻子重晦正言、重賚，女李最中進士。尹觀察子泰國、師國，餘皆幼。

公資稟醇實，內寬外儼，一見知爲有德長者。素喜酒，能以溫克，樂善好義，出於天性，故舊有窮者，解衣推食無難意。仲弟纘祖有經行，爲伯仲間知己。常與宗人通議，建齋室於圃翁墓下，合族修禊，歲一祭祧墓，又時設花樹會云。余嘗讀朱子書，有爲汪尙書論處置外家事，義理正當，而後世鮮有得其意者。公乃能斷然行之無疑，惟此一事，足以風勵一世。公家行固多可書，而餘皆可略也。鎭乞銘，銘曰：

文秀之山，慕賢之村。生居死葬，維鄭氏門。
皇皇爾祖，百代彌尊。爾愼爾身，以從九原。

參奉宋公墓碣

宋公泓字浩而，二十陞太學，績文礪行，有聲士友間。丙寅，除恭陵參奉，己巳，被劾去。累擧不第，壬申三月九日卒，年四十。公家于高陽龍頭村，歿而仍葬焉，去余家花田數里。其孤夏瑞嘗從余遊，一日請曰：“先人九歲失母，又十一歲而孤，已能持禮如成人，長而孺慕不衰，每諱日齊心致慤，僾然若有見，終身不純采。平居莊整自持，與人和易無畦畛，咸得其歡。先人死時，不肖亦九歲矣，稚昧無識，所聞僅一二。然得君子一言，猶足以不朽之乎！”余應曰：“吾自幼從里中長老後，知公爲雅飭人。且聞先輩如玄石諸公，甚推重之，可不謂之善士歟！且己巳之禍，賢人君子或死或流，小者不免罷削，公以一命之微而亦與焉，斯不亦善人之黨歟？銘如是足矣。”

宋出新羅大阿飡舜恭，至高麗平章事仁封鎭川伯，自是世爲鎭川人。近世有執義鑢，執義之孫耉佐郎，是生諱聚奎，配和順崔氏，宣教郎鎭海之女，寔公考妣。公娶完山李氏，讓寧大君之後，通德郎雲望之女，淑哲和婉，隣黨稱其賢。擧二男三女，夏瑞其長，次殷瑞，進士李鉉佐、士人李迪、李師孟其婿也。銘曰：

是惟吾鄉之善士，死於是葬於是。

外舅僉正洪公墓碣

公諱禹賢，字士希。洪出自麗太師殷悅，世有聞人，史不絶書。本朝同成均諱敬孫、觀察使諱春卿連以文名世。曾祖諱命元號海峰負公輔望，官止京畿觀察使。祖諱處深司宰監僉正，贈左承旨。考諱受濟工曹正郎。妣恩津宋氏，縣監之濂之女，有五丈夫子，公其長也。

公幼而不喜弄，寡言笑，儼若成人，長者期以遠大。外翁以事配海南，公時未成童而往從之，左右扶將，隨事代勞。其事親務盡愉婉，讀書作文，亦必在傍，不欲別占便宜。肅宗壬戌，進士。西河李公敏叙入銓，於公爲戚屬，惜其才欲官之。公謝曰："年少方從公車業，不願仕也。"李公面歎曰："末世所未見也。"宋淑人有痼疾，公與諸弟侍湯，衣不解帶，五載如一日。有老太醫簡亢，病家招之，多不肯往，獨感公誠孝，雖不速而至。及丁憂，口不近滋味，雖盛暑，不脫衰絰，父喪亦如之。

癸未，除明陵參奉，以親嫌免。甲申，復顯陵，例遷司饔院奉事、寧陵直長，陞司僕寺主簿。金相公宇杭爲其提擧，公以姻嫌求褫，或謂本寺非相避衙門，從前仍帶者亦有之，公終不肯苟仍。居久之，復宗簿寺主簿，俄移刑曹佐郎，參覈科獄。出爲咸悅縣監，其爲治，恥要譽而務實惠，縣有漁戶，不堪誅求，流散且盡。公鳩材設廳，貿自官出，浦民安之。屬歲饑，營辦賑資，殫心濟活，而亦不爲自衒之計，旋因文牒忤上官意罷歸。後叙復司宰監主簿、工曹正郎。丁酉，授恩津縣監，邑有一二土豪恣横，爲弊滋甚，公痛加剗除。糶糓之數，積有逋欠，則反庫而悉徵之；雇廳之財，徒擁虛簿，則責馬而復立之。又嚴禁養戶之習，一境翕然稱頌，而謗言朋興，百計中傷，及夏考而果居殿。南人歎曰:“後豈有任怨作事者乎?”

辛丑,今上正位儲宮,公拜翊衛司司禦。無何凶黨與妖婢、逆宦內外糾結,變且不測。公同在直諸臣被對,以起敬起孝、廓淸宮闈之說獻戒,辭意懇到,聲淚俱發,退而歎曰:“吾力不足以折奸萌護銅闈,而徒廁迹於群壬之間,竟何爲哉?”遂呈褫,然每念宗國,爲之流涕。乙巳,除宗廟署令,遷尙衣院僉正,旋差惠局郎廳。郎非實職,故例多兼綰,而公獨曰:“何可不顧龍斷之嫌?”於尙衣則解去。丁未,時事一變,公又移疾辭褫。己酉十一月三十日卒,壽七十六,以明年二月葬于忠州德靈山正郎公墓後負亥之原。

公器度沈深,擧止端重,凡百云爲,不修邊幅,一見顔色,可知其爲恂恂長德君子。孝友出天,雖耆艾之後,語及考妣,輒嗚咽不成聲,人以爲有終身之慕。與諸弟湛樂無虛日,雖在從宦之時,不一訪朝貴,公退則惟兄弟相對,怡怡如也。丁酉以後,相繼淪喪,公自傷曰:“老我獨生何爲?”終日不言笑,意欲塞悲,間進杯酌,而旣醉又哀泣不已。居官奉職,只得依本分,爲目下所當爲者,不爲利害毁譽所撓奪。罷官歸,便患無食,人或謂其迂,則公曰:“吾無世業,而渾室不至寒餓者,罔非國恩,豈可爲子孫計,失却家傳淸白耶?”接人主於和厚,而見其不是,則切不曲爲假借。言議務於寬平,而義理所在,則亦必一刀割斷。嘗於召還尹拯之請爲疏首,及見拯辛酉擬書,自恨曰:“不早知有此事耳,少時好惡不明,悔之何及?”仲氏參判公常言“吾兄言議之不苟如此”。

公再娶，青松沈氏，之游女，竹西宗直之曾孫，婦德婦功咸備，六親稱之。安東權氏，石洲韠之孫，贈參判諼其考也，治家有法，遇前配子女有恩。兩淑人皆與公祔，同塋而左右。男啓祚、女適金俊熙及判書李綽者沈出。男啓祥進士、女適尹勉者權出。孫曰道海、謙海生員、日海、雲海。外孫曰金遠祚縣監、李濟遠府使、尹在任、在莘、在甲。銘曰：

凡人祿仕，多爲貧制。其於名行，鮮克自礪。

骯髒不俗，見公暮歲。郎官百里，德鉅位細。

恥存違道，民被實惠。吾秉吾直，動與時戾。

無忝淸白，以遺後世。行止以義，不失潦霽。

一刀截斷，邪正之際。有過痛改，曾不吝滞。

眞士大夫，其孰能逮？原其素行，蓋本孝悌。

甥館薰德，情好相契。銘以載美，永世不替。

牧使趙公墓碣

公諱泰興，字士豪，淳昌人。於府使贈參判諱元弼爲曾孫，副護軍諱聖耇爲孫。考曰爾鼎，有文而早卒。母曰李氏，觀察使天基女也。公少學于吾外王考文貞閔公兄弟之門，擧進士，爲莊陵參奉。時端宗新復位，改治方中，大臣薦公兼監董事，事訖以勞徑拜活人署別提，歷刑、戶曹佐郎，出監殷栗縣，改正境界，民蒙實惠，監司、御史褒奏之，特授黃州判官，治最一道。尋以大臣言擢通政，尋拜曹司衛將、僉知中樞府事，出爲永川郡守。郡有南北黨，公欲平之，爲其徒所嫉罷還。復爲長城府使、金堤郡守，皆不赴。未幾自安岳郡守改潭陽府使，亦坐罷。已授綾州牧使，明年戊戌，自罷還，卽授星州牧使。其明年，朝家有均田之命，公已病罷官，不能歸，卒于州境，享年六十六，庚子四月二十四日也。返葬高陽，明年遷于楊州檜巖之原，後以子恩贈公吏曹參判。

公爲人俊偉，惡世之齷齪者，爲治務持大體，而切於愛民。其賙窮賑飢，曲盡其方，是以歲凶而民無菜色。傍郡民爭來仰給，或白欲逐之，公言曰："莫非王民，吾不忍也。"遂爲具糧護遣之，民皆悅服。然嚴於御吏，而痛繩諸鄉里武斷者以法，雖得謗怨，而不恤也。明於聽斷，請託不行，有久獄當死者，輒理其寃而原之。以故前後屢典州縣，間多劇郡難治，然所至皆有聲績，輒追思刻石以頌之。篤於孝友，其居家細行多過人者，薄於自奉，儉約自持，被服飮食如寒士，以終其身。蓋世以良吏稱公，而其內行之備如此者，人或不能盡知，然其見於外者如彼，則其本乎內者可知也。公娶豐山洪氏，故縣監贈吏曹判書柱天女。有二男，彥臣參判，翊臣以文學自守，除監役不拜。洪夫人壽七十七，壬子卒，祔于公。銘曰：

公之材足以幹乎事，其治足以利乎民。
行足以善于家，儉足以守其身。
斯可見文貞餘敎之不湮。

我銘昭之足以詔其後人。

諸議朴公墓碣

尤菴文正先生旣歿，其門人多散處兩湖間，日講磨道義，在南方，遯齋朴公光一其望也。公平陽人，大提學文肅公錫命始顯于本朝，其後世襲勳封，有彰信校尉而恭，晦迹屛于南，子孫遂爲光州人。由校尉五世至寓軒諱尚玄，公寓軒之子。母高氏孕公，夢黃花滿庭。寓軒素邃於《易》，文正許以暮年知己。公幼而受《小學》，欣然聞孝悌之道，未踰冠，盡讀四子、《近思》、《啓蒙》、《太極》諸書。文正在蓬山棘中，公年二十三，以父命執贄以見。先生喜其英達，勉以久大。公自是知居敬窮理爲聖門要訣，孜孜用力，有疑晦，一皆就正，見識多精到。至其論饒氏說事理本末之失，則先生亟賞之曰："置水不漏。"先生承朝命校《大全》，要公參訂。

己巳，先生謫耽羅，候風蕭寺。公偕士友送別，因以浩然章問答、卦變說質之，輒印可。及先生受禍楚山，公同遂菴權公入訣，先生顧權公曰："卦變之義，士元說最明暢。"士元，公字也。公自後不赴擧，杜門講學。寓軒公嘗以木機造渾儀，公用竹圜廣其制，寓軒公犂然而喜。公旣孤，自奮曰："吾不幸失父師，不百倍其功，何以爲人？"深思實踐，幾忘寢食，湖之學者翕然趨之。時遂菴在黃江，公馳書辨論經旨，遂菴每稱的當，或黜其見從之。

辛巳，除內侍教官，以疾辭，連除翊衛司侍直、王子師傅，不就。卜居智異之文殊洞，樂其山水，往來嘯咏于其間。丁酉，拜侍講院諮議，累疏辭，文正被邪黨誣辱，公於疏末痛辨之，仍闡討復之義。未及上，褫授宗簿寺主簿，亦辭褫。辛、壬禍作，文正撤享道峰，公盡然曰："民其夷乎！"丈巖鄭公澔南遷過村里，公就見，論學達曙。艮菴李公喜朝自朗州西遷，艮菴以世禍爲憂，公無嗟勞語，但曰："平陂往復，天也。"公之生崇禎乙未，卒於癸卯十二月壬申。前一日手答知舊書，神氣陽陽，疾欻，家人扶而泣，公爲之喻夜晝之理，已而逝，葬于本州淨光山。室青川鄭氏，縣監宅周女，先公四年卒。男重輝蚤死，次重擧，壻陳德維。

公明秀豈弟，氣度安重，與人和厚多恕，見之可知爲君子。恒居不蔽風雨，處之逌然。寓軒公喜朋友講說，客常滿座，公竭力供給，不使寓軒公知其艱。父母疾，皆斫指進血，居喪盡禮，歲修遠祖墓，與諸宗講好。其學本諸家庭，卒以大賢爲歸，是以門路正而踐履篤，人無賢父兄、良師友而能成德者鮮矣。公嘗著《羅疏辨誣》、《晉湖問答》，爲斯文辨是非。又大書"崇禎日月"于壁，時誦《出師表》、澹菴疏，以洩悲憤。蓋文正篤信朱子，公則篤信文正，故其闢異端明大義如此。且其所爲經說，間有自得之旨，要之不悖於朱門。彼世之屋蠹自娛者，獨何心哉？若公可謂不負是翁矣。家藏《命性道》、《三才太極圖說》、《河圖生成數》、《蠱卦先後甲說》、《諸書箚記》、《勉齋五行說辨》凡幾卷。重擧來乞銘，銘曰：

於我師，後紫陽。惟《春秋》，義日星。
噫邪說，甚懷襄。我有受，天不忘。
俛焉孶，否乃亨。朱雀影，一柱亭。
遂翁語，是可銘。

觀察使權公墓碣

觀察使權公燧以肅廟戊戌六月九日，卒于連山之盤谷，享年六十三。鄕之人士無大小貴賤，咸曰："賢大夫亡矣。"公字子誠，司憲府執義諱讓之子也。安東之權，自贊成諱近，至習齋諱擘、石洲諱韠，以文章世其家。石洲生縣監諱伉，縣監生諱諟，無后，朝廷以石洲公嘗死於詩禍，特命公爲嗣。

公生而聰穎，自六七歲已知嗜學。及長文詞日進，所與游，多一時名勝。己未，司馬。壬申，春塘臺庭試，始補槐院，例遷至博士，陞成均館典籍、司憲府監察·持平·掌令·執義、司諫院司諫、侍講院輔德、兵曹佐郎·正郎、知製教。外則慶尚·忠淸二道都事、務安縣監、尙州牧使。甲午，擢承政院承旨，序陞左副，尋出爲東萊府使，還爲禮曹參議。又爲茂朱府使，居一年，移拜江原道觀察使。公時已棄官，湖營罷狀適至，不克赴。

公在臺省，侃侃盡職，嘗極論上下奢侈之弊，有曰："後宮服用，遠購燕市，王子願刹，改創重興，俱爲聖德之累。"己卯科獄，三載不決，引漢帝駕幸洛陽獄事，願速賜決遣。

上始斥以妄率，旋用其言。壬辰庭試，考官受點者還出其家，闕門不閉，擧子攔入，又有乘暗投券者。公首論之，李公健命、李公宜顯諸人繼而陳列。考官李塈竟抵罪，吳遂元等四人亦削科。又論通信使趙泰億等辱國之罪，泰億等至日本，關白以金玉船載渡而不辭，其還輜重亘數里云。當國大臣旣築北漢，而又將重以中城，公以爲於國計無益，請亟寢之。

凡所進言，皆叶公議，而觸忤者多。性又鯁直，不喜與人馳逐爲翕翕熱。是以再選瀛館，而輒見枳於都堂，多低回下邑，立朝三十年，官不克大顯。京司吏於官長，類皆狃慢，公所至，嚴不敢仰視。其在州縣，尤束如濕薪，而於民則慈良寬惠，使輸其情，務安時御史褒聞。尙，嶺之大州，公才長剸煩，處之裕如。其所施設，盛水不漏，大率以興學爲先，萊人稱公廉白，爲近世所未有。公幼女請一小鏡，亦不許，其他可知也。公二兄一弟，忭大司憲，有高節，愭判書，懞亦判書，並以才猷著。公門自執義公以來，皆有難進易退之操，而論者謂公淸苦，可與大憲公伯仲云。

公凡三娶，全州李氏，莊憲大王別子密城君琛之後，考曰生員尙膺；綾城具氏，通德郞碩寶之女；光山金氏，士人以鉉之女。李夫人端淑溫惠，六親稱其賢；具夫人順以克愼，助成公淸德。男穪文科，女適縣監金趾慶，皆李氏出。穪取族子振爲後，女之子曰漢泰。穪方爲江華府留守，贈公吏曹參判。公始葬珍山，己亥四月，移卜本縣沙亭里負亥之原，李夫人祔。

公爲人峻潔方正，濟之以和易，平居不設惰容。性好書，殆不釋手，而於《心經》、《近思錄》用力尤深。且就氣質偏處，痛加矯揉，晚年德性益完好。事親有深愛，容色柔婉，未嘗一失其意。疾則致憂，喪則致哀，祭則致敬。家法甚嚴，子弟無得闐笑於前，篤於親戚，仁於隣里，於朋友絶不爲姑息愛。自奉澹泊，以節用務本，爲事一毫不以累人。凡於是非邪正之分，若一刀割斷，雖在田野，其聞朝廷闕失，憂憤悲咤，往往廢食。見人不善，必明言痛斥，而能改則止。鄉人得公一言，譽則榮之，貶則羞之，雖不識面者，惟恐得罪於公，過其閭，莫不肅然起敬。公之公心直道，雖不能行於朝，而能行於鄉者如此。有詩文若干卷，藏于家。縡以故人穉子，猥蒙眷愛，終始四十年，不以存沒榮瘁而異其心。嗚呼，其敢忘諸？《詩》曰："豈弟君子，德音不已。"斯公之謂歟！銘曰：

矢則直兮，冰則淸。
以此狀公兮，雖百世其如生。
盤谷之閭兮，沙亭之阡。
過者必式兮，疇不曰大夫之賢？

主簿徐公墓碣

縡少家城西，與徐氏爲隣，見公兄弟三人，皆頎然長者，公最季。每會坐，諸子弟列侍其傍，朝夕湛樂，和氣冲融，視其家則屢空也。公旣老益窮，官卑祿薄，處之逌然。夫人身執井臼，亦不咨咨，隣里賢之，咸曰："是有七丈夫子。天之報施，其在是乎!" 後果然。

公諱文澤，字潤章，義禁府都事諱晉履之子，達城尉諱景霱之孫，判書藥峰諱湝之曾孫。妣慶州金氏，其考副提學慶餘，外祖延平李忠定公貴也。公崇禎丁酉生，肅廟丁卯，進士。己巳，有安璥者醜辱栗、牛、尤三先生，公爲疏首辨誣。會尤菴胥後命，門下諸人懼其速禍止之，疏成而不得上。甲戌，爲太學執綱，上章討首相南九萬營護國賊之罪，公議快之。凡有士林大是非，公家輒與其間。辛巳，除禧陵參奉，尋換慶基殿，遷廣興倉奉事、平市署直長。調六品，復爲簿于倉。丙戌十一月二十一日卒。

公貌厚而氣和，宅心制事，一以眞實，絶無忌忮忿懥之私，雖橫逆之加，笑而受之。平居杜門却埽，不苟求無妄營，見人窮餓，怛然如傷，或推食以與。幼喪怙恃，事伯氏如嚴父，得一味，必忘口而進之。寓淸州時，去姊家幾一息，月輒三四至，其友于如此。夫人系南陽，牧使洪公錫箕之孫，進士一宇之女，在家爲孝女，於公爲賢助，先五年卒，與公同窆於楊根大谷甲坐之原。

男曰宗集牧使，曰宗翕縣令，曰宗燮吏曹參議，曰宗業都事，曰宗曄縣監，曰宗伋戶曹判書，曰宗浹牧使。宗集子命寬，女爲吳瓚、李奎臣妻。宗翕子命最、命宰，女適尹師淵。宗燮子命元、命天。宗業子命應、命能，女適李思元。宗曄子命仁、命佺。宗伋一子命顯，任邁、金肅行其壻。

宗浹子命直、命權。公始以宗浹從勳，贈吏曹參議，宗伋推恩，加贈判書。公臨卒，飭諸子以孝謹，且曰："吾生也甚窮，惟願汝曹砥礪名行，使人知我有好子孫足矣。"參議兄弟來乞銘，銘曰：

詩歌《常棣》，史書春、津。昔聞其語，今見我鄰。
氣醇色和，展也可親。寬以處約，仕則爲貧。
環堵蕭然，聊樂綦巾。維天報善，不于其身。
其報維何？子孫振振。冠佩有煒，或朱其輪。
有言孔善，勖哉後人。我銘貞石，庸視無垠。

陶菴集

卷三十四

墓碣

墓碣

郡守李公墓碣

公諱德邵，字汝高，恭靖大王別子德泉君厚生之後也。曾祖諱惕然以孝友廉勤名，官至承旨，尤菴先生實銘其墓。祖諱晉僉正，考諱鳳齡通德郎。妣昌原黃氏，判官震耈之女。

公崇禎丁酉生，力學工文，壬戌，中生員。屢爲太學齋任，嘗率多士，上章訟尤菴先生寃，見重士林如此。己卯，除光陵參奉，越三年坐微事罷。己丑，復除永禧殿參奉，陞靖陵奉事、漢城府參軍，遷掌樂院主簿、刑曹佐郎，尋陞正郎于工曹。出爲德山縣監，屬歲大侵，殫心賙饑，民賴不死，又當溫泉行幸，策應有方，實惠及民，適有御史因私憾論罷之，民皆惜去。除翊衛司翊贊、刑曹正郎。爲陽川縣令，爲治詳密，撫恤窮殘，無一戶流亡，方伯、繡衣連褒之。乙巳，遷旌善郡守，翼年春遘疾，猶治事不懈，念念不忘民，五月二十五日卒，壽七十。

公資性質直，處心不苟。居家行誼甚備，養生送死，克盡其職，報本追遠，老而彌篤。屢擧不中，屈意爲貧之仕，而骯髒不俗，足迹一不及權門，至於近名要譽之事，心甚惡之。與親友交，樂易多恕，而言議忼慨，有不是處，則嚴辭切責，人皆敬憚。又不惑左道，家有拘忌災異之說，處之不撓也。居官愼密簡嚴，守法無私，世稱京兆、秋部爲郎吏，近世無能及者。三典縣邑，家無長物，常曰："淸白，我家靑氈，不敢失也。"自陽川遞歸，吏民攔道涕送，立石以思之云。

室竹山安氏，汝漢之女，年四十四壬午歿。始葬果川，移於坡州金谷丁向之原，至是穿其墓而合祔焉。一男一女，男鳴勛，女適士人朴弼啓。曰鳴謙、鳴遜，側出也。鳴勛男光實，朴壻女爲具省身妻。縡有四世連隣之好，夙服公行誼，今於墓文，義不敢辭。銘曰：

噫循良吏，世或多有。質直守義，誰與公偶？
矧伊淸白，世世攸守。我銘在玆，永久不朽。

承旨鄭公墓碣

公諱東後，字厚卿。鄭出東萊，文景公欽之、貞節公甲孫在國初有名，其後簪纓不絶。曾祖墩始落南，子孫仍家于咸平。祖再興，考汝倬，三世不顯。妣奇氏，勿齋進之後，其考秀栢。

公生而聰穎，日誦數百言，出語驚人，稱爲奇童。癸亥，生員，癸未，用太學薦授思陵參奉，序遷軍資監奉事。乙酉，文科壯元，成均館典籍、刑曹佐郎。夜對時以兼史讀書稱旨，天語嘉勉。轉兵曹，出爲咸鏡都事，還直講。旋補鏡城判官，爲治廉明，以興學造士爲先。秩且滿，以司憲府掌令召，復出爲江原·慶尙都事、蔚山府使。其掌試也，秉心至公，嶺人至今稱之。間爲司藝、司成、司諫院正言、軍資·奉常·司僕諸正，爲掌令者屢，申嚴禁制，干囑不行。景宗聽政，首陳敬德進學之要。己亥，拜濟州牧使，階通政，島大饑，悉心賙賑，民以不死。今上卽位，公方罷官家居，疏論權凶黨惡之罪，被削黜。乙巳，收叙刑曹參議、承政院同副承旨，求外得襄陽，還爲工曹參議。

公以所居有二松，自生巖石間，自號松崖。嘗得漢挐枯桐爲琴，興至輒撫弄自遣。雖處朝市，而窅然有邱壑之想，不出戶庭幾十年。乙卯三月二十四日卒，壽七十七，葬于安山月入坡村。夫人濟州梁氏，之沆之女。二男陽元進士，陽淑蚤夭。四女歸士人金宅賢、李彦星、洪濟和、徐命最。陽元繼子曰馨國。

公臨歿，遺戒子孫以處世行己之方。有詩文幾卷、《瀛洲錄》藏于家。公早有意學問，與朴遯齋光一、安處士汝諧游，探索性理群書，用力刻苦，見識精透，雖從事科宦，而非其志也。少時候尹拯，一見而疑其心，已而拯倍其師，遂成大是非。南土人士始眩於所向，賴公辨晰甚明，趨正者衆。嘗以承旨入對，盛陳假貸凶逆之失，出入經史，言確而正。朝廷又以蕩平爲名，籠罩一世，公憂懣作《諷喩》以見志，其明於淑慝之分如此。爲文沈鬱有氣力，屢見賞於詞苑鉅公，金三淵昌翕嘗與遊東岳，有唱酬詩，謂公勍敵云。

公以孤童，奮身南陬，自致淸顯。介而不乖於衆，和而不諧於俗，寧靜澹泊，以終其身。雖處世混濁，而卒不受其汙，可謂賢矣。然公常自以不能成就學問爲恨，至老猶然，世蓋視公以文士，而不知其志尙之若是也。公在時，許余以忘年，嘗謂余曰："我死，子必銘我。"嗚呼！其敢忘諸？銘曰：

吁嗟鄭老，志古身今。于朝于市，可以陸沈。
斯爲大隱，豈必雲林？石上之松，無譜之琴。
有來千載，誰識其心？

佐郞安公墓碣

余少聞嶺人於沙溪金文元先生從享之請也，有爲通文詆斥先生，目之以鄕黨間好父老、搢紳家佳子弟者。時安進士鍊石方主嶺中論議，世疑以出於其手，被儒罰十數年，至乙酉，始解而赴擧。余在史館，欲更罰之而不果，遂擢其年文科。其後往往因人聞其居官處事，少譽而多毁。余以素不悅之心，輒信其說，蓋認爲難與言者矣。今辱從其諸子遊，又因其請而作公樹墓之辭。嗚呼！天下事誠有不可知者矣。

按其狀，公字補天，順興人，文成公裕之後。貞愍公瑭己卯名相，其兄璁出爲人後。辛巳禍後，流落嶺表，子孫仍世居安東。其後兩世，皆文科，都事。曾祖景淹、祖㦗皆不仕，考重鉉貞陵參奉。

公孝於事親，篤於奉先，於族黨務婣睦，於朋友重意氣。且善爲文，下筆數千言，少擧生員、進士，其及第則甲科第二，例補直長。而成均館典籍·直講、刑曹佐郎、延日·結城縣監、梁山郡守，其內外踐歷也。

乙巳，公以兼春秋入講筵，因文義請悉陳民隱，上許之。公曰："在昔新羅時，十萬之兵，不時徵發於都城之內，今日國家，民數非不多，而徒擁虛簿，閒丁隱匿於各處，至有白骨隣族之弊，此由於守令不得其人。"因奏袪弊救民之策，凡數百言。上嘉納之，特問爾家何在。居數日復召對，筵臣有語及趙德隣疏事者，公曰："嶺南之有德隣，固爲不幸，然豈可以一德隣之故，謂皆黨於姦凶，而不純於大義耶？"承旨以出位請推考，上不許曰："以嶺人而欲爲分疏，可見本情。"蓋異數也。

公嘗家食十數年，不求仕進，名其堂曰保晚，仍自誦曰："所貴乎晚者，講天下之義理熟，閱天下之事變多。始之不悟，而卒悟於晚，能得其性情之正者，乃所以保晚。"噫！公之平生志尙，此其大致也。是以當壬寅一鏡、尙儉輩危逼東宮也，慨然有保護之論，已而儉誅而東宮安，疏果不上，然群小甚疾之。後以梁山事爲御史朴文秀所構陷，編配晉州，旋量移禮安，以庚戌十一月二十九日，疾卒于謫舍，享年六十九。

公文章才略，雖不見用於世，而世人蓋莫不知之。然在公爲餘事，晚年樹立甚偉，類非常人所可企及。藉令公眞有誣詆先正之事，不害爲朱子所謂先病後瘳者，况其無是也哉？蓋公母夫人張氏嘗戒公曰："吾祖旅軒先生嘗與金沙溪爲道義交，汝愼勿與浮薄輩侵辱先賢，以得罪吾祖也。"以此觀之，向所謂通文，可知其非出公手，而其餘浮謗，俱不足信也。

竊謂公之所樹立，卽天理民彝之根於心，而關係世道大矣，有不可不泝源而極論之者。嗚呼！吾東素以禮義之邦，有小中華之稱，而八路之中，嶺南文獻爲最，文廟從祀之賢，居其四焉，其亦盛矣。不幸論議分潰，士趨乖盭，先輩有云"自嶺人誣辱栗、牛兩先正之後，南士絶不産人才"，此有識之言也。夫此論之於嶺人，有同世業，父傳子受，殆百有餘年，擩染膠滞，牢不可破。然而章疏、書牘之交相論辨者，今無餘蘊，苟有豪傑者作，取以觀之，以究其是非，則年代累嬗，恩怨俱冷，一段公心自然流出，或有犂然而會於心、怳然而覺其非者矣。況庚申柟、堅之不軌，己巳間希載、杭之謀廢國母，甲戌後弘渤之陰呪東宮，皆惡逆之大者，而此俱非乃祖先之所及知者。使其生而見此，則又安知不羞與同歸而圖所以自靖乎？ 然則似此義理大頭腦處，不可以向來斯文是非，諉以世守，而自陷於黨逆之科者明矣。至如壬寅士禍、戊申逆變，實源於庚申、己巳、甲戌之事。一邊則以爲柟、堅、載、渤之徒，必可嚴討而不可赦，一邊則以爲不必窮治，而故欲緩之，此朝論之所由分而忠逆判焉。

栗、牛、沙、尤，固士類之始共尊仰者也，而自有老、少以來，歧而爲二。彼嶺人之曾所誣辱諸先正者，勢不得不與少而合，且其所以緩於討柟、堅、載、渤之論者，意欲示德徼惠於一番人，則勢不得不與南而合。此南、少所以同構壬寅之禍，而同犯戊申之逆者也。蓋自己巳、甲戌以後，排布狙伏，謀爲士禍，而旣不得售其計，則建儲一事，遂爲其機栝矣。夫建儲之日，慈聖下敎，光明惻怛，八方傳誦，爲我國臣子者，豈敢有異議於其間？而惟一種懟先朝而仇善類者，不顧宗社，思快私忿，以至虎龍急書誣逼春宮而極矣。

噫！嶺以南，山川雄渾，風土深厚，人生性稟，亦與之同，有所執守，確然不回。以此習俗一歸於善，則比屋之美，其或庶幾，而惜乎擇術之失於矢、函也。噫！百餘年前嶺之仕於朝者，多爲大官，今則得第後大都浮沈下僚，而一作罷散，終身不復，朝廷言議事實，何由知之？不過得之道路傳聞耳。彼凶徒之失志者，多往來南土，煽動浮言，欲爲熒惑人心，張大其氣勢，則驟而聽之，安得不爲詿誤也哉？

余嘗聞朴學士春普之言，當壬寅獄時，過公第，則羅承旨學川亦在座。公以一紙抄獄事之出朝紙者，示之曰："此分明是誣獄，其意不但在魚肉老論而止，南、少自此將盡爲逆矣。"嗚呼！能的見於七八年之前，不啻若燭照龜卜，苟非識微之明，何以及此？且公本以多智聞於世，使不早自拔於窠臼，則熊輔、希亮之徒，安知不接跡於其門乎？當是時也，嶺中人心土崩波頹，不有公扶仗大義，則幾昧於逆順之辨矣。然則安東一邦之人，亦可謂與蒙其惠。彼不自知其爲幸，而反詬詆之者，何哉？蓋公平時每奮然謂"己巳之事，罪關名義；弘渤之謀，惡盈天地，士大夫豈可以黨目而庇護之乎"。嘗與己巳人之落南者論此事曰："使我爲臺諫，而當半日庭請之時，則雖親厚如公者，安得免袖中之彈乎?”其人憮然而去。平日知舊之與弘渤親者皆絶之，蓋自布衣時已然矣。於義理原頭，旣見得分明，則畢竟樹立之如彼也宜哉!

余屛退多年，迹遠朝端，不得與公一見。蓋聞公眉睫間勃勃有氣，盱衡抵掌，言論風生。苟其自反而縮，則擧一世非之，而不少沮，其力量固已過人，而視世之齷齪卑下者，直欲唾其面，其不肯苟合於世，可知也。若公梁山時事，余欲得其實，從容問於其時按使兪相公拓基，則以爲“公之便道赴梁也，過營言‘此邑弊蠹旣甚，不亟釐正，無可爲者，願公勿拘以文法，使得以展其肢體也’，蓋梁之土俗虓悍，爭鄕任者夜戕功曹於官廨，又二歲五易守，非此人，無以剪去頑梗也，遂許之以便宜從事。之官月餘，公牒少虛日，而田兵諸政，無不刷刮而剔抉之。信心擊斷，不少畏憚，大則流配，小亦嚴訊，幾數十餘人，然謗亦從而溢耳，蓋以貪虐爲言。徐而察之，則未見有科外橫斂，而但不爲呴沫之小惠，任怨奉公，鋤强束猾，無少饒貸，此其所以受謗之甚者也。余惜其屈於小邑，欲進以試諸劇地而未及也。”兪公非苟譽人者，其言可信。彼群小之因謗附會必欲甘心於公者，至此而益明矣。余旣爲公表見其大節，又白其寃枉，則細者可略。系之以銘曰:

志不合汙，明能燭微。

如公自拔，在古亦稀。

惟義是視，宜無悔怨。

落拓困厄，爲善何勸?
蓋其扶樹，君臣大倫。
勿妄詆公，爲賊邊人。

牧使尹公墓碣

海平之尹，自梧陰文靖公以來，蔚爲大家。梧陰諱斗壽，其曾孫曰戶曹判書諱堦。判書二子世紀、世綏相繼貴顯，大率以器量重一時。公其第四子，端雅謙愼，又稱爲佳子弟，而宜達而窒，識者恨之。

諱世緯，字文甫。年十二，隨判書公於海藩，從傍見簿牒，輒退而作判，往往與判書公意合，老吏驚服。肅宗丁卯，司馬。己巳士禍，判書公卒於康津謫中，方疾革，公出指血進之，又齋沐禱天，乞以身代。時諸兄弟無在者，手執殮殯，倉卒皆中禮，人以爲難。

丁丑，泮儒抗章，討相臣南九萬營護國賊之罪，上怒甚，罰其首，黌舍一空，公爲齋任，乞與同罪。上屢遣近侍、宗伯勸諭，而不肯入，奏十上言，益切直，上不得已解罰。太學士李公畬歎曰:“太學乃有强項令耶!”

翼年筮仕，典設司別檢、典牲署主簿、掌隷院司評·司議、戶·工二曹正郎、翊衛司翊衛、司僕寺僉正，間爲宣惠郎。外則瑞興縣監、林川郡守、延安府使、坡州牧使。自叔兄擢第，不復應擧曰:“盛滿，可懼也。”居官慈恕，見杖而血者，則惻然曰：“古人蒲鞭，可法也。”或曰：“吏頑，不可不威制。”公笑曰：“吏與民皆吾民，豈有愛憎？惟隨其罪罪之而已。”所至以祛弊恤窮爲務，去後民立碑思之。其在延安，有累十年疑獄，公心傷其冤，卽決遣之，久旱而雨。丙申，丁大夫人憂，未葬不勝喪以卒，時三月三日也，年五十四，葬於長湍魚龍浦辛坐之原。

妣務安朴氏，通德郎暉吉之女。公配全州李氏，考曰楊州牧使元龜。一男一女，男溎進士，郡守，壻進士李在。

公善事大夫人，先意承顔，大夫人或不豫，則侍立踧踖，若無所容，色和而後退。非公事，未嘗離側，有時在外心動，則曰：“吾母得無有不安節乎？”問之果然。仲氏患疽幾危，晝夜扶護，頭髮爲白。推而及於親黨，無貴賤少長，恩意周洽，疾病喪禍，必盡力而救之。喪餘則先一旬致齊，祭日不接賓客。常戒家人曰：“近世人家祭先，非過侈則過儉，均之爲失也。”取《家禮》及《擊蒙要訣》，參酌爲一家祭式，蓋公晩年用力，多在禮家云。於書最嗜《心經》，未嘗釋手，又長於典故，語纚纚可聽。杜門深居，迹不及權貴之家。被服寒素，絶不喜粉華，及喪，子弟不敢以一文綺附身。公嘗曰：“士大夫不墜法家規範則孝矣。”公可謂不負其言者矣。嗚呼！其可尙也已。銘曰：

溫溫恭人，我聞《周詩》。公有厥德，孝友之基。
入則洞屬，出則怡怡。以是臨民，民曰杜慈。
維此禮書，公實好之。凡厥世祿，鮮克由玆。
薑桂之義，豈公罔知？乃死於孝，我爲公悲。

嗟爾後昆，徵此銘辭。

牧使兪公墓碣

宋儒榮蔭襲而賤科名，漢時公卿多由循良進，東俗則反是，然往往出於常格之外者，猶可數也。兪公命健，在蔭仕中蔚然有公輔望，遭時不幸，不克究厥施，識者恨之。

公字仲强，杞溪人。有新羅阿飡三宰者始見于譜，入國朝景安公諱汝霖、肅敏公諱絳仍父子判書。其曾孫諱省曾，江原觀察使，生諱㮨，司憲府大司憲，尤菴先生銘其墓，公其仲子也。母夫人淸州韓氏，奉事甸女。公生而岐嶷，弱不好弄，大憲公常撫愛之曰："吾家宰相兒也。"甫學方名，已就外侍寢大憲公，出入能扶持，問所食飮而敬進之。八歲大憲公捐館，纔免喪而韓夫人繼逝，拜跪哭泣，哀動傍人。

己巳，姦黨請黜栗、牛兩先生從祀，公與同志上章辨誣。至聖后遜位，尤菴受後命，公義不赴擧。甲戌改紀，復就公車，中壬午生員，是冬除典設司別檢，仕滿，陞司宰監主簿。丙戌，以司憲府監察出爲陽城縣監。陽，畿內小縣，又蕩敗，公不生厭避意，一以當官盡職爲心，百弊盡祛，未久成一完邑。瓜遞，民立碑思之，又相與語曰"脫有兵革而兪侯蒙難者，吾等當拚死奔救"云。會朝家命道臣薦進管下，於是寒圃李公健命諸人齊擧公。

庚寅，北咨示警，公又登於別剡。辛卯，由宗簿寺主簿出而通判海州。自詳定以後，受弊滋甚，公痛加爬櫛，弛張得宜，民賴以蘇。俗又健訟，而剖決如流，案無停牘，人稱之以爲“百年來無此賢太守”。癸巳，移韓山郡守，尋以微嫌卽辭遞。卜居于扶餘之隱山，構溪亭，扁之以覺今，擬爲休官終老計，俄因事還京。拜江華府經歷，辭不赴，歷司僕寺判官。乙未，爲安岳郡守，公一以治海者治之，民皆悅服。郡兼營將，戎政克擧，器械一新，且於十八坊坊置社倉，爲安民永久利，繡衣以治最一道聞。戊戌，陞潭陽府使，公不以家累自隨，廉明有威，豪猾戢息，人目之爲廉虎。庚子，量田之役，經界得正，民無怨者。旋陞羅州牧使，州號煩劇，而沛然若無事，寬嚴相濟，治化大行。逮壬寅士禍之作，公棄官，不歸京師，寓居藍浦之藍田村，杜門却埽，書史自娛。甲辰九月，偶感疾，以其月二十一日卒，年僅周甲。返葬于楊州龜沼谷前配金淑人墓右，後移卜陽智古東三隱里坐癸之原，兩淑人同祔焉。

金淑人，參判谷雲諱壽增之女，生一女，爲參奉李晉聖妻。安淑人，士人後宣女，有二男，最基，文科大司諫；直基進士，縣令。最基一男幼，三女婿金漢泰、李春彬、進士洪在漢。直基四男，彦鏶、彦鏽、彦鈜、彦鎬。李晉子揆文縣監，女適黃處厚。

公風儀俊偉，資性貞介，平居不事矜持，而無怠慢之容，恬於財利，謹於辭受。內行甚篤，伯兄夫婦早世，公攝主祀，克致誠禮，撫養孤姪，以至成立，及其娶婦，一以宗事還之。其喪難艱棘之際，善處家事，多有人所不及者。兄弟叔姪同居一室餘二十年，而庭無間言。大憲公之喪，取遺衣一領，寢處其中，以卒三年，終身孺慕不衰。於奉先之節，無所不用其誠，遠近邱墓，遍行省拜，隨加封築，無表刻，則爲之經紀立石，又採摭闕遺，以成《杞溪世譜》。重修宗禊，四時講信，以叙敦睦之義。

推而至於朋交、官守之際，各當其理，與人不爾汝，未嘗持被卜夜，而情好無甘壞，善善多於惡惡，橫逆不咎人而好反己。雖處談諧之場，而辭氣簡穆；或値滾急之頃，而容止整暇。治民以不擾爲本，寬樂雍容而濟之以剛明，周詳縝密而不失於刻核，務爲遠圖，不事小惠。議獄必盡心，而當檢屍，則親自手按曰："人命所關，不可不謹也。"迹公事行，蓋古所稱廊廟之具者，而局於常塗，利澤所及，止於州郡，嗚呼！豈非命耶？公雖浮沈祿仕，而常翛然有塵外趣，觀於晚節可知。風流篤厚，志尚儒素，不失故家詩禮之傳，足以貽後昆於無窮，其可敬也已。銘曰：

觀人有術，維德爲大。身不離俗，中實耿介。
寬栗溫理，卽見于外。發爲政事，仁澤旁沛。
通才偉器，時望攸載。埋彼山邱，賢嗟之會。
世氣衰薄，風韻莫逮。我銘其行，庸救稚昧。

礪原君墓碣

穆陵之後，支繁派遠，往往多賢公子，近世以簡靜稱者，有曰礪原。礪原，肅廟戊午，年十五初授守，越八歲陞明善，特授都正。丙子，又進封君。先是瀛昌君上疏言“臣沈弟瀛萊君泂死而無子，乞以臣第幾子杜爲後”，上許之，杜，公名也。旣而以瀛萊君死於孝，特旌其門。瀛昌、瀛萊，海安君諱億之子，而海安之考諱玒順和君，本生親曰仁城君孝愍公珙，兩王子同出穆陵。瀛昌夫人礪山宋氏，司直孺敬之女，卒時公甫六歲，已能哀擗如成人。瀛昌之喪，又守墓以終三年。

朝廷嘗極擇行人，公以宗英膺選，遂超承憲階爲正使，將行錫賚便蕃。肅廟上賓，承命書梓宮上字，授崇憲，尋加嘉德、綏德。復使燕，命太醫與行。今上乙巳，用御筆刊役句管之勞，加顯祿。上嘗於元日，引諸宗於內苑，錫公以皮。別職則廚院副提調、都摠府副摠管·都摠管。己酉，又差上价，公不赴曰：“吾老且病，可以休矣。”未幾，患風痺謝朝請，以辛亥十二月二十二日卒，享年六十八。上驚悼，特賜柩材，明年二月，葬於楊州先壟負癸之原。

公字厦卿，天資整肅，濟之以溫醇。自奉如寒士，食不重肉，衣不華采，所居無廳事。人或病其大隘，則曰“斯已足矣”。性不喜花石，及病，季氏礪城公爲列置于庭，而亦不入於心。口不道朝政得失，間言人壽夭窮達，輒多驗。杜門却埽，家無宿客，嚴束僕隷，無敢驕橫，爲宗府有司十年，奉職恪勤。工於草、隷，素喜《離騷》、《出師表》，遍書屛障，常目在之，可以見公雅尙也。

夫人礪山宋氏，縣監光浚之女，貞靜得婦道，年三十八己卯卒。擧一男二女，男盆炳早死，婿士人趙榮先、參奉南得寬。繼配驪興閔氏，考曰佐郎周翰，後公一年卒，慈孝恭恕，六親稱之。一男盆烋。盆炳無子，取盆烋之子如圭爲嗣。盆烋謁余以樹墓之文，涕泣言曰："此吾父顧言也。"余感其意，不能辭。銘曰：

位不能使驕，富不能使侈，吁嗟乎公子！

奉事申公墓碣

嗚呼！尤菴文正先生嘗作巡邊使申公砬之銘，首揭其兄監役磼疏辨栗谷之誣，遇賊墜崖之蹟而稱之曰："蓋自壯節公，世有名人，至公兄弟而尤盛，一門忠孝，可謂卓卓矣。"公，監役公之玄孫也。祖諱埥、考諱汝逵不仕，俱以孝友業其家。

公諱球，字君美，倜儻有氣節。自幼讀《小學》，以是爲行己法度。己巳，凶黨黜栗、牛兩先生于聖廡，公同李炳等抗章力爭，及聖母遜位，公廢擧自靖。甲戌更化，兩先生復享，公復就公車。農巖金公昌協晩年欲卜築渼湖，公自石室書院同諸生買田請住，以爲學子肄業之所。農巖語其子曰："申某，峭直人也，汝輩愼之毋忽。"蓋公見人不是處，必面斥之，少無寬假，故人皆畏憚之。

丙申春，尹宣擧文集始行于世，敢以康王、杜擧之說，誣及孝廟，欲使人莫敢議其江都失身。心跡敗露，擧世駭憤，而無一人敢言者。公奮然上疏論之，義理明白，肅宗納其言，追削其人職，其徒齊起詬辱，目以士禍。夢窩金相國昌集白毁其文集，自是是非稍定，而公之仇怨殆溢世。壬寅，凶黨得志，復宣擧父子官爵，且復已毁之板，於是公竄巨濟。公志氣强厲，操守益嚴，同謫者亦起敬曰："名下無虛士。"今上乙巳，始放還，卽除英陵參奉，陞禧陵奉事。亡何復爲凶黨所論，解官下鄕。家素貧寒，疏糲不繼，而處之逌然，一毫不以干人。公生于丙午八月二日，卒於甲寅三月十五日，以九月葬于楊州白羊洞巽向之原。

公凡三娶吳、崔、權，俱無子，以兄子徵夏爲後。女適士人閔鎭夏、進士李重郁，吳出也。徵夏子眡。

公宅心制事，白直無邪，不與人私語，趨人之急，如救水火。宗中大小事，必身自擔當，以先祖文僖公絶嗣，親往平山，取宗人之可者以爲後，文僖公所居養拙堂巋然不圮於二百年之後者，亦公之力。在親側，無惰容，五十年如一日。尤謹於祭祀，祖父母祠廟，在莽蒼地，而有祀輒參，老年疾甚，不能將事，則惟跪伏香卓前，涕泣而已。揚善遏惡，出於天性，鄕中人士有忠孝之蹟，必思所以褒顯之。謫廬主人兒有誶詈母者，輒數其罪而痛杖之，其父固乞寬恕而不得。嘗在鄕里，依栗谷增損鄕約法而行之，於善惡之籍，尤致嚴焉。家內斬斬如治朝，巫覡之屬不近於門。公之可見之行，固多人所難及者，而末年樹立卓然，其細可略也。公於諸儒先中，最尊尙尤翁，其言曰："道東以來，朱子之學，自退、栗而始著，至尤菴而大闡。"其在謫時，操文以祭于書院，豈非以志氣相感而然耶？銘曰：

申氏之門，一何多賢？忠孝氣節，乃其世傳。
奮義闢邪，公實趾美。前扶栗翁，後斥尹氏。
勢張力微，視古爲難。誣聖護己，莫掩肺肝。
寧陵遺澤，疇非在位？鷹鸇之逐，乃見一士。
群公色慙，士林氣倍。投之南荒，九死靡悔。
俗曹何知？請質尤老。我銘厥美，大者可考。

牧使兪公墓碣

兪公君四試吏未十載，三遷爲大州，厥績茂著，益勤不懈。余嘗聽於衆曰："君四良牧也。"或曰："子不覩君四盛年乎？君四與詩社數子頡頏作漢、魏語，又徒步躡毗盧絶頂，以觀滄海，超然若有遺世之志，先進諸公序其詩，推許甚盛，當時豈自意棲棲朱墨間耶？"余曰："是非知君四者也，使君四老於詩，不過朱子所云'身後寂寥篇章'耳。雖直似古人，何益於時？士苟志於愛物，一命猶有所濟，况州牧之大乎？漢時公卿多由循良進，其或由州而進乎朝也。"未幾君四以疾卒于淸州官衙，年五十二，時肅廟戊戌四月一日也。知不知咸悼惜之。

君四諱命岳，大司憲諱櫶之季子，觀察使諱省曾之孫。歷兩世以上，肅敏公絳、景安公汝霖皆判書，杞溪之兪，自是大顯。妣淸州韓氏，奉事甸之女。

公幼失怙恃，克奮發自立，從金三淵昌翕學。己巳士禍，爲尤菴先生同諸生伏闕訟寃，仍廢擧。乙酉，始中司馬。丁亥，除義禁府都事，陞長興庫主簿，轉太僕，爲戶曹佐郞、正郞。公才識通敏，官長有疑，輒咨之。曹筦財穀，易招膩，別庫爲甚，洗手奉公，一不自私。辛卯，出爲開寧縣監，行老人宴，滌逋糶賑窮民。移判大丘府，府素煩劇，沛然若無事，豪戶帖息，吏不敢行野。晨夕洞開公門，民赴愬如家，薄稅斂平斗斛，宿儲充牣，而閭里無怨咨。尤斬斬守法，訟至卽日決遣。善通變，不苟一時利，嘗伐石爲冰屋，省民鉅費，費皆官出，不令民知也，方伯上治行第一。陞順興府使，勸邑子弟學，公餘出遊小白諸山，賞梅哦詩。先是上命揀州牧材，廟堂諸公多擧公，乃授公淸州，便道之官，數月威惠大行。其卒也，人士哭之哀，送靷出境者殆百數，大丘民千里致賻，坊凡三十有三，各樹石以思公。始葬楊州先兆，庚戌改卜鐵原芝蕙洞坐西之原。

夫人龍仁李氏，其考正言斗岳，相國李忠貞公尙眞之外孫也。男拓基，女適士人尹得謙。拓基四男四女，男彥欽、彥鉉，女爲士人洪益彬、洪欽輔妻，餘幼。尹婿一女歸洪維漢。

公篤於內行，終身孺慕不衰，事伯母如母，恤窮姊撫孤姪，以至疏戚，咸有恩意。遠方儒有遊太學而死，不識面，襚而哀之。於人薄責過恕，不揚其過惡，至見鄙吝憸巧者，則去之若浼。平居無玩好，不事生產，爲官廉白自持，亦不喜皎皎名。與朋友語，脫落皮毛，眞意淋漓。往往劇飮以洩其壹鬱，或出其少所爲詩讀之，噓唏不已。公器宏貌偉，識慮周遠，又確而有守，是以雖浮沈下位，而蔚然有公輔望，卒不能大施，其命也夫！公在時，拓基已由翰苑上玉堂，丙午莅嶺藩，贈公吏曹參判，後加贈判書，今爲黃海道觀察使。銘曰：

見公少壯者謂若躡蹤乎曹、劉，
見公晚暮者謂將方駕乎龔、黃。
勿謂今我非故我，惟意氣崢嶸鬱硉兮不亡。
嘻譬豫章之木中途摧殘，
而其挺出枝柯猶足以薦明堂而爲棟樑。
公乎公乎吾何傷？

監役郭公墓碣

景宗癸卯，群凶得志，禍延斯文，尤菴老先生，撤去道峰俎豆之享，虐焰所及，人人惴恐。章甫若而人思所以籲天訟冤，而疏首難其人，咸請進士郭鎭緯。鎭緯以親在辭，其翁熙績素忼慨好士論，謂之曰："此時此疏，猶可見祖宗培養之士氣，汝未可往，則老夫請自當。" 鎭緯遂率諸生叫閽，疏入卽竄金甲之島。臨別無幾微見色，士林壯之。

公初諱弼績，後改今名，字季和，淸州人。自新羅侍中祥始見于譜。歷麗代，圭組赫舃，入本朝多聞人。曾祖諱希泰，文科，同知中樞府事，祖諱之欽，司憲府執義，考諱昌徵，敦寧府都正。妣咸平李氏，都正楚老女，九畹春元之孫，以顯宗己酉正月十日生公。今上元年乙巳，除繕工監假監役，是年八月二十二日卒。

公於兄弟中最少，父母愛甚，而絶無驕惰之容。父病引刀裂指，人稱其孝，奉母夫人，朝夕婉愉，未嘗違側。及丁憂，公年益衰，而執禮愈固。公持論嚴正，其仲萬績嘗謂公曰：“吾欲行某事而畏汝口直而止者數矣。”其入臺也，疏陳尹宣擧毁板追削之爲寃，時公適往先墓下，歸始聞之，歎咄不已。與其仲語，痛論宣擧心迹敗露，不可猥加先正之稱。且丙申先朝處分，宜不敢比擬於己巳戕賢之擧也。仲惕然曰：“使汝在者，吾豈有此疏耶？雖悔而不可及矣。”公之隨事磋切而不失怡怡之樂如此。

公叔父景寒公諱始徵，尤門高弟，嘗在華陽洞時，奉和老先生《風雪吟》。先生黜享之後，公不勝慨惋，更和其韻，而作小序以識之。余性拙寡交游，公有時過訪，語輒移晷，聽其言，忠憤激烈，於今世俗人中未易得聞者，宜其義方之教，益著於危禍之際也。

公配恭人慶州李氏，通德郎寅烒女，祖曰吏曹判書慶徽，外祖左議政文忠公閔鼎重。及歸公，奉舅姑孝，處姊妹和，御婢僕莊而有恩。公家甚貧，恭人躬自拮据，使夫子忘其貧，親黨服其德，先公十四年辛卯卒，年四十三。初葬金川，及公喪卜大興陶谷，恭人從而遷焉。擧五男，鎭緯其長，縣監，次鎭綱、鎭經、鎭純、鎭緒，女壻奉事鄭錫台、士人金熀。側出曰鎭紹。銘曰：

言議正直，不以貧賤而少挫其志。

若公者，其可謂君子類耶!

僉正吳公墓碣

有位下僚，而性骯髒，不與世諧，於仕宦絶無苟且顧戀之意者曰吳公胤周胤之。公海州人，知樞肅憲公諱翻之孫，縣監諱斗底之子，縣監與陽谷忠貞公爲同堂之親，外祖曰都正咸平李楚老。

公生而英秀，文藝夙成，出遊場屋，輒屈曹偶。甲午，將赴監試，科日大雨，公曰："必知其生病而可冒赴乎?"從祖兄海昌公歎曰："胤之老儒，且長於詩，而不屑於應擧，其志操可尙也。"公但赴生員試，遂捷會圍。丙申，除莊陵參奉，序遷典設司別檢，移義禁府都事，陞義盈庫主簿，轉典牲署。出爲石城縣監，尋以方伯親嫌褫。辛丑，今上新冊世弟，凶徒、宦締結危逼，公不勝憂憤，同李志逵等諸散官上疏力請究覈，不報。乙巳更化，首除奉化縣監，縣近太白山，爲邑者多伐棺材，貽害於民，公不身自犯禁，禁人甚嚴。決訟不循上官意，見忤罷歸。

戊申，由翊衛司衛率除永同縣監，留心詰戎，器械一新，褒聞錫馬。嶺儒鄭構，於公爲疏戚，以事獲罪於方伯趙顯命，追捕之。構窮蹙投公，嶺營人偵伺於路上得之，束縛甚急。公肩輿而出，叱縣人解其縛而奪之。顯命恚甚，屢督過不已，公回牒曰："其人果在衙中矣，旣非大罪，且是他道，怮於方伯之威，以親戚執送親戚，豈人情之所可忍耶？”卽日棄官歸。顯命果馳狀請罪，公對吏旋釋。

癸丑，補冰庫別提，移工曹佐郎，轉宗親府典簿。出守麻田郡，居無何又忤道臣，投紱歸。復爲衛率，遷尙衣院別提，陞司饔院僉正。癸亥八月二十日卒，去其生庚戌七十四，用其年十月，葬于陽城康基里先兆。

公凡再娶，安東金氏，監司世翊之女；延安金氏，聖鳴之女。女適統制使李義豐、佐郎宋載恒、士人李日曾，前配出。男璞及女爲金炘、李華燮妻者，繼配出。

公篤於內行，事親怡顔順志，愛敬備至。尤致誠於奉先之節，雖癘疾方熾，一不廢祀，宗家頗遠，而必往助祭，不避寒暑，邱墓誌碣之役，靡不畢擧。嘗爲王考請諡，將鬻田營辦，而不及就，至死猶眷眷不已。平居冲澹自持，座無雜賓，於交朋重信義，俱得其歡。論議峻正，不撓奪於禍福之際，恬於進取，棄官如脫屣。家素貧，時不免飢寒，而處之逌然也。公頻過余，從容言“我實慕公之深者，我死，公必銘我”，今璞果來請余，不敢以病辭。銘曰：

樂易中有峻厲之氣，斯其爲守之確者歟！
我最其美，列于陰墟。

佐郎宋公墓碣

余嘗[灑]史之太白，宋公思翊雲擧時攝堂后，作序以將之，其文閎博可喜。後又訪于城東，書史蕭然，與劇談古今，窮日乃歸。公素介潔罕出入，惟間從余遊，相與蓋深篤。公歿後九年，其兄掌憲思胤氏謂余曰："知吾弟，莫若子，願徵一言，以賁泉隧。"余義不敢辭。

據其狀，鎭川之宋，發源甚遠，羅阿飡舜恭、麗平章仁見于譜。本朝吏曹參判愚最顯，其後進士沃始居全州，子孫遂家焉。世業文，祖諱時雨、考諱華皆司馬。妣義城金氏，地西女，其外翁持平金鼎一。

公聰穎絶異，能言便識字，間有驚人語，豪放不羈，進士公敎之嚴。十歲通經史，及長淹穿諸家，長於難書，又喜讀兵法。遊京師，才名藉甚，貴遊子弟願交，輒不肯。己卯，中生員、進士試，生員居二，其冬掌憲公又擢第，時兩親無恙，人榮之。壬午，庭對得第五名，分隸成均館，歷學諭、學正，政府辟司錄，以直其屈，尋還博士，陞典籍，遷禮曹佐郞。未幾丁內艱，公在前喪，過毁幾殊，至是執禮逾謹，疾復作，服才闋，以己丑十二月十二日不起，年三十八。公嘗作《夢游岳樓賦》，人謂非塵世語，病中又口占"鼠蟲任所使"之句，絶筆也。有一斷金友，手書告訣，解佩刀遺之。復囑家人曰"我死澡浴必精"，其定力如此。配南原尹氏，文孝公孝孫之後，有女士譽，後公三年卒。無子，以從兄子德駿嗣。

公性至孝，其侍進士公疾，左右藥餌，務適其意。進士公喜曰："以汝疏闊而乃能是耶！"在母側，常作嬰兒戲，黽勉從宦而不忍離，離不逾時歸。又敬兄，每事必稟曰："家無二長。”平居怡怡，而切偲有友道焉。忼慨峻厲，見不善若浼，與人交重然諾，雖群居善謔，口不談女色。嘗謂今世無開眼處，惟書籍可自娛，酷好太史公《貨殖傳》，臨作文，輒誦數遍，晚喜朱子書，至忘寢食。凡醫卜、堪輿、博奕、射數之事，以至曲藝賤技，不學而能，絶無自多意。蓋公色貌淸癯，見之若脫略世務，而其中則非拘儒所及。余自謂麤知公，猶不能盡其所有，況世之不知者耶？然以公行之篤、志之潔、學之博而宦不遂，年又不贏，世之悲公者蓋尠，余獨悲之深，不可謂不知公也，宜掌憲公之不鄙余文。遂叙其大略如是，且道少時從遊之樂，以寓余感云。銘曰：

在昔人材，府庫維湖。近何寥闊？匪天降殊。
立賢無方，邈哉有商。雖才之豐，宜位不揚。
旣賦而閼，又將尤誰？欲知公者，徵此銘詩。

觀察使金公墓碣

觀察使金公，其立朝言議，蓋當景宗代理之際。群凶伺隙，闖然圖進，滔天之禍，非朝伊夕，擧朝惴惴，莫不以含默苟全爲計。公獨正色直言，所論洪萬遇事，深得防微杜漸之道。其疏曰：“邸下仁孝之德，聞於四方，孰不願爲之仕？彼譖慝之輩私相揣摩，造成橫議，似若有私愛於邸下，而必欲驅廷臣於罔測之科。嗚呼！此輩，豈眞有愛於邸下者哉？不過投間抵巇，陰濟其己私爾。”蓋自己巳東宮定號以來，一番人情態實如此，而無一人明辨痛斥如公言者，凶黨嫉之如仇。癸卯靈巖之謫，蓋以是爲罪也。

公諱礪，字用汝，聰明絶倫，文翰夙就。乙酉，中司馬，筮仕禧陵參奉。癸巳，增廣及第，隸槐院，侍講院說書、兵曹佐郎·正郎、司憲府持平、司諫院正言。累除司書、文學，陞弼善，常帶三字銜，間爲京畿都事。公之入臺也，壬辰科獄猶未了，宰臣有規避，按事者劾褫之，朝家將覆試李獻英、獻章。公言"兩人預構，用情已無疑，文字能否，非所可論，宜直爲拔去"。肅廟於東宮代理後，疏批，特擧斯文事而諭之曰："予志汝遵，莫之或撓。"獻納郭萬績上疏，以爲"殿下授受，非堯、舜精一執中之道"，公痛斥其言曰："是欲以不正不邪、不是不非之間爲中底道理，多見其心術之壞也。"洪萬遇以遂菴權公於代理、告廟事不獻議，詆以山人調護恐不如是。公仍請治其妨賢之罪，萬遇遂竄。公秉心以正，雖儕流素相熟者，其或居官不職、持論不端者，輒彈不貸，人皆畏服。

戊戌，以書狀官之燕，嚴束一行，無敢犯禁。壬寅禍作，公解官歸鄉，聞有宦妾逆變，亟入城，與同志罷散諸人上章，極言內外凶黨和應之跡，幾盡綻露，不可不嚴覈，仍請益加保護東宮，不報。時宮人石烈、弼貞皆自斃，惟宦豎朴尙儉在囚，群凶之爲獄官者，黽勉承命鞫問，差公問事郎。既尙儉初以謀害東宮之事自明，語端有淸陰亭一句，而旋復含糊。諸堂默然，無意盤問，公躬詰之曰："爾既發端，曷不明言？"尙儉曰："世弟於淸陰亭下，敎于諸宦曰'今番大處分，聞爾輩有干涉者，宜各自首'。以尙儉等色變，請拿於大朝耳。"諸堂色沮，咸曰："此問目外語，不必書。"公直書之曰："鞫廳之規，罪人一言半辭，無或遺者。"諸堂無以應，側目而視。公邃自引免，群凶卽誅尙儉，以滅其口。

除成均館司成，不就。太學生尹志述被殺，士氣摧喪，無一人言者。公子樂曾將倡義救之，稟於公，公毅然曰："事關彝倫，烏可已也?"疏上雖未報，而士論多之。當公之南竄也，芝村李公喜朝及魚持平有龍亦竄於是郡，往往相會，凶黨聞而惡之，幷奏移他邑。公得河東，瘴土甚惡，人所不堪，而公怡然也。

今上卽位，量移忠州，乙巳春，始宥還，旋叙拜執義。同諸臣入對，備陳被禍諸臣寃狀，請討諸逆黨，辭氣慷慨，上顧問此臺臣爲誰，蓋屬意也。公復曰："言不用，則只有去耳。"人稱其鯁直。陞義州府尹，以親老褫，復擢授水原府使，其政以祛弊蘇殘爲務。移忠淸道觀察使，以親老辭，上命抑情往赴，尋命復兼牧之規，以便將往。公感激卽行，簡騶出巡，詢問疾苦，聽斷明詳，關節不行。未幾臺臣以公水府時濫率，追論請罷，上始以觀過知仁慰藉之，旋許其褫。歷掌隷院判決事、禮曹參議、承政院同副承旨。是秋，上猝引進辛壬餘黨，以朋比爲敎，特罷數三臣，而公與焉，納節歸水原村舍。感風痺，舁疾入城，以戊申三月十九日卒，年五十四。訃聞弔賻如儀，五月四日，葬于龍仁光敎山負壬之原。

慶州之金，出新羅大輔閼智，自左贊成礪始入本朝，累傳至元立，文科，以直道見忤，官止府使。府使之孫參判諱載顯以廉謹著。考諱胤豪，縣監。其配牛峰李氏，吾從祖都正諱翮之女，仁惠有婦道。公娶錦城林氏，都事世恭女，三男，樂曾文科，正言，次樂祖生員，蔭仕縣監，次樂天未冠而夭，女適士人兪彦伋。

公容貌英秀，辭氣明快，外無矯飾，內絶崖岸。其事大夫人，務爲和順，晩極志物之養。以家世清素，常恐或忝，歷典州藩，不改先人敝廬，惟致美於墓隧之役。其立朝風采可觀，嘗謂"阿諛順旨，士大夫之深恥"。故在藩時，屬縣有以麥穗兩三岐者，稱瑞以獻，輒抑不奏。其爲臺諫，遇事敢言，言議峻正，絶無婾嫛態。端居杜門守靜，不與人馳逐，其視昵附權勢者，若將浼焉，是以骯髒自喜，於世寡合。雖優於文辭，而終不與瀛選，知公者莫不稱屈。且公才具敏速，足以需世，而天又不假以年，卒不能有所展布，嗚呼惜哉！公歿而大夫人猶在堂，益可悲也。余自幼少從公遊，以至白紛如矣。今於樂曾之請墓文也，義未忍辭，攬涕而叙之，系以銘曰：

剛果之質，敏達之才。飛不盡翰，胡命之乖？
平陂榮辱，素操不回。擧世婾嫛，習俗日頹。
如公言議，何處得來？刻詩陰壚，維以志哀。

執義趙公墓碣

嗚呼！此吾友趙士克之墓也。士克少余一歲，以肅宗二十八年壬午，對策擢別試及第，時年二十二。余亦於是年春登第，爲史官。士克累攝堂后，於是始相識。士克志尙高潔，語訥而才敏，性嗜書，尤好義理文字，未嘗一日釋卷。余素迂拙，與世寡合，獨於士克相得驩如也。

士克始隸槐院，由副正字序陞博士，兼奉常寺直長，間爲議政府司錄，陞成均館典籍。歷司憲府監察·持平·掌令、禮曹佐郎、兵曹正郎、司諫院正言·獻納、侍講院司書·弼善、奉常寺正，選知製敎。外則全羅都事、萬頃縣令。

景宗辛丑，以執義論事，卒被大禍。蓋景廟有疾無嗣，諸大臣稟慈聖，冊今上爲世弟，而公上疏論爲儲君勉學之道，仍請引接臣僚，裁决庶務之時，輒令世弟侍側參聽，以爲隨事訓迪之地。疏入四日始下批，有留意之敎。其夜下敎曰："予有奇疾，政事多滯，大小國事，並令世弟裁斷。"旋因諸臣爭執，遂還寢。於是群凶齊起詬詆公，至曰"陰移天位"。儕流中好爲方便免禍之術者，亦生螫手斷腕之計，始則請罷，終又合辭栫棘絶島，公得珍島。朝中親舊無敢問者，惟吾仲父歸樂公往而贐行。未幾上又命依前敎擧行，四大臣遂率百官庭籲，屢日而不能得，聯箚請遵丁酉故事，又復共諸臣入對，始得反汗。十二月群凶得志，乃構四大臣聯箚罪，請按律，輒謂公啓之，又以公受四大臣指嗾，請鞫問。公遂抗對不撓，上命還發配所，凶徒爭之。

壬寅春，睦虎龍上變書，誣逼東宮，仍起大獄。公復因臺啓就鞫，錫恒以委官進公而誘之曰：“若直告指嗾，何如是久困?”公憤罵曰：“士君子，豈以死生易其守，而揑無謂有？且既謂吾受四大臣指嗾，而請四大臣極律，猶問指嗾，所疑者果何地?”仍供曰：“如使我之言得行於當日，則尙儉之變、虎龍之告，何由以生？今而後我之所陳請，乃徙薪曲突之策，而反陷罔測之科，必欲一殺而後已者，亦何意也?”群凶以所供非所問，遂嚴刑二次。五月因旱疏決，錫恒以一向嚴刑臺諫，元非美事，且與逆獄有異，請還配。一鏡以前日配所已有他罪人，改定旌義，六月渡海抵配所。時金、李三大臣既受禍，士類幾盡劉，而群凶尙不能濟其計，於是更以公疏爲直請廢立，請更鞫。十月公復就獄受訊，有詩自矢，詩曰：“性本疏愚忝憲官，危塗不解保身難。圓扉今日桁楊下，一死何殊衽席安?”又於母夫人諱日有詩曰：“去歲江潭今犴狴，每逢諱日倍傷悲。弟兄但識同憂患，婦孺那能薦醴粢？罪大名虧生亦恥，骨殘筋絶死何遲？泉塗此去無多日，膝下承歡倘有期。”士林傳誦，莫不哀之。

至癸卯受刑已九次，杖毒遍體，氣息如縷，而精神不少爽，祖先忌日必食素。及受訊，顔色不變曰：“我則可殺，我言必行，然後國事可爲。”凶黨之爲問郎者，亦出語於人而壯之。四月群凶知公終不可屈，直請極律。公已判一死，而猶以不全歸爲不孝，書問伯氏以古人自靖之義，以蕭太傅故事爲對，乃遺書伯氏，而斷置家事，惟眷眷以君賜書籍及先賢遺墨爲言。又與內子書曰：“吾今則死矣，然爲正大屍，須抑心毋過哀，率子女善活焉。吾以罪死，祭勿用油蜜果。父母墓祭備行，忌祭助需，亦如吾在時。昌雄善敎之，不文何爲？”昌雄，兒子名也。二十七日鞫廳促公結案，公曰：“速殺我，我無可死罪。”是夜泄痢添劇，遂卒于獄，享年四十三。始藁瘞于城東門外，九月返葬于公州治北金蘭洞負申之原。

當公之死也，獄吏告以飮藥，實則藥雖入，而未及用也。臺啓繼發，伯氏進士公被逮，納供曰：“吾弟無罪而陷大僇，吾不忍見其身首不全，令吾弟自盡。吾亦決一死，同歸見父母於地下。”錫恒以情有可恕，律無可死，杖配康津。甲辰正月，竟創法外兄殺弟之文，用次律于配所。

嗚呼士克！羸弱若不勝衣，而其中則鐵石，其受拷掠也，人皆危之，而余獨保其無他，至是果驗，豈不誠烈丈夫哉？爲國血忱，可謂雖九死而靡悔矣。至如奉先追遠之誠，不以危迫顚沛而或懈，則常時孝子之疏節，有不足論也。

士克，名聖復，號退修菴。豐壤之趙出自高麗侍中孟，入國朝有諱世賢，中廟改玉，除官不就，士大夫高其節。曾祖諱璞牧使，贈參判，祖諱見素縣令，考諱始釆繕工監役。妣全州崔氏，得一女。公配黃州邊氏，湖南名儒望菴以中之孫，父曰世耉。一男三女，昌雄及冠，名靖世，卽公獄中所命也，女適宋必容、鄭鏞、李光龍。宋女自公遘禍，酌水祈天，三載如一日。

進士公諱聖集，字士成，性忼慨好氣節。當公謫耽羅也，創甚輒洗瘡吮膿，扶護而行，見者感歎。卒之甘與同死，其卓絶之行，慘烈之禍，足與公同傳矣。有一男觀世。

蓋公於四大臣中，與李忠文公頤命最親，群凶意公受其意指，必欲得公承款，以上及東宮，爲其所欲爲者而止。微公一死以塞其禍心，則國之得有今日，有未可必，雖謂之功存社稷可也。而乙巳改紀，命復官，後用寃死諸臣例，贈司諫院大司諫。噫！以公疏謂逆而請拿鞫者，皆無禮於吾君之徒，固不可勝誅，而其罪不可不問也。聯箚大臣伸雪之後，如公爲國一死者，合別有褒恤之典，而至今未之聞也，是義理終無可伸之日耶？靖世自幼從余學，以邊淑人識公雅志也，及長自爲狀，來請樹墓之文。余未忍辭，系以銘。銘曰：

惟此四尺之封兮，實吾友化碧之攸藏。
烈烈忠憤之氣兮，安知不作雷迅而吐虹長？

季舅正郎閔公墓碣

吾季舅正郎閔公在幼少時，志氣浩蕩，若泛駕之駿駒，旣而服習賢父兄之教，日就規度，奉職恪勤，務循先法。雖屈於祿仕，而人以遠到期之，遭罹世禍，流落田野，悒悒不得志，年四十三卒，公議惜之。

公諱鎭永，字思甫，驪陽府院君文貞公諱維重之季子也。文貞公凡三娶有三子，海豐府夫人李氏早世不育，行左參贊忠文公諱鎭厚、左議政奉朝賀文忠公諱鎭遠出於恩城府夫人宋氏，公卽豐昌府夫人趙氏所擧，而成均生員諱貴中，其外祖也。

公以肅宗壬戌十月二十六日生，甫六歲而文貞公棄世，仍値己巳之變。忠文公旅寓悲憂之中，左右提挈，勸課甚力，公事之如父，晨昏必行定省之禮。年三十三而筮仕，爲敦寧府參奉，陞奉事。丁酉，以掌苑署直長，占司馬生員試二等第二名，歷掌樂院主簿、戶曹佐郎。庚子，由工曹正郎出爲金化縣監，專城孝養。辛丑士禍作，文忠公首被竄謫，公卽日棄官，與姪子翼洙、遇洙歸依于驪州文貞公墓下。甲辰四月二十八日，偶感疾以卒。翼年文忠公起謫中拜相，朝著乍淸，而公則不能知矣。

公天資儁邁，才又敏達，不甚讀書，而文辭驟進。嘗取古今名筆，臨帖數日，便得其體格，以至陰陽諸方，靡不旁通，百工技藝之事，亦皆多能，而要以遣懷而已，旣略通大義，則又不肯竟學。見人有一善可取，輒驩然許與，雖窮人賤流，不恥下交。若有不可於意者，卽謝絶之，不以始所愛好而有吝焉。愍人患難，周恤如不及，至或冬月脫衣以助喪。性嗜酒，遇輒痛飮，而當官則未嘗因醉害事。嚴於守法，雖門下故吏，犯罪無所貸。謹於辭受，雖微物，不苟取。平居不營家産，戶曹時所用別庫剩米，多至百餘斛，而皆散之親故之貧者，一不入于家。其爲邑也，不妄費公物，且除俸餘，以爲勸課文武之用，其盡職如此。

公未冠時，從氏文孝公謂曰："鐵弟，毋視以尋常兒曹也。他日吾輩盡沒之後，世將以父兄緖業專責於渠，家國必恃以爲重矣。”鐵，公小字也。父兄期望之盛如此，公亦自信若將有爲，而卒不能如其所期，豈時運所驅，有不得容人力者耶？公卒時趙夫人尙在堂，人皆悲之。夫人語及公，每泫然曰：“兒之事我，吾未嘗不得所欲也。”公之誠孝可知，而俾不得終養，此何天也？公於妹婿之喪，以諸孤稚弱，觸冒炎潦，躬擇吉地，卒襄葬事，又育養孤甥，凡有疾病，誠心救視，至死如一，是亦孝之推也。

公初娶韓山李氏，郡守明升之女，生二男，樂洙縣監、覺洙。再娶恩津宋氏，通德郎相光之女，生三女，適士人李德祥、金玉相、李克永。公初葬于文貞公墓相望之地，後移卜龍仁縣東壽院洞艮坐之原，實趙夫人宅兆之左崗也。李淑人從而祔，別有誌。系以銘曰：

有父兄賢，古稱一樂。少若跅弛，志大才博。
勉就規矩，終非齷齪。郎官出宰，百里惠澤。
跡雖胏腑，心則愼約。柱石王家，異日之責。
大禍溢世，田廬屛迹。歲月逾邁，素志濩落。
往往鼓琴，以遣悁寂。不及淸時，嗚呼窀穸。
姊子作詩，載昭穹石。

縣監李公墓碣

今上八年壬子四月二十二日，李公顯應以疾卒于南平縣衙，年五十一。一境士民莫不奔走悲號，及其啓靷也，爭來致奠，扶擁靈輀，不忍捨去，靷行幾不得前。哭聲聞於十里，行路過者亦爲之隕涕。卽竪銅碑于道左，旣又立祠以享，數百年間以去思祀之者，惟宋公炳翼及公云，蓋公爲政，誠心愛民。

時丁大侵，勢急焚溺，公焦心竭慮，思所以濟活，對餐而不能下咽，當寢而蹶然屢興。鳩財設賑，動有條理。自冬已下令，以收將散之民心，考籍査實，務絶僥冒，計口均給乾糧。甚者作粥以饋之，環數百里無一捐瘠，他境之民亦多就食。近世以善賑稱者，類多報以自備，不顧衒鬻之嫌，而公則恥而不爲也。捧糴之際，公以隨得隨納曉諭之，若家人父子，民皆感動，不杖一人而負戴相屬，如期準納。又善爲區晝，自當大同之役，不煩民力，其蒙實惠，不獨飢者而已。夫至愚而神者，民也，彼生而愛慕，死而哭哀如父母然，是豈聲色、號令之所可及者哉？ 今去公之亡， 已十數年矣，或有抱碑而泣者，其至誠之感人如是夫！

公字瑞卿， 議政府領議政惠定公諱濡之子， 錦山郡守諱重輝之孫， 司憲府掌令諱逈之曾孫， 世宗大王別子廣平大君璵，其始祖也。妣咸從魚氏，觀察使震翼之女。

公以肅宗壬戌生， 姿性溫厚淸粹， 自幼已能敬信長者言。誠孝出天，親疾嘗糞禱天，及喪哀毁盡禮，兄弟友愛篤至。惠定公久秉國政，子弟易招人言，而公謙愼自持，未嘗有過。被服儉素，絶無綺紈習氣，素見重於儕友，而終惠定之世，身在韋布。惠定公將配食景廟，相臣白請官其子，公年近五十，始除世子洗馬。丁未，逆黨復進用，公慷慨卽日不仕，優游田里。庚戌，用懿陵敦事勞，調司饔院主簿，又棄去，由義禁府都事出爲南平縣監，實辛亥春也。公葬于光秀山先塋午向之原。

配豐山洪氏，僉正、贈判書諱重箕之女，男女各三人。男時中、明中、最中，女適參判申晩、士人權翯、朴相魯。商芝，時中出，光紹、光綏，申壻子也，餘皆幼。公嘗曰："吾家世受國恩，義同休戚。官無大小，殫誠盡職，庶可爲報效之圖。"卽其素心也。故卒之爲民勞悴，以至生疾，使平生志業薄施於民社而止，可勝惜哉？惠定公立朝四十餘年，一以憂國奉公爲心，若公者，可謂善繼其志矣。銘曰：

一命之士，存心愛物，於人有濟。
我聞其語，今見其人，公實仁惠。
其仁肫肫，本之於孝，推以及民。
分憂在余，曷敢不力？夙夜勞勤。
至誠於物，未有不動，捷應如神。
溝壑衽席，呻喟歌呼，是誰之賜？
概而論之，相國佳兒，聖朝循吏。
胡天奪速，使其利澤，止於百里？
於古誰方？惟召惟杜，民曰父母。
我銘玄石，載敭厥美，亦足不朽。

佐郎洪公墓碣

余旣爲洪宜寧先生樹墓之文矣，旣而得朴君聖源所爲佐郎公狀讀之，公蓋宜寧先生之玄孫也。噫！宜寧先生以判決公爲祖，公則又以宜寧先生爲祖，孫而克類其先者，今古所罕有，洪氏之門，一何多賢也！

公諱河瑞，字演一，南陽人。乙酉，司馬，丙午，擢文科。公素業明經，畫數不足，以製述得之，分隷承文院。庚戌，以上博士主分館，時庭試新榜，國言喧藉，而考官李德壽之子山培尤甚。以德壽官位隆顯，人莫敢誰何，公不少顧避力塞之，山培遂歸校書，士論快之。其黨劾公請拿問，公於爰辭，直陳不撓，竟坐削職。退伏鄕廬，終日端坐，讀書不輟，家甚貧，疏糲不繼，而亦晏如也。

癸丑，丁外艱，哀毁踰制，及吉，親知或勸以求仕，則曰："孤露之人，今雖得官，誰與爲榮？" 杜門養拙，累年一不迹城市，扁其齋曰稼隱。丁巳夏，鄕人適往時相家，時相語及陞六文官幾盡付職，其人曰："吾鄕有洪某者，陞六已五六年，只是司果虛銜矣。"時相怪而招問政吏，吏曰"斯人死已久矣"，時相言其不死，始拜成均館典籍。公旅食數月，卒得風痺，棄官而歸。己未，拜司憲府監察、禮曹佐郎，皆不拜。庚申，拜顯陵令，俄遷兵曹又呈褫。辛酉，八月十八日卒，去其生癸亥爲五十九。

公少受書於李高城栻，固已慣習義理諸書，而窮居誦讀之外，無所事。凡諸性命微奥，多有心會而默識之者，嘗淨寫《心經》於小冊子，出入觀省。其修己立心之要，居家處事之方，一以禮法爲準，知公者謂其不失家學。判決公諱奉世，靜菴賢弟子，先生己卯之禍，爲理其喪事，洪氏之學，寔自此始。

余性拙，於人寡合，公特以氣味相近，辱與往還，有時談論移晷，器宇之雅潔，言議之嚴正，實有人所不及者。間語人曰："洪某其人如玉，合盛玉堂，況世德如彼者乎？"聽者多不信。龍仁有忠烈、深谷兩書院，余猥忝山長，一日笑謂公曰："世不知公，公亦無意於世，未可爲我秉拂於講事耶？"公以靜菴之祠異於他院，一二赴會，而亦以病不能也。公嘗在太學，値從祀議起，或有朴玄石幷擧之論，公堅持以爲不可，只以二宋先生爲請。平居絶口不言時事，而有時憂慨，不勝歎咤曰："使我或處可言之地，則當以崇儒重道爲第一義。"言論大率類此。公皎潔自守，無名之饋，不義之物，一切無所取，得失榮辱，泊然不入於心。其窮餓於擧世貪躁之時者，固其勢然也，而天亦不假以年，使究其求道之志。古所謂不合於人，必合於天者，果何在也？

公初娶礪山宋氏，一女適士人安錫楫；後娶密陽朴氏，一男天澤。公墓于廣之栗村。余於今世之中，自謂稍知公者，不可無一言，遂爲之銘。銘曰：

我懷伊人兮溫如玉，白首窮餓兮稼隱之里。
掩席門兮蓬蒿，朝市邈其弱水。
公既無意於斯世，人或相傳爲已死。
彼奔騖於日夜，決性命於名利。

然四端之未泯，視公行兮得無愧？

察訪徐公墓碣

士有居卑而行高、混俗而志潔者，吾於察訪徐公文永見之矣。公字永叔，達城人。徐之譜有新羅阿干大夫神逸、高麗軍器少尹閈，其先出箕子云。國朝牧使彌性生居廣縣監，是爲四佳兄。歷三世至諱嶰，退陶門人，生判中樞府事諱渻，生諱景雨右議政。公之考副司果諱裕履，其側室子也。外祖咸陵府院君李澥。

公少卓犖不羈，及長折節修行。擕友入寶蓋山讀書，經年始歸，文辭大進。嘗往拜尤菴先生于懷德之板橋，受《大學》而歸。己巳，坤聖遜于私第，吳陽谷諸公諫死，天威震疊。公同成揆憲等上疏爭之，以禁令不得上，而士論壯之。由承文院吏文學官，歷義盈庫中部主簿、歸厚署別提，間爲製述官。外則平丘、景陽察訪。

公雖黽勉爲貧之仕，而雅性恬靜，杜門深居。宗族多貴顯者，而不肯干謁，所與遊皆一世名勝，而白丁雜流絶無至門者。性又敦確，於是非淑慝之分，截然也。年七十七，往遊金剛山，親舊止之，則曰"使吾死而不還，庸何傷乎"，命二子以隨。翼年己未，上進宴東朝，賜耆老宴需，公亦與焉。設供具，與族親樂之，有詩酬唱，寓感祝之意。十月二十一日，無疾而終，明年正月十日，葬于永平居士洞亥坐原。

公居家行誼篤至，親在時，五十猶綵衣，先意承歡。又於奉先諸節，曲致其誠，大小祀事，非有疾，不令人代，至大耋猶然。爲孤甥娶婦，先於其兒，宗人之窮困流徙者，割田而業之。教子弟嚴立課程，使知科業外有用心處，深以世之輕佼浮誕苟逐時好爲戒。閒居不近局戲曰："恐令兒輩知也。"晩來喜《心經》，雖公務倥偬，而必讀一二章曰："恨不早知此味。" 出入必隨身。 嘗遇風舟幾覆， 舟中人皆號咷，公獨斂袵端坐，哦詩不輟，於此驗其學力也。居官一以謹約自律，不爲毫末非理事，刱建傳館，撫恤吏民。平丘之績爲最，其非罪而遞也，郵人奔愬請仍，其後遇闕，輒請更得公而不得，則立石而思之。

嗚呼！程子曰："一命之士，苟存心於愛物，於人必有所濟。"觀於公益信，惜乎其不得大試於世也。公尊慕儒先，遇金愼齋諱日，具祭需而助之，以小郵而能此，已奇矣。又以不能卒業於尤翁爲終身恨，其好德之心，愈可貴也。

公凡三娶，安東金氏，校理壽能女；靈山辛氏，郡守景轅女；全州李氏，進士東標女。二男一女，宗華別提、宗海，李出；申德混妻，元配出。孫男三人命寅、命完、命復。宗海從余遊，來乞銘。銘曰：

八十之翁，楓岳鳩杖。遇者疑仙，流俗謂妄。
卽此一事，可見雅尙。炯然寒冰，心貌相似。
保我貞白，隱彼城市。讀書之樂，死而乃已。
嗚呼斯世，何處得來？我敬其人，作銘志哀。

陶菴集

卷三十五

墓碣

墓碣

生員朴公墓碣

國朝言治，莫尚於己卯之世，言小人之禍，亦莫甚於己卯。其時用人，有賢良科一路，禍旣作而法亦旋廢，不可復行矣。夫三代以後，野無遺賢，惟此時爲然，苟有行道之志，則宜若有出無處。如金老泉先生，固上下之所共渴企者，而其餘百二十人中，不就試者爲四十人，豈以薦法稍近古，而猶以科爲名，非三代之制，而不屑就也耶？抑禍機已見，不可有爲而然耶？是未可知也。

朴公以洪，字士毅，正德丁卯，生員，當薦時，有以用心醇謹、孝悌夙著爲目者。或云靜菴文正先生所薦，而不可詳也。公始在不就試之中，禍作之後，薦中諸賢盡被黨錮之禁。公走入月峰山以自晦，山在昌平縣東洞壑淸邃。公意甚樂之，就峰下置一室，爲藏修之所，圖書蕭散，絶無塵趣。老年從學者衆，優游講磨，以終其世。自號以月影者，其亦不受溷濁之意也歟！

朴出咸陽，遠祖善仕高麗禮部尙書，其後簪纓不絶，至吏部尙書臣蕤，討平南賊，事載《麗史》。曾祖諱得時司僕卿，祖諱鮮司醞署正，考諱遂和進士。生及免懷，能執父喪，不食羶葷，時稱三歲孝子。妣彦陽金氏，將仕郎伯衡女。司醞公以下皆籍光州，至公始移于昌。世傳公兄以寬爲養出宰潭陽，而金夫人不樂赴公府，公奉以往昌，以昌近潭，便於就養也，後不復返鄉，子孫仍爲昌人。

公初配崔氏，早歿而無育。繼娶光山金氏，府使崇汀女。生五子，惟新直長、惟哲、惟年、惟成、惟吉。惟新男吳卿僉知，眞卿，長卿參奉，以孝旌閭，仁卿。惟哲男冲卿，惟年男春卿，惟成男元卿、亨卿、貞卿。曾玄以下不盡記。公葬于潭陽府南高佐院坐艮之原，後孫新克來乞銘。銘曰：

黨錮籍中，以靜菴爲首。
豈獨老年之光華？自可百世而不朽。

處士愼公墓碣

樂水齋愼公，以萬曆癸酉十二月二十三日，卒于安陰之書堂，壽七十三。卒後百有幾年，鄉人懷其德，廟而祀之。《詩》曰“樂只君子，德音不已”，其斯之謂歟！

公諱權，字彦中，居昌人。德器天成，甫成童，已能志于學，而以親命勉就公車，屢發解，輒不利。既而歎曰：“人爵在人，天爵在我，安可舍我而求諸人哉?”遂杜門讀書，覃思實踐，不求聞達，以終其身。其造詣之深，有不可得以測也，顧其可見之行，則居致敬養致樂，蓋無愧於古所謂孝者。而享祀之節，尤致其誠，嘗作小齋於祠堂西階之側，齋於斯祭於斯,忌日必前期十日而齋, 齋之日, 使子弟進食, 女奴不敢近前, 祭則肅然如在。老而不能躬, 則人扶而伏于庭, 陳饌必一一點視而後進, 其純孝如此, 而公則猶欿然不自足也。

其爲學, 大抵明體達用, 而以毋自欺愼其獨爲要。嘗曰:"《小學》是做人樣子, 治己治人, 一以是爲律。" 嚴於正家, 厚於睦族, 於人則揚善而隱惡。臨歿顧諸子曰:"汝曹愼勿爲不善。" 嗚呼, 古人不可見, 而其心若可見, 若公者, 豈非篤行君子人歟? 所居有巖泉之勝, 公樂而忘憂。林葛川薰兄弟於公爲婦兄弟, 暇日從遊, 有訪花隨柳之趣, 李龜巖楨又數相訪, 留連講討, 安陰人至今傳爲盛事云。

公葬於同縣草岾里, 孺人林氏祔, 蓋從判書公先兆。判書諱仁道, 是生贊成諱以衷, 生參判諱幾, 參判之孫諱友孟, 是爲公考。妣八溪鄭氏, 府使玉衡女。公五男, 復亨、復興、復行、復振、復始, 女歸士人金聲遠。諸孫曰證、讜、諫、諰、誠、誧、說、諄、訒、譍、譫、誅、諾、諧、讘。曾玄以下不能盡載。公五代孫守彝能紹其家學, 來乞樹墓之文。余嘉其志, 又悲公湮沒不章, 遂爲之銘曰:

德裕之山, 磅礴扶輿。

跨數百里嶺、湖, 意其間必有瓌才碩德遯世而不聞者公其人歟!

處士金公墓碣

河西金先生嘗詔其門人曰:"《太極圖說》道理精明, 文簡意足;《西銘》規模廣闊, 不泛不漏。若天質高明, 先從《太極》上用功, 不然則且理會《西銘》, 以及乎《太極》。《太極》德性之本領,《西銘》學問之綱紀, 要之終不可偏廢。" 仍手書以授之, 先生學問門路, 於此可攷。而其授受之際, 門人之賢, 亦可知, 公則其人也, 諱齊顔, 字士愚。

義城之金, 出自新羅敬順王, 我朝議政居翼、直提學湄、校理運秋, 仍三世大顯。是生傅賢直長, 顯護軍, 於公爲考。自護軍始居古阜之優德村云。

公善事親, 自幼少時已然, 及喪, 前後廬墓凡六年。嘗毁極而疾, 水漿不入口, 夢人授神丹乃甦, 人謂誠孝所感。喪畢, 又結茅墓下, 晨夕展拜, 涕淚汍瀾, 終身不近華采, 不聽絲竹。每喪餘, 自月朔變食, 以少時衣有母夫人手線者, 常深藏之, 祭日必服而行事。臨歿, 又出置床上, 泣而言曰:"吾死以此斂之。" 其至行如此。

公旣從河西遊, 絶意公車, 潛心力學, 一遵先生所視旨訣。而尤酷好《大學》, 於子弟則以《孝經》、《小學》爲始, 其教之也, 必曰:"知有不明, 行必窒碍。" 此又得於先生者也。又與高峰奇公爲道義之交, 於四端七情理氣之際, 多所辨難。高峰嘗勸以仕, 公笑而不應。伯氏齊閔, 號鰲峰, 李一齋門人也。兄弟學有淵源, 士友咸推重焉。公天姿高邁, 脫然無塵累, 於物少所好, 獨愛竹, 雜植庭除, 顧而樂之，仍名其軒。且能詩，往往膾炙人口。

年六十五，萬曆甲午卒，葬於同郡先塋之傍，室南平潘氏祔。男女各二人，智，晟生員，以孝克家，韓珩判官、金剛其壻。生員生地南，文科，持平，地西、地一、地精。地南取地一子八柱子之。地西男世柱、宗柱。地一男鰲柱、元柱。地精男廈柱。日晉、日恒、日漸、日休、日臨、日井、日升、日謙其玄孫，而外裔之顯者曰參議柳誺、掌令宋思胤、佐郎宋思翊也。

余讀鰲峰哭公之詩，有曰"心淸似片冰"，於此可以想見其爲人矣。獨其踐履之篤、造詣之深，有不可得以聞者，是可恨也。然大賢所以嘉惠後學之意，賴公而得傳於世，又烏可少也？余故曰"河西先生門人金公某"，以此題公之墓足矣。

處士愼公墓碣

公諱復振，字伸之，樂水齋諱權之第四子也。愼出居昌，自判書仁道葬於傍縣安陰，子孫仍家焉。左通禮後庚、進士榮壽、承訓郎友孟，樂水以上三世也。外祖曰林石泉得蕃，其二子薰、芸，卽世稱葛川、瞻慕堂者。

公素受業葛川之門，博學篤志，葛川器重之。始爲親應科，屢屈會圍，不復爲學業。其居喪食粥三年，廬於墓側，每省拜，哀號欲絶，傍有老僧嘖嘖叉手於後。時有朝命焚士大夫墳庵，官人到公廬，公令焚之，則再拜而退曰："寧獲罪於官，吾不忍也。”婦翁無子，欲以公次子尸祀，公不可，及歿，亟議於李氏，立其後，君子曰“有禮”，蓋善其不滅姓也。婦翁之兄青蓮公後白勸公應蔭薦，公曰：“呈身干進，士之耻也。”所居山水淸絶，公就先人故廬，日與隣友成石谷彭年講學於其中，蓋其樂有人不及知而已獨知之者。

年八十四，萬曆己未十二月十二日，終于夜川書齋，夜川其號也。其明年二月，葬同縣古昌里，李孺人祔。公四男，諄、訒、譍、譫。女婿參判曺好益、忠義柳榎。生員景稷、光盛、景望、景逸、景運其孫也。

公爲人溫恭豈弟，於鄕黨尤和厚，雖不爲崖異之行，而明辨義理，處事不苟。不近聲色，不喜交遊，安分守身，以全其天得，蓋以樂水爲父而葛川爲師也。公嘗曰：“忌日終身之喪，豈以支子而不可行祭耶？”及老而病，歎曰：“少不能爲孝，老不能與祭，不如死之久矣。”又戒子姪曰：“勿言人過失，吾家家法也。”當仁弘有盛名，公獨先言其必敗，果驗。

余旣銘樂水公墓，樂水公後孫守彜又爲公請銘，愼氏之門，一何多賢也？然而生而不顯於時，歿而不傳于史，于今百有餘年，寖遠寖湮，世無有知者。嗚呼！其可哀也。然公旣實有諸己矣，雖不知，於公何損？後之爲善者，無或以是而怠焉。銘曰：

在家爲賢子，在鄕爲善士。

以此銘公，庶不愧已。

生員朴公、孺人兪氏墓碣

嗚呼，此故成均生員朴公好賢暨其配孺人杞溪兪氏之墓也。公字季容，密陽人。其先出新羅始祖，本朝集賢殿副提學剛生以下五世連擢第大顯。考諱忠元吏曹判書，妣星山李氏，僉正麟壽女。

公生而穎秀，未弱冠，文譽藉甚。隆慶庚午，司馬兩試，自後發解，輒居上游。判書公卒，公柴毁不勝喪，年三十二辛巳卒。後以曾孫新冑貴，贈司僕寺正。孺人考曰泳；郡守，祖曰絳，判書。壬辰之亂，從其母鄭氏避兵於楊州車踰嶺下，寇猝至，鄭氏老病不能行，孺人相守不忍去，遂與母并命。車踰嶺卽兪氏先山。公始權葬於此，孺人歿而仍祔焉。

夫孝者，人道之大經，人孰無一死？而死於孝者爲難。聖人固不以滅性爲孝，然從古死者少，而不死者常多，則其死者終不害爲孝。況婦人移天之後，能爲所生辦一死者尤絶尠，可以配公而無愧矣。嗚呼烈哉！

凡三男，安節早死無後，安禮通政楊州牧使，安行進士，宗廟令。安禮生承任、承儒。安行生承仁，天文學兼敎授早死，承休、承健皆文科，執義，女適監司李東稷。玄冑、震冑、天冑、新冑、文冑、聖冑、慶冑、相冑、弘冑、東冑、命冑、世冑皆公曾孫，而外孫顯者李監司之子判書秀彦也。

玄冑之孫聖源方爲承文正字，以諸宗人之請，來徵碣文。余夙慕其孝烈，遂爲之叙次如此云。

生員朴公墓碣

山陰山水，甲於嶺南，而龍湖又甲於山陰。有所謂臥龍亭者，故生員朴公尙圭居之。其祖考文楧亦生員，考以爀亦中司馬，旋罷榜，兩世有文有行，酷愛龍湖之勝，優游以卒其身。至公卽舊廬而葺之，仍寓尙友隆中之意，滿室圖書，一塵不到，角巾嘯詠於其中。士大夫慕其風致，咸折節與交，往來冠蓋，殆無虛日。公家素貧，烹魚釃酒，各盡其歡，以是臥龍亭益名於嶺南。

公字賓卿，羅州人。鼻祖應珠，七代祖孟智官校理號春沼者最顯。公與弟崇圭友愛甚篤，未嘗一日離事親，居則致其樂，病則致其憂，喪則致其哀。居母喪時，年六十三，而不勝而卒，癸亥十二月二十日也。

公嘗移葬其考於龍亭之西，從遺志也，及是公又葬於其下。妣長水黃氏，翼成相國喜之後，縣令廷說之女。公娶淸州韓氏，其考察訪夢參。二男壽一、壽齊。側出曰壽祉、壽祺。壽一男師亮進士、志亮，女爲盧世勛、魚翼龍妻。壽齊男景亮、仲亮、季亮。師亮來乞銘。銘曰：

龍湖之水，淸且漣漪。

嗚呼善士，老於斯葬於斯。

進士楊公墓碣

處士楊公時冕子整嘗於台山之下赤江之上，作落霞亭而居之。公萬曆癸丑，進士，間游太學。時昏朝政亂，彝倫斁絶，公賦《長安曲》一篇以見志，大歸鄉里。凶人宰南土者往往過門，輒不見。仁廟反正，公婦黨有當路者勸之仕，笑而不應，偃仰嘯詠，樂而忘世，士大夫高其風致。年四十二，丙寅六月二十日卒，葬於山之中麓，去亭數里。

楊之先在麗末大提學以時、直提學首生最著。直學夫人李氏早寡，父母欲奪其志，負腹子走南原，南原夫之鄉貫而別業在焉。夫人因避寇亂，上飛鴻之山，望龜岳曰："山氣佳哉!"遂宅于淳昌，子孫因之。公直學八世孫也，考諱士衡正郎，祖諱洪副正。

室海南尹氏，端中之女，觀察使復之孫。一男汝稷，高斗望生員、金浯、李文英其女婿。而郡守五擧、舜擧、說擧、髙擧、震基、載基、漢基、命基、翊基生員、炯基、處基、道基、春基孫若曾孫也。

公十五而孤，能自力爲學，動遵繩墨，閨門斬斬有法，其實行如此云。玄孫應秀近從余游，作而言曰："吾祖歿百有餘年，亭旣廢矣，墓亦無刻，願得一言之重。"余嘗得所謂《長安曲》者而讀之矣，詩出性情，其人可知也，遂爲之銘。銘曰：

山峨峨兮水泱泱，我懷古人兮不可忘。

處士權公墓碣

安東權翕子和從余游，間謂余曰："吾曾大父醉醒公抱德潛光，以終厥世，墓無顯刻，已七十年所，其將泯泯焉無聞，子其憐之。"余謹按其狀，諱以一，字士中。始祖幸佐麗祖，官太師。國朝判書興、司諫參、壯元及第正郎克中相繼赫舃，其後數世不振。祖世愚從仕郎，考大信文川郡守，外祖完山李叢。

公少而聰穎，看書過目成誦。萬曆丙午，生員，未幾光海政亂，母后幽廢。賊臣纘男、鼎吉，皆公親黨，有時來見，公惡之，從後門避去，仍盡室歸陽城之德山，自後足不跡城市。疏糲不繼，而處之夷然，傲睨塵濁，沈冥身世，不知老之將至。醉醒其堂號也。鄕人屢以才行薦聞，公漠然無意於世。

年七十四，辛丑某月某日卒，始葬同縣萬祥洞，又改卜故堂之址。室寶城吳氏，進士尙吉之女，與公祔。五男碩老、碩弼、碩載、碩儁、碩賢。側出曰碩平、碩洪。碩弼生道重，碩載生宜重、台重、衡重，碩儁生萬重、器重，碩賢生泰重。翕，泰重出也，翕之弟曰弁、盒。余高公志行，遂爲銘。銘曰：

赤城之陽一畝宮，醉耶醒耶嗟是翁。
逢此百罹欲無聽，去惡若浼凜遺風。
聖化方新如日中，誰令此老死蒿蓬？
衡茅之墟四尺崇，我作銘詩視無窮。

龍巖閔公墓碣

余觀古今孝烈固多矣，未有如龍巖閔公一門之盛者也。尤菴先生嘗爲龍巖傳，載其事甚詳。其傳曰：“閔垶載萬，驪興人，早抛擧子業，跌宕文史，砥礪名節。寓居通津之鳳翔里，鳳翔蓋其十世祖愉所居。愉知高麗將亡，以府院君退居，入我朝不仕，仍歿于鳳翔云。載萬事親奉祭，盡其誠心。有四子，長之釙、次之鈺、次之鈞、次之鈘。女亦四人，長爲崔汝峻妻。居常訓戒，必以義方。

崇禎丙子，北虜大至，大駕入南漢，載萬挈家屬入江都，與諸子屬義旅。丁丑正月二十一日，賊曳船于陸地，至甲串東岸，載萬盡率諸子及奴僕，出信地把守。二十三日朝，賊船將渡，而我船無一隻防禦，俄而留守張紳率舟師至，人皆喜躍。已而紳偃旗止鼓，載萬曰：‘此必無戰意也。’紳果棄船走。或謂載萬曰：‘事無可爲者，一隻船罣在岸邊，吾輩幷力曳入於江，則可以走矣。’載萬曰：‘士大夫以義旅爲名，事急先渡可乎？’言未訖，義將去而師徒潰。載萬顧謂三子曰：‘已不聞行朝消息如何，又未知疆域餘存者幾何，八路盡爲腥羶之地，而今此彈丸一島又如此，雖獲保存，將安歸？’

聞家屬已向摩尼山，追及至德浦曰：‘今日之義，惟向潔淨處，從容就死而已。’或曰：‘此去劒島不遠，潮退，雖無船，可以跋涉矣。’載萬曰：‘跋涉泥濘之際，賊騎猝至，則雖欲死，不可得也。且奔走道路，苟冀幸免，本非吾志也。’

遂同至天登寺，升法堂列坐，使處女三人幷笄，各服其服。時避亂士庶彌滿寺中，載萬厭其紛擾，討一靜處，寺後有三四間土宇，卽移坐。諸婦女各解所帶白紬巾，自經於宇內。

載萬臨訣謂奴曰：‘豈望收葬先壟乎？一家十餘人同此一處，庶得相依於地下，我輩死後，毀此宇以掩之，汝輩各出圖生可也。’之釙曰：‘吾豈忍目見父親之亡乎？’遂先其父而經焉。蓋一家死者十三人，載萬及庶姊、之釙及其妻李氏、之鈞及其妻金氏、之鈦及其妻柳氏、女崔汝峻妻、其次處子三人，妾禹姓也。

載萬父仁伯，能文有行，號苔泉，受學於牛溪先生，策勳封驪陽君。祖思權副正，壬辰倭變，宣廟將西行，思權伏駕前請曰：‘宗社在此，請效死勿去。’外祖縣令鄭熙鄰，溫陽人，有高行，栗谷將薦爲臺官，會先生卒，遂不果。蓋其家世尙氣槩、崇節義、勵行檢，雖其婦孺習熟見聞，皆視死如赴樂地。噫！人誰無天賦之良心？獨閔氏如此者，豈無所以也？”

嗚呼！先生此言，可以不朽於百世，雖謂之與日月爭光可也。公之後孫爀乞公碑文，余遂撮其略而爲之序，系之以辭。銘曰：

此惟天地間正氣之所鍾。

其鬱結噴薄安知不化風霆而爲長虹？

使吾東禮義之邦增光於百世繄公一門之功。

我作斯銘以昭示于無窮。

進士鄭公墓碣

咸平之飛川，有所謂濯纓齋者，進士鄭公穉長孺所宅也。昏朝戊午，靈光人李垓等主讎母之論，設疏會於本縣。公深懷公正之憤，倡多士逐之出境，人謂危禍立至，而公不少動。竟坐是停擧十年，築室於斯，左右圖書，優游自適，士夫高其風節。

丁酉倭亂，公門遘禍最酷，公母及祖母李氏皆自投于七山之海，父進士諱希得，與姜睡隱沆同陷賊中，終以誠孝感狡奴，先姜公出，有《海上錄》行于世。公伶仃無依，依外氏，年尙幼而哀痛如成人，不食肉不戲言。及父還，爲其母追喪，哭朝夕，公亦從傍哭，父止哭亦止，又共素以終三年。

及娶婦入門，見其服御華彩，容色慽然，婦亦感泣，去其美飾。凡魚蕘之出自七山者，不忍近口，家人無貿於市者。父疾涕泣嘗糞，不一解衣帶，每夜久命之退，不得已出戶外，潛候鼻息，知安寢而後乃退。又能善事繼母，母嘗歎曰："雖自生，何加焉？"其喪也，旣哀而廬墓致毁一如喪父時。當祭，家內寂然無一聲，雖病不與祭，而祭之日，必明燭而達曙，其至行如此。

中己卯進士，是後不復應擧，累登薦剡，不沾一命，公議惜之。公性喜任恤，窮族歸之如家，而來則忘歸，尤急人之喪，不計家有無，是以爲鄕黨所重云。

公生於萬曆癸巳，卒于顯宗丁未，年七十五，葬于同縣板橋坐酉之原。配陽城李氏，生四男、一女，弼周、鳴周、以周、昌周，士人李杓其婿也。內外孫曾不能盡記。緈嘗爲公狀德，而今又以濟弘之請，作樹墓之文，濟弘其曾孫也。銘曰：

七山之魚，終身不登盤，孝哉誰儔？
滄浪之歌，消遣此生涯，樂哉何求？
我銘玄石，載闡厥幽。

承議郎朴公墓碣

蓋當丙、丁以後，天地崩裂，忠志之士多憤慨自廢，或走入山林，或放浪江海。若滄海許公格、南溪朴公承任其尤者，而許公猶以詩名，朴公務晦迹不見，以是世無知者，悲夫！

朴爲密陽大家，副提學剛生、正字切問、左參贊仲孫最有名。歷累世，至判書、大提學號駱村諱忠元，是生諱好賢，司馬，以孝死。生諱安禮，通政、楊州牧使，娶青松沈氏，縣監友聖之女，公其子也。

公孝友篤至，丙子遭牧使公憂，旣葬猶晨昏展墓，雖風雨不廢，啜粥飮水，不茹菜果。是冬虜兵大至，士女奔波，公方上墓號哭，奉母入東峽，已而聞城下報，西向痛哭不已。公素不喜擧子業，卒喪，不復就擧曰："縱未能蹈海而死，豈復有當世之念耶？"杜門奉老，孝養備至，及憂守制，一如前喪。有弟承儒抱疾沈痼，公年踰六旬，所居稍遠，而日日躬問，如是者累年。

公多讀古人書，泛濫諸家，尤閑於孫、吳法。丙子亂，權井吉自關東勤王，逆公於路中，問以計策，公曰：“方今城中苦待援兵矣，余見龍津渡有訓局倉，倉有火藥六七櫃，可急遣人取之。分兵上黔丹山，樹旗張砲，以爲疑兵，則賊必撤半圍而來襲矣。乘此時，以輕銳從東門入，則賊鋒少挫，而我師氣倍矣。”井吉不果用還敗，識者慨恨。孝廟時，尤菴先生在朝，聞公義概，要與同事，因知舊勸起，而公終不肯焉。己亥，大喪之後，公語人曰：“不久當有寧陵移奉之議，自此山林之禍作矣。”公歿後果驗，公之先事燭，幾多如此。

平居不以産業經心，屋不蔽雨，朝不繼夕，而常晏如也。持身斬斬有矩度，而與人樂易，以是鄕隣不威而畏，無施而恩。趙公龜錫爲楊州牧時，公里中民有訟於官者，趙公謂之曰：“汝居有君子，何不就質耶?”公之見重於人如此。公不喜與俗士游，所游多方外不羈之士，而滄海翁其知己也。

年六十三，庚戌十月一日，無疾而卒，葬於楊根水多谷西向之原。室龍仁李氏，承旨弘望之女，與公同年生，壽八十四終，祔於公墓。一男五女，男某女某。其曾孫聖源從余游,乞銘。銘曰：

碧海之水，不可蹈兮。

衡門之下，可以老兮。

千秋萬世，應爾悼兮。

通德郎洪公墓碣

遜愚洪公有子曰聖迪，字允之，不幸年三十六而卒。遜愚嘗遯于太白之春陽洞，孝廟己亥，起布衣，授六品官，强起趨朝。公時遘疾將死，泣曰："何辜于天，不復見吾父耶?"聞者悲之。

公南陽人，副提學泂，燕山朝以直道追謫，靜菴先生銘其墓。子彥弼、孫暹皆官領議政。二傳爲郡守敬紹，遜愚其子也，諱鍚。外祖曰監正杞溪兪尙曾。

公神秀而氣和，幼有至性，出遇異味，必歸遺父母。十三歲虜使至京，公發憤倡群童，以瓦石邀擊于路，虜大駭遁去。亂作，遜愚適不在，公搜取書帙中父所嘗好者以隨身，顚沛不失。兵戈甫定，士大夫子弟絶不讀書，公獨不懈益勤。及長，喜棲山房，往輒忘返。人戒其過勞，則曰："與其不學而生，寧死。"爲文不事雕刻，操筆立成，旣屢屈公車，遂乃斂就實地，於《心》、《近》二書，用力尤至。使假之以年，庶幾克紹其家學，而天遽奪之，何也? 嗚呼，惜哉!

配漆原尹氏，縣監敏道女。男女皆二人，翊相、宅相，士人權以得、王之佑其壻也。長房男熙績生員，次房男熙緝，熙績來乞銘。銘曰：

嗟遜愚，有才有學，而不得其位。
而有賢子，而又不得其年，奈何乎天?

贈持平李公墓碣

肅廟庚子，命贈學生李志益爲司憲府持平，以孝也。抱川人士數百人咸言"志益五歲母死，九歲而孤，善事繼母李，溫凊之節，甘毳之供，務以順適其意。設枕斂簟，未嘗使婢僕代之，推以事繼母之母如母。母之疾親嘗糞，冬月浴於冰泉，泣禱神明，仍以成疾，殆不能起居。而母所服饘粥藥餌之屬，不委諸家人，躬自監視，母服之，則喜形於色，忘己之有疾也。母病旋愈，人以爲孝感。

及母死，哀毁過節，居喪之節，一遵文公《家禮》。歠粥以終三年，與人語，未嘗見齒。每以稺年不能執喪爲終身至痛，衣必純素，食不重味。每遇忌月，不食肉，具明衣處別齋，以盡其誠。又必思平日所嗜之物，以辦祭需，祭日哭泣號擗，若在袒括。聞人有老親，貧無以養，又或親死而窮不能斂者，輒爲之惻然，竭力顧助，無難意也。

年旣衰老，猶躬行享祀，未嘗攝行，或勸以調養，則公泣曰：'吾天地間一罪人，早失怙恃，不能盡人子之職，不於此用誠，惡乎用其誠。'聞者感泣。死時，又飭其子毋厚葬。雖古所稱孝子，無以加之"。觀察使臣演以聞，下禮曹，臣鎭厚請贈職，有是命。今上丁未，又命旌門。

公字子謙，驪州人，高麗仁勇校尉仁德其上祖。我朝兵曹判書敬憲公諱繼孫，號爲名臣，公其六世孫也。祖諱友廉贈參判，考諱尙豪同知中樞府事，妣丹城李氏，義秀之女。公甲戌四月三日卒，去其生戊午七十七，葬於抱川蔘洞。室咸平李氏，府使瑞麟其考。無嗣，取族弟志得之子時鎭爲後。時鎭二男，曰潭、曰濯。三州李縡嘉其行，表之於碣曰：

嗚呼母兮，生我鞠我育我。
欲報之德，昊天罔極，而鮮或有能盡其職者。
使視公之行，其無愧色？

學生安公墓碣

順興安公悟覺初，年四十一，崇禎庚子卒，葬于果川之良才里，孺人江陵金氏祔。其子堯佐欲乞銘于三州李縡，老不能躬，疾且革，命其子衡、衢曰："吾父之棄小子也，小子甫五歲，儀形易睹也，猶不能識其髣髴，況德之蘊乎中者耶？然竊嘗徵諸吾母，有一二可傳，將以是徼惠於當世立言者，今則已矣，吾其不瞑乎！"旣歿，衡等亟踵門涕泣而請，余悲安氏兩世之志，遂記其世著其行，錄其後承，俾刻于墓。

其世則麗末洎我朝，及第碩、謹齋文貞公軸、文簡公宗源、良度公景恭、靖肅公純、文肅公崇善，凡五六世，赫然爲名人。文肅之後四傳爲縣監世寬，己卯士流，是生進士祥。祥生春仁，忠毅校尉，是公三世。外祖軍器寺正草溪卞廷立也。

其行則九歲爲卞夫人割指進血，其後父疾，又割股。父母歿，與僮指二三廬墓下，猶自力乎喪禮。又遭時亂離，家事蕩殘，比有室，能立祠堂備祭器，晨昏必拜展。當祭致慤，雖臠餘皮毛之屬，不令褻棄。甚嗜書，有市者，衣服馬牛亦不恡也，又手寫至四十餘卷。待妻子以義，與宗黨以和，遇鄉里以恭。當路有聞其賢，要與一見，終不肯。

孺人之世，曰縣監忠淹、牧使行，其父與祖。事君子無違志，及寡，能理家嚴整，又教子勤學，不爲姑息愛，是其行也。其後承，則曰堯錫早死，堯佐其次，有文行，不幸坎壈以歿，一女爲李奎相妻。韓珪、李夏根、林蘅，堯佐之壻。李奎相二壻，尹溆、黃腆虞候。衡、衢俱進士，衡男曰載泰、載復。銘曰：

父母畜兮胡不卒？喪亂集兮能自立。

孝爲楨兮書滿籯，雖蚤亡兮其澤長。

學生閔公墓碣

閔氏世文雅，爲東國名族，在我朝立巖公最隆顯，季曰監察齊英。公其四世孫，諱光時，字益之。考楗參奉，妣林川趙氏，參奉希聖之女。立巖公嘗居淸之立巖，至參奉，遂家焉，公則生而老，歿而葬。

據其狀，公事親能竭力，或釣於水，或採於山，得一味，必別藏之。家甚貧，便身之具畢給，以至月備歲制，靡有餘憾，祭奠咸如儀，又置墓田。與昆弟友，視其子如己出，孤者育之，仍爲之嫁娶。田取荒頓，僕取老羸，一如薛孟嘗。待人氣味溫然，見不善若浼。

立巖之後，有文忠、文貞暨文孝、忠文諸公相繼大顯。公絶無扳援意，或勸之仕則不應，安分守朴，以終其世，距其生天啓丙寅七十一。

配安東金氏，壽八耋，後公四歲祔。男晉重、漢重、虞重、楚重，女申洙。鎭岱、鎭岳、鎭嶅，二房出。鎭綏，鎭溥，鎭瑞，三房出。四房男鎭埰、鎭溟，鎭埰爲長房後。

公內蘊實行，旣壽而臧，而多子孫，子孫又稍稍以文自振，天之報善人，其在是歟！綏、岱、岳來請銘，以余立巖之彌甥也。銘曰：

宗族稱孝，鄕黨稱悌。

伊聖人謂之士，豈必皆文質彬彬而後君子？

學生朴公墓碣

綾城朴獻可從余游，一日以其父思愼之言請曰："吾祖諱瀏，字美源者，隱居求志，蓋類古之遺逸。其先出咸陽，高麗尙書善、本朝世子翊贊遂智選淸白吏，是最顯者。曾祖主簿苓，祖同中樞成仁，考通德郎震煥。世居寶城郡，至公始徙于綾。綾之邑東五里有冷井村，公愛其泉壑，選勝而居焉，其改以寒泉，則所以寓慕朱子之意也。

公姿性雅潔，絶無塵俗之累，幼失怙恃，不及致養，實有終身之慕。昆弟四人，夜則同衾，未忍頃刻離違，孝友之出天如此。鄕俗故多躁競，公獨杜門守靜，以行義自礪，善者漸知嚮仰，不善者畏之，居久之，風俗寖變，頗以禮讓爲事。公築石爲砌，引流爲塘，左右花竹，交映琴書，而偃仰其中，讀書以自樂，蕭散有出塵之趣。乙卯七月二十七日卒，享年四十九。

配清道金氏，配君子無違，公歿後，敎諸子成就。三男，斗咸、文咸、泰咸，泰咸吾父也。吾鄕之人語及公，必曰善士善士。然不有大君子一言之重，恐無以徵信於後，敢以請。”余嘉其孝，遂爲之銘。銘曰：

千里相望兩寒泉，不見其人懷其賢。
一室圖書坐蕭然，此樂惟公獲之先。
我作銘詩寄幽阡，嗟哉令名垂億年。

學生金公墓碣

公諱始聲，字大而。金出彦陽，高麗名臣就礪之後，本朝副提學敬直、直提學汶最顯。歷數世護軍宗胤，尤菴先生爲作傳，是生錡，壽職嘉善，公其子也。

少能文，屢發解不耦，老於龍仁之直谷，谷有巖泉之勝，樂而玩之，自號玩澗翁。讀書飭行，以終其身，壽七十七，葬於其屋後。公性孝，母疾，爲之嘗糞血指，父老而視聽俱廢，服勤左右，至愛惻怛。及喪，喪制一從《朱子家禮》，每晨謁廟，喪餘之齋，不與人言語，當祭號慟，如袒括時，至老猶然。樂善好義，尤急人之困。

嘗游尤菴之門，己巳栗、牛二先生之黜享也，飭子弟廢擧。南相九萬爲同硏友，及貴不一造其門，其骯髒自守如此。

孺人洪氏，南陽名族運之女。男後卨、後尙、後奭，女適朴相規。後卨男弘泰、弘履、弘濟、弘晉、弘復，後尙男弘俊、弘傑，後奭男弘敎、弘鼎、弘益。

公卒於癸未十一月十日，孺人後公十四年卒而祔。弘敎、弘復以余之是鄕也，來請銘，銘曰：

有澗可濯，有書可讀。
白首婆娑，我全我樂。
刻此玄石，以發幽德。

學生權公墓碣

權故爲大族，自安東太師幸以來，世有人，國朝有諱準領議政，公其後也。祖諱耋僉正，考諱士吉洗馬。公諱磬，字樂甫，不求仕進，終身讀書以自娛，壽六十五終。孺人鎭川宋氏，通德郎興吉女。公始葬水原，孺人後公十四年乙酉卒，明年三月，遷公之墓，合封於木川原洞山。子男四人，必衡、必達、必昌、必聞，女三人吳斗星、金櫶、漢恩君趙廷翊婿也。必衡生萬載、萬年，必達生萬重、萬裕，必昌生萬成、萬秤，必聞生萬時、萬柱、萬朝。萬裕嘗從余，道公內行之美，親有疾，斫指以進，又爲之嘗糞，其喪也，啜粥以終三年。又推而及於兄弟宗黨，咸盡其愛，此其大者也。嗚呼！人道莫大於孝友，而公則能之，其可銘也已，銘曰：

有行無位，而獨有年。

豈所謂不得於人，而得於天耶！

學生徐公墓碣

徐丈行遠以才行進而仕于朝，賢公卿大夫多折節與交。既而余聽諸鄉人則曰："某之翁善士，質實無僞，德積于躬，宜其生是子也。"今讀狀果然。公諱重榮，字子觀，利川人，世居木川。上祖神逸，新羅阿干，高麗章威公熙、本朝判書選、判書之曾孫應敎赳最顯。有諱後長將仕郎，娶洪州李起成女，生公，出爲族父通德郎鏶後。牧使壽千、僉中樞煥、主簿得亨，通德以上三世也。

公蚤失怙恃，其事通德公，志物之養，靡有不備，一言一事，無或敢違，通德公稱爲孝子。通德公三載淹疾，公至誠救護，爲之嘗藥嘗糞，以至親禱山川奧竈，而盛冬沐浴致虔。及其喪也，晝夜露處於殯側，雖寒，一不入室。鄉里觀葬者累百人見其顏色哭泣，莫不感悅。

晚年家業稍饒，常有不及之歎，每祭具饌豐潔，祭之日，坐而待晨，僾乎若見之，其誠孝如此。平居整衣冠端坐，至寢始解，病倦亦未嘗攲臥。聞人善，若己有之；見人惡，疾之如讎，而至於傷人害物之意，不曾一萌於中。村秀子弟多從遊，勸課有方。壽七十九，壬辰三月二十八日卒。

室扶安林氏，宣務郎尙蓊之女，年七十六，與公同年而歿，合祔于縣內飛靈山甲坐之原。一男卽行遠進士、司憲府監察，二女適朴愼交、金壑。行遠男慶普，李光白、李龍登其女婿。朴之子宗厚，壻李聖登。金之子胤錫，婿韓後洛。慶普二男陽遇、夢遇武科，女爲李命虎、郭泰濟、張一紹妻。

監察丈遺命託余以墓文，不能辭。銘曰：

生爲善士，死有令子。

天之餉公，亦孔之豐。

贈持平李公墓碣

有與靜菴友而色斯高擧，以校理終于鄕者，曰杏園李公阜，鎭人慕其孝，躋享于百源書院，公其來孫也。諱楫，字用汝，固城人。其先在麗末國初，文貞公嵒、文敬公岡、襄憲公原，仍三世大顯。五傳而爲杏園，杏園之曾孫恪同知中樞府事，其子健修義副尉，於公爲祖若考。妣咸平李氏，僉樞好文之女，仲父別提僩無子，子公。

公以崇禎己卯[1]生，自幼有至行，愉色順志，左右致養，不使人代勞。父母曰："是善事我。"親黨無異辭。親癠，衣

1 卯：底本에는 "酉".《明谷集 卷28 李用汝碑陰》에 의거하여 수정.

不解笑不矧，嘗糞甛苦，夜則露立禱天。居喪，啜粥三年，每哭墓，行路住足出涕，羸毁幾不保。或勸以薑桂之滋，則輒泣，勸者亦泣，不忍復言。父病時，思西瓜，背節不能得，終身以爲恨，不復近口。以葬地不吉，積歲誠求，比卜兆，公病矣，趣令子弟行事曰："吾死不恨矣。"手執山圖，臨絶猶不肯捨，且曰："父喪，吾不幸病癘，斂殯不克盡誠，毋我厚葬，以重我不孝。"卒年七十五，後四年，肅廟丁酉，鄕人以公行聞于縣，縣曰觀察在，觀察曰"噫！旌善，吾職也"。乃上于朝，越三年，贈司憲府持平。今上乙巳，復表其閭，君子曰："不如是，善者何勸焉?"又曰："杏園公可謂有後矣。"

公端慤謙恭，非甚病，未嘗自逸，正容體遠暴慢，喜揚人善，聞人過若無聞，仁于鄕黨，睦于宗族。諸妹貧甚，病則賣田爲藥，新作舍無蓋，撤其屋以覆之，是皆孝之推也。恤窮匱如不及，有喪必匍匐，婦家所有臧獲一無問，人有假貸而不能還者，爲焚其券，其泊於貨利如此。然孝者，行之首，其細可略也。

室文化柳氏，佐郎以厚女。十歲喪母，夜失火將及寢筵，仰天哭守不去，旣而風反火滅，人謂之孝感。及歸公，事舅姑以誠，六親稱之，與公同葬于鎭之玄巖坐壬原，一子參奉燮。繼娶鎭川宋氏，父曰之任，先公一年卒，葬同縣甕巖，去墓五里而近。四女爲安脩、尹榎、趙奎範、進士張源妻。

余嘗寓雪嶽下，燮委來謁文，越巖崿淩虎豹而無難色，余辭不敢，則泣曰："吾老且死，無以歸見先人矣。"語竟復泣，其後屢見常然，辭氣懇款動人，不問可知爲孝子子也。

噫，公以杏園爲祖，而有子又如此，余雖不及公，公之孝益可信可敬也已，遂爲之銘。銘曰：
是惟孝子之藏，嗟後人無毁傷。

通德郎尹公墓碣

尹君鳳適父客死于黃驪，翌年鳳適又不勝喪以死。砥平洪生煥箕於鳳適爲姻屬，鳳適夢洪而告之曰："吾父嘗爲吾王父裒集言行，欲乞銘於李公某，不及就。鳳適受顧言，不敢墜失，不幸又遽死矣，吾已草家狀，又作上李公書，爲我語諸弟亟圖之，吾乃瞑矣。"洪心異之，以其言告之，弟鳳休等泣曰："果有是矣，然吾父既葬，吾兄爲取家屬往嶺之安東，死而無歸，草本固已有意而不及耳。"已而鳳休閱嶺外書帙得之，手墨宛然，蓋死前數日也。又泣曰："余小子不及知。"於是以其書及狀，疾來示縡，拜且泣曰："此吾父若吾兄泉下之望也。"余感其至誠，亦爲之泣。

按其狀，公諱時卿，字汝相，坡平人。侍中瓘以德業大著于麗，我朝昭靖公坤錄佐命功，公其九代孫也。曾祖參判諱仁涵，號竹齋，宣廟朝名臣。祖諱弘毅，京畿都事。考諱惟謹，正郎。妣安東權氏，都事必中女。

公生有至行，其居正郎憂，廬墓致毁。家貧兄弟析居，每以爲恨，語及流涕。母夫人或在他所，晨夕徒步展省，不以風雨而或廢，出而遇異味，輒懷歸以進。母夫人嘗病痢，竭誠救護，夜則涕泣禱天，三月而瘳，人以爲孝感。事伯氏如嚴父，待家族有恩，見幼小者，必擧祖先孝友敦睦之行，申戒不已。嘗謂黨議乖人心術，平居罕與人論辨。甲寅，尤菴先生之受誣也，公慨然曰“此世道消長之機也”，同朴公泰斗上章直其寃。蓋公考正郎公以太學齋任，嘗首倡栗、牛兩先生從祀之論，家世主張士論如此。

公性好酒而不及亂，往往發興吟哦，格調清高，筆法亦遒勁可喜。屢擧卒不第，年四十六乙丑五月五日卒。士友咸齎咨曰“斯人至斯”，相與賻襚而斂之。時母夫人猶在堂，公臨命無他語，惟以不得終養爲痛。葬於永平先山負甲之原。

配羽溪李氏，德雨女，無育。繼配清州韓氏，考曰司果頫，喪公三年之後，猶疏食惡衣以終身。一男二女，男明啓卽顧言者，女適金聖溥、洪鎭杓。明啓四男，鳳適其長進士，次鳳休，次鳳彩，次鳳周出後族人。女爲金德綏、黃圭、李龍瑞妻。金聖溥子大徵，洪鎭杓二子 聖箕、胤箕，申思幹、李永配，其女壻也。鳳適之男曰心傳。

公之善行多可書，而大抵一本之孝，觀於子與孫而可知其所自矣。況鳳適之事甚異，豈天相至孝，欲以是彰公家三世之孝也耶？嗚呼！是亦有是理也。銘曰：

永之水兮淸瀉，永之山兮窈深。

惟此一片石兮千百世之下，尙或見孝子慈孫之心。

處士宋公墓碣

宋君頤錫，湖南之望士，從余游學，嘗以柳上舍乘所爲狀，爲其從叔處士公請樹墓之文。余讀其狀，公諱緯奎，字善徵。宋氏始出礪良，中間一泒移籍于新平，蓋從郡守自殷始。歷四世有大護軍起源，生諱格同知中樞，其子諱之煥娶進士光山金成輅之女，是爲公考妣。

公生而穎秀異凡兒，學書不煩師敎而能通大義。穉齡遭外艱，執禮如成人。其事金孺人，極其誠愛，朝夕入廚，躬視烹飪，務以適口。或言其太勞，則曰："如是而後於分爲安。"孺人年高病甚，頃刻不離側，起居飮食，必身爲之扶持。孺人憫其憂悴，强令退歇，公雖未敢違，然常屛息門外，屬耳窓壁間，以候氣息之如何，如是者四五年如一日。疾旣革，連夜澡浴，拜于北斗，旣又築壇園中，至誠祈禱于上下神祇，願以身代，而不能得，則毁極而僅不死。喪除後數年，猶不與人宴樂，其祭也，僾然如或見之，庶羞取精不務多。子弟或不謹於齋潔者，必斥退之，雖僕隷之助供者，不令以不潔入齋所。

自以早孤，擬以所事先人者，事其季父。所居不甚邇，而必日一候焉，祁寒盛暑，未之或闕，得一美味，必先進之，出入又必告焉。敎子弟以義方，亦皆信服，不敢爲非。以門內多窮族，與數三家稍饒者，捐出餘財。每朝夕登石亭高處，望見煙氣不起，則曰"某家飢矣"，亟取以救之。宗人有欲賣田以爲生，而患瘠确不能售，公令於己田中聽其自擇。又愍其族兄窮甚，爲之構草屋，邀與之同居，薪水之勞，亦令婢僕同之，其敦於睦婣任恤如此。蓋公天資篤厚，性又嗜書，老年猶閉戶深居，仰讀俯思，日誦《中庸》、《大學》以自勵，故其實行之可見者又如此。以戊辰二月十五日卒，享年四十七。是歲九月，葬於縣南天堂洞。

公配錦城羅氏，進士僖之女，後公六年歿，與公祔。二男，範錫，次曰文錫進士。余惟公溫醇謹恭之德，洽于家庭，信于鄉黨，殆古所謂善士者。遂敢樂爲之役，而所恨頤錫已死，不令見之也。系之以銘曰：

十室忠信，聖人有言。如公篤行，孝爲之源。
身備六德，到老彌敦。嗚呼君子，終不可諠。
作銘闡幽，表玆墓門。

贈參判洪公墓碣

南陽洪公受晉卒于高山之寓舍，無嗣，仍葬其縣北。卒後十五年壬午，婦具氏上言乘輿前，願以兄子禹傳爲後，上矜許之，蓋公嘗於諸子中賢禹傳。禹傳己亥以咸陽郡守闡乙科，越二歲進職爲慶尙道觀察使，遂贈公吏曹參判，具氏封貞夫人，人曰："洪公眞知子哉！"觀察尋進二階，爲行大司諫。大諫將樹碣墓前，屬余爲文。緈敬諾，未幾大諫卒，緈心悲之，猶因循不就。旣而歎曰："使公復起，吾無愧乎？"亟取其狀而叙之。

公厚重寡言笑，器度甚偉，事親有至行。居喪暑不脫衰絰，病不近薑桂，與群兄弟處油油，如筆研服食，無一物自私。遠貨色避勢利，接人和易，無畦畛。每論古今人得失，聽者忘倦，性又聰穎，傍治明經業，謂一第可朝暮取，卒不偶，命也。

麗氏佐命臣殷悅，實鼻祖，我朝友菊齋諱敬孫、石壁諱春卿、海峰諱命元俱以文學才猷顯。海峰之子諱處深僉正，公考也。妣羅州朴氏，錦溪君東亮之女。

公字景三，崇禎甲申生，戊辰四月七日卒。具出綾城，夫人考曰通德郎致中。四壻李敏榮、宋必熙直長、尹直教、李宇濟生員。長婿子東喆。宋繼子生員載萬。尹子東淵、東游、東啓。季婿繼子集聖。大諫娶吾叔祖打愚先生諱翊之女。男啓福，有雋才，未娶夭，啓祿蚤死，啓禧進士。

始夫人之上言也，或謂曰："不有四女乎？"夫人曰："不者，無以見君子於地下。"卒備享榮養，及大諫卒，夫人大耋猶無恙，悲哉！然大諫以直道見黜而死，士論賢之，有子如此，公鑑識之明，於是乎益驗矣。吾知不食之報，將永世而無窮也。銘曰：

生子未必賢，賢未必不窮。

生無子而死有子，子又賢而達夫誰如公？

嗚呼，知子莫如翁。

大諫公卒後一年己酉，夫人卒，去其生壬午八十八，十月八日，穿參判公墓而葬焉。夫人誠孝出天，母李氏篤老久疾，夫人窮晝夜扶救，嘗藥奉袏，浣滌厠牏之節，靡不躬親，歷三歲如一日，群兄弟咸歎曰：“吾儕愧且死矣。”相與割田民，爲券而歸之，夫人辭不能得。夫人早寡，能自力紡績，嫁諸女不失時。晚年備受榮養，輒愀然出涕曰：“吾忍獨享是乎？”衣衾之屬，終身不近華靡，在嶺營時，晬辰例獻，亦多不受。夫人善行多可書，而其嚴正識大體，已見於原碣，其細可略也。

學生朴公墓碣

朴君聖源士洙自布衣時，力學績文，有聲士友間。及擢第，始從余游，疏糲不給，相守不去。余寡拙獨學，深有相長之益，若士洙者，使置程門，庶無愧於已仕忘爵祿者矣。今上甲子，坐直言栫棘於南海島中，日讀書不怠。曾以其祖考學生公樹墓之文見託，又有書速之。

余遂出其狀而讀之，公諱玄胄，字叔度。朴氏自新羅時分封八大君，而貫密陽者最盛。入國朝，副提學剛生生切問正字，是生左參贊仲孫，生楣禮曹參議，是生光榮刑曹參判。參判之孫諱忠元吏曹判書、大提學，號駱村，於公爲高祖。曾祖諱好賢生員，贈司僕寺正。祖諱安禮，通政、楊州牧使。考諱承任承議郎，丙子虜亂後，不赴公車，有隱德，號南溪。妣宜人龍仁李氏，承旨弘望之女。

公以仁祖丙戌生，天性慈仁，器度寬厚。庚戌，承議公暴疾濱危，公涕泣號天，卽斷指和血以進，而竟不救。公執喪盡禮，奉母夫人，一意承順。家本清貧，併日而食，親廚甘旨，未嘗乏絶，晝夜常在親側，躬視爇薪，以適其溫凉。其宿於外也，雞鳴必入，非不得已，則雖隣不往，往必早還。母壽八十四而終，公哀毁踰節，成服後，猶糜粥不入口，哭不絶聲。閔孺人曰："夫子必以生時奉養之節未盡而然，此則妾之罪也。"又泣而不食，衆人皆不食而泣。公之庶弟適出外歸見，苫次及諸房裏，有哭咽聲如未殯時，入視之，皆臥而不能起。遂泣而告公曰："將使闔家盡死耶?"取粥飮力勸，公始强進之。

公永感後不復爲公車業，且不喜交游，杜門潛居。好讀經傳，日有課程，至老猶篝而讀之如童子時。燕居必跪坐，雖對子弟，少無褻容，御家衆多寬恕，而中有法度。諸妹婦女同室者多至十餘人，而公嚴飭婢輩，切無往來雜言，務令一家內外上下，一於和樂。平時若不以事物經心，而宗黨或有難處事，則必先幾默運。臨變裁斷，動必中窾。待鄉鄰大小，一以恩厚，皆得其歡心。

己卯二月三日，遘癘卒，享年五十四。臨終顧諸子，縷縷教戒，無非義方。始葬于楊根，移葬楊州大谷里坐卯之原。配孺人閔氏，節度使墡女，别有誌，年九十而終，與公祔。擧二男四女，男震錫、乃錫，女適士人權聖徵、李瑜、黃宗烈進士、洪河瑞文科·佐郎。震錫三男一女，長最源，次聖源，卽以言獲譴者，次泰源出爲乃錫後，健元陵令金應祉其婿也。諸孫宗相、宗植，餘幼。

余嘗怪士洙勤篤，非今世士，方知來歷可徵，"靈芝無根，醴泉無源。”豈虛語也耶？如公寬恕孝友之德，宜若爲神所勞，而卒坎壈以終其身，豈爲善無不報，而遲速有時而然耶！士洙雖不遇於世，而天之困窮而增益之者，似不止於今而已，吾於士洙且卜之也，姑書此以俟之云。銘曰：

駱村之後，近稍不振。讀書田地，種子未殄。
培以孝友，壅以忠信。既有于躬，胡靳其進？
我闡厥幽，貞石不泯。有孫克肖，既勤且敏。
如彼醴泉，有源斯浚。爲善之報，萬億無盡。
勉哉後承，餘慶是認。

處士金公墓碣

河西金文靖先生，道學節義卓然爲百世師。先生之先，數世居長城，其後多以文行相尙，有諱鳴夏，字大遠，其四世孫也。幼有美質，不嬉戲，謹守長者敎不失，深居喜讀書，村人號樓上郎。

居喪哀動隣里，終三年不見齒，祭則肅然如在，錭濯陳設，必躬莅之。每日晨謁，節物不薦不食，別立祭田。文靖公易名久，子孫貧不能迎恩，至公始克行。母病思西瓜，不時不得，公以爲恨，終身不近口，又能事繼母孝。析產自取荒頓，又割已田以周外黨之窮者。平居儀度可觀，嘗與人行涷雨，公所騎良，猶緩驅如常，見在後者有遽色，引轡讓路。子弟有過不少貸，見人善欣然慕之，不善者面斥之，於卑賤則輒爲之惻然曰:“此殆不知而作者。”

嘗寓默會村，隣有爭楮而毆其妹者，公招致開諭，若蘇瓊之於乙普明，自與之如其數。其人叩頭不敢受，還其所爭，仍與讓田，改爲敦睦之行，人皆感服，去後追懷不已。少攻擧業甚力，親歿則曰:“欲爲榮，誰爲榮?”杜門深山，足不及官府，左圖右書，雜植花木，嘯咏其中。年六十遘疸，自知不起，作挽歌抒懷，子弟勸藥物，不肯曰命也。以丙戌六月九日卒，葬于華蓋山下先兆。

曾祖從虎察訪，祖南重，考亨祉贈佐郎，妣南原梁氏，山嶷女。公配李氏國姓，能盡婦道。公平居不問産業，人謂內助爲多。後公七年歿，墓在麥洞。二男致瑞、奎瑞，三女爲邊俅、鄭萬濟、林蘇妻。致瑞生宅賢、普賢、挺賢，壻鄭堯臣、鄭樸。奎瑞生宗賢、益賢、得賢，閔師淵壻也。

佐郎公有至行，鄉井以聞，方議贈典。公臨死飭諸子曰:“恨吾不及見，制下可告我。”如其言。公常自誦曰:“萬一有不義之事，是辱先也。”其操心飭行如此，故一鄉稱爲善士，歿而咸嗟惜之。嘗聞河西翁於《小學》書用工最深，今以公狀觀之，其言行不合於《小學》者蓋鮮，豈亦得之家庭緖餘耶? 嗚呼! 若公者，眞河西翁子孫也。公臨老又作十訓，以飭後孫云。銘曰:

《詩》不云乎? 夙興夜寐無忝爾所生。

公實有之，我以爲銘。

陶菴集

卷三十六

墓碣

墓碣

通德郎閔公墓碣

吾外氏驪興之閔，世以文雅稱，至振衣諱汝任，有淸白之節。其子枅社稷署令，生諱光熖，公其子也。諱寅重，字士建。天性至孝，親病嘗糞驗差劇，吮疽完合乃止。甲子，荐丁內外艱，哀毁踰制，葬祭盡禮，啜粥以終三年，及吉猶不近華服、滋味，卹卹有終身之喪。與一弟同室，常以一衾一卓，共其寢食，其樂翕如，弟亡久而枕席有涕泣處。乙、丙大飢，得一飯，必先饋孤寡，而後及己子，其敎子亦以孝悌爲先。性又脫略，不治生產，每曰："家無長物，貧以受之，貧以傳之，可也。"老峰兄弟，於公爲三從，李相國尙眞亦其從叔，咸勸以仕。公不應，有時入洛，不肯少淹。遇宗族敦睦，與人交一以忠信，其行誼大略如此。

室寶城吳氏，正言世佑之玄孫，父曰禼。十四爲母血指，旣配公而未于歸也，知公菽水不繼，每朝夕却食涕泣，父母感其誠，分粟周之而後乃食，及歸甘旨必給，雖典衣截髮而無憚也。姑久病不櫛，患多蝨，孺人自油頭共枕，引蝨止痒，往往孝感若冰鯉、幕雀故事。公年五十五，壬午三月二十日卒，葬于淸州兵馬嶺枕酉之原。孺人先公六年歿，至是祔。

嗚呼！余讀經傳，大率必先言孝。孝者，仁之發而善之長，是以推之四海而皆準。似此孝子、孝婦，在古亦鮮，況幷萃於一門者乎？鄕人以其事行聞于朝，請加旌褒，而不及施行，公議恨之。然公則自盡子職而已，何求人知？其刑家之化，亦足以勵世而範俗，豈待棹楔而後顯哉？

男鎭耉，女壻申混宗簿寺正。鎭耉二男泳洙、向洙，申子喜淸、尙淸、彦淸。鎭耉使向洙來乞銘。銘曰：

人生百行，惟孝爲先。緊公之德，蓋原於天。
亦越孝婦，其行孔嘉。不有實心，何以刑家？
淸白之門，添一光華。我是自出，其言以實。
勉哉後人，遵守勿失。

贈持平吳公墓碣

公諱斗雄，字季明，自號隱谷，海州人。其先出高麗軍器監仁裕，近世天坡諱䎘、百千堂諱翽俱有文章行業，至忠貞公斗寅又以身殉國，鄕人立院以祠之，由是吳氏蔚爲名家。公，百千堂之季子，忠貞公從父弟也。爲人恬潔，少嗜欲罕言笑，窮居六十年，不爲一毫非義事，以布衣終。世居陽城天德山下，鄕人稱公，必曰"孝子孝子"。蓋公六歲而孤，事母元氏，一順其意，藹然有深愛。母寢疾，爲之嘗糞，時方嚴沍，日浴冰泉，涕泣禱天。及其喪也，哭踊屢絶，食不過糜粥，身不近絮衣，常露宿柩前，旣葬猶不能去，伏於土階。父兄爲築土室於廬側，當夜入處，枕塊假寢，晝則又如初。父兄憫之，又毁其土室，則公又露處如未葬，又不得已還築之。毁而肢體皆腫，杖而後能起，朝夕必上墓哭，大寒暑風雨亦無曠。其常伏處，草不生，有雪則躬執帚除之。旣免喪而服禫，居外寢者又三年，意欲爲其考稅服也。老年語其家人曰："吾日拜廟，未嘗不涕出，今也不然，殆將死乎！"果如其言。縣屢擧公事行，久而達于朝，命除職，公蹙然曰："藉令能是，是吾常職耳，敢處其名？"歿後縣申請不已，今上丁巳，始贈司憲府持平，辛酉又命旌閭。

嗚呼！忠孝者，人道之大紀。忠貞公死於忠矣，公則幾死於孝而不死，是天不使公而死於毁，以全其孝也。或死或不死，固天也，而若公者，不愧爲忠貞公弟也。忠貞公於吾爲外舅，余屢拜公於忠貞故第，容貌清臞，絶無塵俗氣，整襟危坐，肩背竦直，雖盛夏亦然。近又僑寓隣縣，得其實行甚詳，益知公之爲可敬也。抑又聞公性嗜書，至老彌篤，日誦《易》以爲常，其得於學力者亦深矣，豈非朱子所稱活孝悌者歟？

元氏之考曰大君師傅振海。公配東萊鄭氏，節度使漢驥之女。一男五女，男宗周，婿李壽頤、韓大震、沈兌殷、鄭鐔、李台齡。孫曰瑋、瓚、瑾、璥。公卒於肅宗丙申三月八日，年六十九。鄭氏生先公二年，歿又先公一月，同葬于縣之先山右崗。宗周使瑋請銘。銘曰：

形如枯木，心如寒冰。我見其人，雖遠可徵。

人曰孝哉，公若不能。身後褒榮，于公何增？
此其行源，勉哉後承。

學生趙公墓碣

趙氏出楊州，其居溫陽者，尙行誼敦孝悌，實自時庵公始。時庵諱相禹，是生掌令諱爾炳，尤菴文正先生狀其兩世名行甚詳。掌令子五人，承旨鳴謙、府尹鳴鳳皆貴顯，其長鳴時獨不顯，年七十三以終，識者曰：“是有良貴存焉。”

公字聖之，自孩提時已能知愛親，得一甘，輒忘其口。六歲喪時庵公，其哀動人。平居色容愉婉，未嘗一違意，掌令公嘗稱以知己。其侍疾也，不解衣而寢，與醫言，涕簌簌下，每夜露立禱天。及居憂，啜粥水飲，一遵《文公家禮》，旣吉不純采。母病時思山茸，時大雪，公就樹間，得抽芽以進。又夢人指吉地以葬，其孝感如此。己巳，坤位將傾，公同諸生守闕哭，又直尤菴先生之寃，自是大歸鄕閭。後幾年仲弟死，公泣曰：“孤生惟兄弟爲依，不幸闊睽，以至於此，悔將何及？”遂盡室還，長枕大被，常怡怡也。公雖居闤闠中，皎然自守，不與人徵逐，深坐看書。壬寅，士禍作，兄弟奔迸，承旨公又卒。公悲悒成疾，仍不起，時甲辰六月十九日。臨命作詩，戒諸子孝友。

嗚呼！仁義之性，人所同得，而私欲害之，鮮有存者。公能存而不失，以終其身，則是貴也，豈文繡、膏粱之所能易哉？公文藝夙成，爲先輩鑑賞，卒蹭蹬不第。潛心經傳，最嗜朱子書，飭躬莊整，遠貨色，自號勿齋云。葬在龍仁負兒山掌令公墓傍。

妣忠州池氏，性淵之女。配南陽洪氏，領議政暹之後，父曰聖希，先公廿六年卒。二男文彦、奎彦皆進士，三女適生員李命龜、金球、具斗南，側出斗彦。奎彦來請文，據其狀而爲之叙，系以銘曰：

古之人修其天爵而人爵至焉，今之人徒求人而不知天。
故有其天者未必得乎人，吁嗟兮其誰使然？

處士李公墓碣

士有公輔器而老布衣，城市居而志邱壑者，以余觀於近世，其惟李公鼎夏乎！公字重叔，自號石泉，藥圃先生諱海壽之玄孫。藥圃之考曰領議政貞肅公諱鐸，全義之李，至是益大。曾祖諱勸掌樂院正，祖諱省身承旨，考諱杭司憲府執義，四世掌史，蔚爲名家。

公狀貌俊偉，氣度嚴凝，幼游教官之門，講誦製作，輒屈曹偶，南壺谷龍翼於春曹課試，見公詩大加稱賞。及長連捷大小解額，輒不利於會圍。年四十，得母命便廢擧，屛居積城先墓下，親族有欲爲公求仕者，公曰："毋！近世無不求而仕者，士大夫子弟之爲蔭仕者可恥。"家素淸貧，疏糲不給，而處之逌然，秉心行事，未嘗有一毫苟且。性嗜酒，或有家釀告熟，輒聚群從及親友，劇飮醉歡，酒盡而後乃已，其氣象甚好。老爲婚嫁未畢，强入都下，而非其志也。深居自守，未嘗一迹顯者之門，顯者或來過，不爲之一謝。

鄕人嘉公至行，擧狀聞于方伯，蓋言“公誠孝篤至，五歲執義公見背，公以不及逮事爲至痛，語及輒出涕，終身孺慕不衰。其奉母夫人，愛敬俱備，侍側則愉色婉容，承顔順旨。奉養則竭力耕桑，輕煖之資，滫瀡之供，咸適其宜。侍疾則色憂心煎，藥餌粥飮，非先嘗不進，左右扶將，未或少懈，至於厠牏之洗滌，靡不躬親，不令人代之。居喪則身不脫衰麻，足不到閨梱，三年如一日，朝夕哭泣，淚盡而血，哀毁成疾，幾至滅性。雖古所稱孝子，無以過也”。其言至公，異趣者亦無異辭。方伯用薦于朝，屢登除目，竟不得一命，命也。

公又友於兄弟，姊氏舅家遇禍，門戶殘敗，無所於歸，公奉以歸，爲之經理生事，敎諸甥，無間己子。公少贅于尹氏之門，嘗從尹拯受《尙書》，而終不稱師。及拯狼狽，人問其是非，則曰：“尤翁吾素所心服，而彼亦有受書之恩，詬斥亦所不忍也。”其處義之精當如此。

公好善惡惡，出於天性。當尤菴先生以禮論被誣於群凶也，章甫欲上章伸理，而畏凶焰，無敢當疏頭者，公親往鄕外，勸起一人望以來，卽所謂尹憓疏也。己巳，聖后遜位，吳陽谷諸公諫死，公時在鄕，涕泣憤慨，倡多士詣闕抗疏。疏雖不得上，而士論壯之。丙午八月二十六日感疾卒，壽七十五。公配坡平尹氏，先公九歲卒，至是合祔于通津石井里執義公墓左負丑之原。

公有二男三女，長珌，次璛，士人黃最、縣監朴泰容、申鈔其女婿也。珌二子仁錫、智錫，璛二子俱幼。仁錫從余遊，珌使來乞銘。銘曰：

藥圃之後，近稍零替。公生傑然，謂將克世。
懷藏國器，一命終慳。婆娑自樂，石泉之間。
晚隱牆東，心遠地偏。遇酒淋灕，少泄壹鬱。
高臥傲世，缶歌昊日。原厥孝友，本於仁兮。
仁必有報，遲速不齊。銘以表之，請於是稽。

僉知兪公墓碣

公諱順基，字禮以，初名敬重。兪氏出杞溪，穆陵之世，有議政泓改宗系有功，諡忠穆。其兄灝，官丹城縣監，於公爲五代祖。曾祖諱魯曾濟用監直長，祖諱橚從仕郎，考諱命恒。妣光州金氏，進士自一之女

公爲人重厚，寡言笑。少治擧子業不利，老於陽城之黔巖，夙興盥櫛，整衣冠端坐，終日無怠色。家甚貧，處之晏如，一毫不苟取。見人齷齪近利者，若將浼焉，然亦不喜言人過失，人亦無怨。今上丁未，鄕人以公實行聞于朝，蓋言“其事母有深愛，平居愉色婉容。夏則扇枕，冬則抱薪，以適其溫凊。竭力致養，廚不乏滋味。病時嘗糞甛苦，又涕泣禱天，若有靈感，及喪歠粥以終三年”。遂有除職之命，公

蹵然曰:“事親以孝，子之常職，由此得官，吾甚恥之。”戒子孫曰:“爾曹切勿以此干人也。”辛亥，以大耋陞通政，拜僉知中樞府事。癸丑正月八日卒，壽八十二，葬于安城玉井先山。

配安東權氏，護軍碩賢之女，己丑卒，至是合祔。後壬戌追贈戶曹參判，權氏亦從贈貞夫人。男彦嵩、彦華、彦衡，女適睦寅協。長房男漢龍、漢鳳、漢麟，漢龍佳士，嘗從余游蚤死。漢老、漢耇次房出，漢祚、漢祺三房出。銘曰:

吾盡吾職，何求於人？天錫大耋，以報厥仁。

我銘斯石，玉井之原。嗟爾來裔，此爲行源。

通德郎沈公墓碣

沈君致賢養汝，青松名閥，而寓居善山，重義氣，且愛山水。余喜其人，嘗一訪於所謂鸕鷀亭者，信嶺之勝區也，仍跌宕數日而歸。後過余於寒泉之居，託以先公墓文，余敬諾，而衰疾侵尋，未能爲也。未幾養汝訃告至，余爲之一慟，亟取其家狀而讀之。

公諱漳，字仲浩。沈自麗氏衛尉丞洪孚始見于譜。我朝德符用佐命勳，門下侍中、青城伯。是生安孝公溫，實昭憲王后之考也。歷二代，舍人順門，燕山朝寃死。其子領議政連源，諡忠惠。又其子青陵府院君鋼，青陵十子，有曰青陽君義謙，於公爲五代祖。曾祖諱光世舍人，生諱楤，以廣州府尹，爲人所構誣。尤菴先生爲直其寃曰："摠於國家事，前既不愛死，後豈復愛錢者哉？"是生諱若河，敦寧府判官，娶穆陵王子慶昌君珘女，公其第二子也。

公十二歲孤，又十三歲而失母，自以鮮民，抱終身之戚。每喪餘，自月初不肉，終其日泣血，無異袒括之時。事季父如父，左右服勤，極其愛敬。其內行之篤如此。又能勇於趨義，聞人家貧親老，則惟恐周急之不暇，人有憂患、喪葬，亦必匍匐而救之，仁厚之德，蓋其天性然也。識者咸期以遠大，而公則以祖父寃誣未雪，至痛在心，廢公車業，退守鄉廬，語及家禍，未嘗不涕咽。不與人歡狎，不赴人宴集，杜門養靜，以終其身。子孫落南，蓋自公始。肅宗丁亥八月二十日，卒于寒沙洞精舍，享年五十四。用是年十月二十日，葬于府南朴谷坐壬之原，二孺人幷祔。

星山李氏，縣監墀女，觀察使尙逸孫，一男尙賢出爲伯父後者，其出也。延安金氏，通德郎昫女，三男友賢、致賢、龜賢，女壻士人洪熙大、李匡績。諸孫生員鉉、進士鍵、鐗、鏄、銘、鐬、鑰、鍍也。余既最其大要而叙次之，系之銘曰：

嘻公仁厚，孚于家鄉。宜達而窒，有識所傷。
然且有大，孝爲行源。抱痛自廢，可謂賢孫。
有墳三尺，一善之野。銘以表之，忍負逝者？

生員金公墓碣

公諱光白，字景純。其先實新羅國姓，移籍豐川府，遠祖原少府監，始遷于德源，至子孫再遷爲永興人。參奉璡祐、學生應祥、嘉善克鐥其三世也。公崇禎乙未生，十擧鄕解，年七十三升上庠，時二子已擢第，人以爲奇事。越五年壬子卒，嘗爲和、淑二陵參奉云。

公質直好義，能自奮力學，一以《小學》爲則，至老猶讀書不倦。性嗜古，家祭必深衣，治喪用《家禮》，又講行冠昏諸節，不以窶爲辭。其在母憂也，渾家遘癘，獨守殯不去，卒亦無恙。以父外氏無嗣，爲置祭田，喪師以三年，皆人所不能及也。雖身在畎畝，而惓惓憂國，言論忼慨，或幾乎涕出。吾舅趾齋閔公奉使北下，公條進興學詰兵之策，又欲一叫閽，極言邊事，不果上。余嘗恨士之老死草澤者，往往有志有才，而世莫之聞。若公者，亦可謂北方豪傑之士也。以吾所知者如此，其所不知者，又復何限？嗚呼！三代立賢無方之盛，吾不得以復見也耶？

公葬于同府草阜鄕，室開城崔氏，年四十七癸未歿，及是祔。男長益恒、次益熹、益懋、益恕、益懃皆夭，益憲正郎，益忱典籍，側出曰益惇、益愼、益恬，女歸金萬載。公嘗築書室於松浦，教授村秀子弟，歿而仍尸祝之。余曾爲公誌，益憲又來請銘。銘曰：

聖朝文教，覃及北方。有美一人，松浦之鄕。
深衣、《小學》，破此天荒。肉食何憂？藜藿忠腸。

我昔見公，其言孔臧。白髮骯髒，永懷不忘。
刻玆玄石，昭示茫茫。

處士安公墓碣

公諱堯佐，字廷老。生五歲而孤，母金夫人能教以義方，嘗令就其兄正郎樀而學焉，其兄死，又令遍學於鄉里能文者。及長博洽書史，見重儕友間，屢厄於公車。夫人泣曰："吾老矣，恐未及見汝一第。"公心悲之。已而夫人卒，公仍廢學，攜家歸果川故里，自是不肯入城市。親朋多宦達，而一未嘗從游，有來見者，亦不肯謝曰："平生厭見貴人。"窮居三十年，生事蕭然，而口不道貧字，於人無絲髮求索。杜門默坐，手不釋卷，其論古今人出處得失，語纚纚不窮。寬厚和平，恥言人過惡，而臨事亦不依違苟且，以是鄉里皆信而畏之。病革，舉扶而坐，自誦朱子《武夷棹歌》，至"桑田海水今如許，泡沫風燈敢自憐"之句，沈歎再三。辛亥九月十八日卒，去其生孝宗丙申七十六。命諸子曰"我死，必葬先人山足"，子衡不敢違。

安氏出順興，自謹齋軸至文肅公崇善，連五世大顯。曾祖諱祥進士，祖諱春仁，考諱悟。公配青松沈氏，縣令榈女。男衡、衢皆進士，三女適進士韓珪、士人李夏根·林衡。衡男載泰、載復，衢一男幼。

余嘗一望公顏色，質而無華，可知爲有德人，又從公二子游，得公內行甚詳。金夫人嘗患腫，輒自吮之。有一姊，夫人甚愛之。公順其志，邀姊兄與居，姊兄死，當寒營葬，手足至於皸瘃。姊之女得奇疾，爲之就醫入京，三歲而瘳，乃擇對以歸之。夫人又不忍離，公又爲之畜其壻而教之，以終夫人之世。夫人歿，姊亦老，事之如夫人，及其病且喪也，又不畏疫癘，若庾衮之於其兄。每値喪餘，號痛如袒括時，旣病蹣跚不能拜，而其哭如嬰兒。諸子諫之，則曰："吾在世，其幾何？"公以孤童，能力學自立，雖不幸窮厄以卒其身，而孝友之實，孚于鄕黨。子孫又皆以文行自勵，以業其家，是蓋金夫人義教之力，而天之所以報公者，其或在斯歟！銘曰：

吾聞忠信，十室必有。夷考其行，維孝與友。
何求于外？我則有受。持以善我，且以遺後。
勿云無天，公乃有壽。

處士安公墓碣

鄭承旨厚卿東後嘗爲余言："吾友有安仲和者，林滄溪泳一見而悅之，謂吾鄕人曰'子國有顏子'，其賢可知也。"旣又泣曰："吾友篤志力學，不幸短命死矣。"

仲和名汝諧，世居咸平，以其善病，故自號理病齋云。公生有至行，幼而喪母，嘗見雀雛開口望哺，卽泫然曰："爾有母，我獨無。"父疾，醫言當用車前子，時方冬月，出而采擷以歸，疾遂愈。九歲削瓢而圓其形，一依《家禮》祭饌圖陳而習之。天姿穎悟，早知俗學外有用心處，動靜云爲，多暗合《小學》，常手書九容、九思，又作讀《大學詩》及《務本詩》以自勵。如《太極圖》、朞三百筭法，犁然有得，未冠而已有來問學者，輒書牛溪先生《書室儀》示之。及長，所與游，皆湖之望士，莫不推重，期以遠大。

壬戌，中司馬。己巳，尤齋先生謫耽羅，候風於金山之萬德寺，昇疾往拜，質《庸》、《學》奧旨，以及先儒出處，仍獻七言詩。先生稱賞曰："此好詩也。"又請教，先生大書"操心主一"四字，又示以養心養病之要，公眷眷服膺焉。與鄉黨設書禊，每旬朔，齊會講學。以早孤不及養爲至痛，移孝而事其兄，服勞左右，雖子弟衆，不令代之。待宗族有恩，與朋友以信，以至僕隸之賤，慈惠周洽，見善如就芝蘭，聞惡如負芒刺。氣味溫醇，人見者自然敬而愛之，如不欲舍去，其歿也哭之皆哀，或有爲之服者。公年三十五，辛未十二月十五日卒，葬于同縣塔洞向丑之原，室瀛州梁氏祔。

安氏出竹城，高麗文惠公元衡其上祖，我朝吏曹參議魯生、禮曹參判復初繼而顯。曾祖信厚、祖希吉、考生員國宰皆以行誼聞，外祖瑞山柳泰翊進士。公三子晩陞、晩垕、季曰晩觀能世其學。

余嘗怪漢之黃憲，特一布衣耳，言論風旨，無可槪見，而史氏特書之何哉？朱夫子嘗斷之曰"畢竟是姿稟好"。今公之見稱於士友間者，偶與之合，不知果傳於後世如古人否。公則不但姿稟好，其實行之孚于家而著于鄕者，又如彼焉，則公雖蚤死，而其可傳於今與後也無疑。公歿後幾年，鄉人立祠祀之云。公所著《東遊錄》、《明東寶曆摠要歌》及《論學》諸篇，藏于家。晩陞以厚卿所爲狀，來乞銘。銘曰：

維湖一方，賢士多有。求道之早，莫與公耦。

而質之淳，而氣之和。而不假以年，嗚呼天耶！

進士李公墓碣

余既爲城隱李公銘其墓矣。城隱公有子曰祉億，字子求，肅宗庚午進士，年四十一戊寅卒，葬于城隱公墓側。公事親有深愛，左右周旋之節，無或違禮，務以順適爲意，而亦能隨事幾諫，平居戰戰兢兢，殆古所謂頃步不忘者。間與少年會，人有浮薄悖俚之言，則輒端坐正色曰："吾輩俱有父兄，其可以不在傍而少怠其志乎？" 座中相勑曰"無戲言"。有監察在，耿介絶俗，一个不欲取諸人，嘗曰："人之所恥，惟苟且二字，若不計苟且，則推其心，何所不爲？" 蓋公居家言行，克類城隱公，而至其蹈矩之嚴、處事之確，又或過之云。城隱公亦嘗曰："吾兒刻苦，吾所不及。" 嗚呼！少假以年，使從事於性理之學，所成就，豈止於斯耶？

室海州吳氏生於壬寅，歿於乙酉，與公祔。男翊烈，女婿鄭植、鄭陽元進士。翊烈之男，基敬文科壯元、正郎，次基性、基正。

余少委禽於陽谷吳忠貞公家，公之婦翁參奉斗奎，卽陽谷之弟也。海昌都尉泰周時語及公，每曰："某冰玉人也。"余嘗願一識公而不能得，近者辱與公子孫遊，因以得公爲人。《詩》曰："雖無老成人，尙有典刑。"豈不信哉？銘曰：
稟質如良玉，持身若處子。
懷其人而不可見，作斯銘兮詔無止。

僉知李公墓碣

吾宗有僉知公諱涵，字潤九，忠厚長者人也。九歲而孤，鞠于叔父宣傳公後儀，宣傳嘗稱有心德。公家世清貧，而中年嬰喪禍，流落海西，能服田力穡，不辭勤苦，百事徯志，若神助然。居十年，資産頗饒則曰："於分足矣。"自是不復長尺寸，惟以節用爲事。旣而又歎曰："此樂土也，然不可長子孫。"擇師送子而敎焉，尋挈家還交河，又遷于漢師之西江，晚又寓坡山。用優老恩，授通政，旋除僉知中樞府事，一謝而歸。翌年庚申六月八日卒，壽八十二。

我李出牛峰，同祖高麗侍中公靖公之先。有參判淳錄淸白，緝執義。執義曾孫守敬僉樞，生通德郎寔，生後綱，是爲公三世。妣濟州梁氏，濟艇之女。室淑夫人慶州金氏，重寶之女。二子命赫、命直，女適兪漢喆。命赫男檠、槃、檠、條，婿申光斗、柳膺吉。命直男幼，婿閔希聖。

公內行甚篤，自以母喪薄葬，終身痛恨，服食務從儉，老而衣帛，猶懷跛踖。每祭，必蠲潔致誠，祭之夜，不一解衣，屢起觀星宿，以占早晏，年踰大耋猶然，臨絶諄諄，亦祭祀事也。且置累代墓田甚厚，從弟窮甚，爲之割田以資其生，從妹寡而有女，貧不能嫁，出錢貨以助之，皆孝之推也。資性謹恭，粥粥若無能，而當事果而確。又以豫爲主，故審愼縝密，鮮有敗者。與人交，無親疎，咸盡其忠愛，而善者好之，不善者惡之。鄕里有窮急者，必周恤之，下至僕隷，亦軫念飢寒，無失其心焉。

公體力强健，每晨寤盥洗，正衣冠而坐，未嘗一日廢。嘗曰："吾年八十，未敢爲不善之事，雖深夜獨居，此心慄然，常若鬼神臨之。" 少而失學，猶好觀栗翁《要訣》，常自警省。又晚喜《小學》，手書要語九條，以遺諸子孫。公理家有法，尤嚴於內外之別。凡爲後人計，不急小利，不求近功，惟以積善爲心。申申勉飭，皆有德之言，而一皆本之孝悌，豈古所稱善人者耶！公嘗見女奴以熱水瀉地，呵之曰："土中得無有蟄蟲否？" 其仁心如此，嗚呼！吾知其必有後也。公葬于富平柏寺洞參判公墓左，用遺意也。金夫人後公四年卒而祔，命直卽從余學者，涕泣乞銘。銘曰：

嘻公成家，本之稼穡。勤儉勞苦，厥善攸積。
仁守義教，疇非彝則？外若椎野，世莫吾識。
惟有天翁，餉以五福。所貴有大，曰惟好德。
我銘斯石，悠久無泐。

贈持平金公墓碣

余於往年僑寓驪州，驪與利接壤，稔聞守約齋金公謹厚長者。及其卒也，一境章甫欲躋享于雪峰書院，聽於衆論，咸無異辭，適會有他故不果。而余竊異夫末俗浮澆，是非無眞，公之得此於人，必有實心實德之自然孚感者矣，今得其狀而讀之信然。

公諱碩勛，字讓叔，順天人。我太宗時平陽府院君襄景公承霆之後。曾祖諱裕、祖諱良弼、考諱銃隱德不仕，而猶以儒素傳家。持平安東金項其外祖也。

公生而器宇端嚴，兒時嬉戲，未嘗見屈於人，嶷然有山峙之象。孝友之行，出於天性。未弱冠，遭父喪，哀毁踰節，三年不食菜果。以母在堂，左右就養，靡不用極，務以營辦甘旨爲事，或川而釣，或野而獵，以供朝夕之味，而凡有炮炙，必親自爲之，而手至龜坼。嘗爲製藥，當暑擣篩，汗流被面，人曰："僮指在，何自苦如此?"公曰："養親之事，豈可使人代之?"及其丁憂，朝夕祭奠，流涕如瀉，衰裾盡濕，以至腐傷。其祗奉先廟也，每日晨謁，躬親灑掃。簷棲鳥雀，汙穢廟階，公於灑掃之際，心語默禱曰："左右何適不可，而乃於是汙穢耶?"自是絕無棲簷之雀，人謂孝感。昆弟四人同居一室，極其怡愉，時有雞狗相哺之祥，而如董家故事。

少工詩，有聲場屋間，賊臣金一鏡聞其名，願與同槧，而公鄙其人不許，至一鏡敗，人服其先見。己巳聖母遜位，公慨然廢擧，專心爲學。其學以涵養、致知、力行三者爲要，不躐階級，而夜朝之間，間多閉目靜坐，以立根基。或有問爲學之方，則曰："非知之難，行之惟艱。"其意蓋專主於力行云。左右圖書，爛熟用力，而異端之書，權數之說，未曾着眼。尤好朱子書，沈看或到夜半，雖病時，開卷則神氣蘇醒，不自知疲。喜誦《孟子》首章，嘗曰："利之一字，如刀剔去。"論人，必取大節，又曰："譎詐甚不好，雖以子房之才，千載之下，猶莫能掩其迹。"不喜黨論，而至若辨邪正別是非，則正言不諱，無所回撓。學如不及，老年猶不自滿，常以歲月有限、義理無窮爲憂。人或勸以立言著書，則乃曰："幸生朱、程之後，義理炳如日星，患不能服而行之，安用書爲?"平生固窮安分，絶無歆艷富貴之意，與達者言，輒有《孟子》藐之底意氣。不與人相較，鄉居四十年，雖同里賤隸，·不呵責，以善居鄉閭。不肯入偃室，或有慕德來見者，亦不造謝。公生於辛丑九月二日，歿于庚戌八月十日，享年七十。葬于府東後谷負壬之原，室青松沈氏祔。鄕人以公學行聞于朝，特贈司憲府持平。

沈氏，通德郎檽女，甚得婦道。有三男二女，男長最壽生員，次大壽、泰壽，女適士人李道祥、申命有。最壽子翼祥，大壽繼子羽祥，泰壽子祉祥。最壽來乞銘，銘曰：

以公有譽而無毁，余始疑以鄕原。
讀其狀而爽然，徵實德之攸存。
識元惡於未睽，斬焉所守之難援。
韙內行之脩潔，孝父母而友諸昆。

主知行而爲程，指古學之法門。
得師友而磨礱，豈成就之止斯？
惟鄕里之矜式，旣沒世而猶思。
爰發潛而闡幽，盍考信於銘詩？

通德郎閔公墓碣

立巖閔貳相之孫諱汝俊，蔭補彰信校尉，以討除叛民、安戢鄕人之功，贈戶曹佐郞，後驪陽文貞公以本生親乞恩，加贈議政府左參贊。參贊後孫仍世居扶餘，旣蕃而昌而賢。有諱構進士，無子，以弟敎官根之子光尹爲後，司贍寺直長。生諱明重武科，未仕而歿，公其子也。

諱鎭翼，字德佐，自少聰明，涉獵經史。文貞公以參贊公改題南下，見公寫祝，筆翰敏妙，歎曰："此子可惜，何可置之鄕曲？"勸令同歸，與子弟共學，公以親疾辭。公性至孝，事親色養，善居喪，三年不脫衰絰。廟後有梨樹，先人所種，常手撫感泣。屢捷鄕解，卒不耦，委之於命，無咨怨語。雅好山水，又喜爲詩，丹巖相公莅完營，請公以往，游覽名勝，多所酬唱。老年丁內艱，執禮益固，淚盡繼血，幾至失明，自是廢學。時宗人多貴顯，而公安貧守窮，無意扳援。年七十一，辛亥四月二十一日卒，葬于同縣薪巖里向午之原，配完山李氏祔。三男，頤洙進士，恒洙出爲人後，鼎洙亦進士。諸孫百慶、百當、百幹、百榮。

公爲人仁厚，事諸父如事父，待諸宗如同氣，見人之窮，猶己之飢，家雖貧，必隨力周恤，斯可謂一鄕之善士也歟！公諸子以繂文貞公外孫，來乞銘。銘曰：

周鄕六行，公有其美，足稱善士。

嗟哉後人！夙夜無忝，餘慶在是。

贈參判尹公墓碣

尹參判慤以武將，死於辛壬士禍，國人悲之。其伯兄曰愿，字子厚，爲人莊重好氣節，少游庠舍，持論峻正。考進士公嘗爲尤菴先生訟冤，及先生之被後命也，公亦同諸生拜章伸辨，又守闕號泣者數日，爲己巳凶黨所嫉，未幾誣以造訕，竄利城。利在嶺北數千里外，荒寒非人所居，至則夷然以詩酒自遣。甲戌宥還，攜家歸公州之蓼塘村，偃仰嘯咏，以終其世。李相國頤命名其齋曰遺安。肅廟丁亥卒，年四十六。嗚呼！公家號爲將門，而喜士論，積忤於人，公一布衣也，而猶不免焉，宜參判公之兄也。使公不肯自晦，又或久視而閱歷世變，亦未必不與之同禍也，

公先始自坡平伯瓘，其後孫敦出鎭咸安，遂爲咸安人。進士公，諱翊商，贈大司憲。其考榔宣傳官、贈承旨，祖又進贈僕正，本生考曰知事天賚，外祖曰豐川任耋郡守。

公七歲而喪母，哀號如成人。及長居父憂，一如古禮，祭則齊潔致誠，日必晨謁。友於兄弟，嚴於子姪。又好施

與，隣家待以擧火者衆，尤急人之難。是以得鄉里心，其喪也，農者爲之不歌云。葬於本州獨亭。室順興安氏，正郎至之女，卒於公謫所，至是祔。繼配龍仁李氏，弘模之女，後公二歲歿。男台鼎·象鼎·命鼎·夢鼎·宅鼎、女壻李德一，元配出也。諸孫曰景淵、九淵、洙淵、洛淵、時淵、復淵、溥淵、在淵、秉淵，九淵宣傳官。宅鼎今爲三道統制使，封贈如例。余旣銘參判公墓矣，又爲公銘。銘曰：

惡於不善，非善而何？
坎而能止，亦可謂智耶。
然才不克見用年不免稱夭，天也無嗟。

通德郎閔公墓碣

士有高潔不俗篤行固窮者，閔公齊夏文友其人也。公驪興人，自高麗尙衣奉御稱道始見于譜。入本朝有諱師騫，忠淸道觀察使，於公爲八世。曾祖諱聖止以孝贈司憲府持平，祖諱藎亮不仕，考諱鼎輔童蒙敎官。

公少鞠於母家，厚齋金公榦其舅氏也，從而學焉。公雖在城市，性雅靜不喜交游，惟深坐讀書，常曰："人生至樂，在於讀書，此外何求？"晝夜誦讀，未嘗或怠，於經書幾至千遍。厚齋與公書有曰："閉門自守，味衆人之所不味。"蓋用朱子勉輔漢卿之語，期許甚至。餘力治文詞，最長於策，出游場屋，輒屈曹偶，而卒不成名，一時士友莫不嗟惜。

公筆法遒勁，尤工細字，嘗寫數十卷冊子，無一畫放過，殆古所謂卽此是學者矣。

歲己卯都下大疫，一旬之間，丁內外艱。公方在痛中，纔退熱而袒括之節，一遵禮法。李孺人先一月歿，時無主饋者，僮僕又皆出幕，朝夕炊爨，躬自爲之，未嘗違時。其執喪也，雖蔬菜之屬，少有滋味，則絶不近口。晚年語及此事，未嘗不嗚咽掩泣曰："人子送終之具，未能恔於心，此吾終身痛恨也。"又曰："家甚貧乏，祭需凡百，一不如情理，心甚痛迫，惟當以誠禮爲主耳。"有一弟，愛之甚，食則同床，弟或出而不還，則雖日晩，未忍獨食，弟亦事之如嚴父。

公爲人貞介，雖燕居之時，身絶惰慢之氣，口無鄙俚之言。接人少款洽，惟以誠心相待，嘗曰："人一有苟笑，卽是病于夏畦。"平居疏糲不繼，而一个不取於人，雖有時屢空，而處之逌然也。丁巳閏九月十一日卒，去其生乙巳七十三，以十二月葬于陽智秋溪里負亥之原。

室韓山李氏，别葬高陽先山。繼配咸陽朴氏。凡二男二女，男德修，女爲李相禹妻者，元配出。男恒修，女適監役尹得庚。孫曰鍾醇，餘皆幼。李宗海、尹先東，兩婿子也。恒修從余游，來請銘。銘曰：

如玉之潔一塵不能侵，我不見其人而得其心。

通德郎鄭公墓碣

公諱纘明，字敬夫，延日人。參奉諱星徵之子，郡守諱雲翰之孫，典籤諱儁之曾孫，圃隱先生其十一世祖也。母洪氏，南陽君師範之後，考曰鏶。公自幼已有老成名，甫成童，從南丞相九萬學。九萬始有士望，及甲戌秉軸，庇護國賊，自絶於名義，公明言而絶之。晩與蹇窩安公重謙、素隱金公性豪爲道義之交，及二公歿，公益踽踽，無當世念，然猶眷眷於爲己之學，至老不懈。年六十三，以癸丑十二月五日，卒於其從姪錫尼山官舍，用明年正月二十五日，葬于縣南負庚之原。公配孺人李氏，先公十四年歿，及是移其封而祔於公焉。

公天性孝友，嘗於前喪作戴星之行，終身以爲大戚。自以支子不得將母，而微此無以伸其情理，中歲定居於黃山之金巖，奉板輿以歸，溫凊之節，甘旨之供，靡不盡子職，不令親知其貧也，及喪傾家自盡於終事。自失怙以來，事四兄如父，視兄子猶己出，衣食與共之，內行之篤如此。公從兄纘輝，尤菴門人，每字公曰："惟此子，可與共我家學。"蓋同堂間知己也。其子鈢亦佳士，其稱公德美，有曰："'冰凊玉潔，不求人知'八字，可以蓋吾叔平生。"又敕其甥申大來作公行狀，其狀公容貌曰："譬如寒林雪竹。"恨余不及見公，惟至親心悅之辭，尚可以得其彷彿，遂以此終焉。其視傳留侯而徵畫工者，豈不信乎哉?

李孺人國姓，必茂之女。擧三女，士人金碇、金鎭九、尹休基其壻，而爲公後者，公之仲兄纘馨子鑰也。鑰在時，辱屬以兩世墓文，今余老病且死，未忍孤負亡者之意，書以遺其孤。若公世德之詳，已具於參奉公碣中矣。銘曰：

以圃翁之孫而不能大紹厥學，斯爲沒身之恨。

狀公之德而取重乎窮老，信非阿好之論。

贈持平洪公墓碣

有以文章、行義重於當世，而自處以天地間窮人，阨甓以終其身者，曰洪公泰猷，字伯亨，唐城人。洪自麗代，已爲名家。入本朝，石壁春卿、拙翁聖民連世以文大鳴。至平安道觀察使命耉，殉忠于丙子虜難。其子重普右議政，寧陵名臣。是生得箕，尙淑安公主，卽公祖考也。考諱致祥，司僕寺主簿，娶判書李正英女，以壬子二月二日生公。

穎秀絶異凡兒，三歲能誦《滕王閣序》，稍長文辭驟進。公幼失母，人有語及母氏者，輒慘然下淚，事二繼母，孝愛篤至。己巳，主簿公遭罹奇禍，其在縲也，擊鼓鳴寃，而不見施，則乃以破衣草履，奉貴主手札，奔走遍訴於時宰之門。其涕泣遑遑之狀，有足以動人心者。柄相之凶狠者，猶不忍見，慰諭而遣之，語人曰："自上若親見此子，或可感回矣。"主簿公竟受禍，公叩心槌胸，若不可以自存，而上憫貴主之無依，下懼宗嗣之靡託，銜恤茹慟，堇保性命，而處變之際，咸得其宜。凡所以慰安貴主之道，靡不用極，見者皆嗟歎。自是以來，以罪人自居，屈亢厲之氣而反之於枯窮，變綺紈之習而守之以儉約，杜門屛迹，不與人徵逐，枕上常有涕淚痕，三十年如一日。

甲戌更化，上迸黜群凶，召用舊臣，首下備忘，特復主簿公官爵。丁丑，貴主捐館舍，上親臨弔祭，命公以衰服入侍。上惻然下哀愍之教，又指天而諭之曰："汝視天，君則天也。"公流涕承命而退，每語家人，未嘗不嗚咽也。公以義洞賜第，非儒士所當處，遂毁而賣之。其木石花卉之屬，直累千金，公一委家人而不問價多少，或分諸一家親，其無意産業而好施與如此。

後辛巳逆獄大起，杭與諸賊伏法。公意謂杭罪已彰，主簿公所被丹書中誣人惡逆一端，自可昭暴，復擊鼓鳴寃，痛陳前後事實。趙泰耉挾私憾，上疏反攻，其爲言憯毒。上入其說，還奪主簿公官爵，公號泣愍痛，益無世念。黃驪之勝，甲於上游，而梨湖又爲驪之佳處，且於先墓密邇，公甚樂之，遂築室而居，扁之曰耐齋。公雅喜爲文章，凡有憂愁感憤不平于心者，一發之於文。於書最嗜《論語》，讀之甚熟。人有以學問勸公者，輒瑟縮曰："此非吾輩事也。"嗚呼！公躬孝悌之行，有介特之操，考其可見之行，則子夏所謂"雖曰未學，吾必謂之學矣"者，公實有焉。

公以乙未十月二日卒，初葬梨湖屋後，甲辰十一月，移卜砥平花谷坐壬之原。公歿後二十四年，今上戊午，公之子益宗繼公遺志，暴主簿公寃。適春旱疏決，上詢問筵臣，咸一辭訟寃，且白公至行。於是特命伸雪，始復主簿公官爵，仍贈公司憲府持平，公之哀榮可謂至矣。非公至孝血誠孚格上下，何以得此哉？嗚呼韙哉！

公室全義李氏，父曰知敦寧徵夏。擧四男二女，男長益宗縣監，次益大，次益三文科方爲忠州牧使，次益謙未冠而夭，女適士人金時莞、參奉趙明箕。益三男相殷、相文。相殷爲益宗後，實尸公祀。金婿子哲行。益三來乞銘。銘曰：

有美一人兮，梨湖之濱。
草衣木食，以終身兮。
玉佩瓊琚，中自珍兮。
曰天降割兮，匪天不仁。
吾實不子兮，天地之窮民。
死目難瞑兮，鬼神悲辛。
至誠上格兮，天理必伸。
褒贈有爀兮，哀榮絶倫。
我生併世兮，偶失相親。
其心炯炯兮，尙如隔晨。
銘以表之兮，昭揭千春。

通德郞安公墓碣

公諱允成，字君集，竹山人。考諱相奭進士，祖諱絢通德郞，曾祖諱廷燮司僕寺僉正。始通德公抱材不耦，老於交河月籠之陽，中經喪故，家業旁落。公以孤童，克自樹立，悉復田園林沼之舊。旣而歎曰:“吾爲子不及養，又不能顯吾親，今惟有祭祀之節、邱墓之事耳，於此不盡其力，吾惡乎用吾情?”四時時享如禮，享需必豫而不窘，精而無侈。世俗多以拘忌廢祭，公慨然曰:“人生百年，享先之日幾何?”或遇癘疫，則移就潔地而行之。凡先墓樹石之役，無一不擧，而約其制度，務爲堅緻，又推及於旁尊、姊妹之無後者，殫精竭心，如是者四十年。一石工感其誠，與之終始，且勅其徒曰:“此孝子也，切勿言手直多少。”

公少事公車業，去之，常曰:“士不得於時，則田野而已。”治家儉且勤，計口而耕，量入而出，用度旣裕，賙恤以義。邑中行呂氏約，公實主其議，間設飮射之禮，禮容可觀。旣老謝絶交游，杜門自守，足不入城府，一毫不干於人。人有趨時附利翕翕馳逐者，視之若浼焉。李忠愍公健命有累世同閈之好，貴盛時，不肯造其門，及其遘禍，門客皆畏懼不敢問，公先往弔之，人以爲難。

公爲人方嚴敦確，平居儼然有不可犯之色，子弟無敢闌笑於前。家內斬斬，寂若無聲，言論峻正，尤嚴於淑慝之別。與人交，不設表襮，見其有不是處，則面斥而不饒。事無大小，必挈其要領，不煩聲色，一言立判，雖敗局棼絲之莫可如何者，到手若無難焉，其幹具如此。

嗚呼!今人多厚於自奉而忽於報本，若公終身所行，固富貴者之所難能也。況士之有能者，鮮不衒鬻於人，退而自藏者，輒拙於用，公則有其才而不求人知，老死邱壑，卒不易所守。是其中必有大過人者，惜乎，其不見用於世也!僉正公嘗言“守分居靜愼交六字，是吾家家法”，亦嘗以《小學》書爲準則，公一生受用而不失，又以是戒其諸子云。

公卒於乙卯閏四月十日，年六十三。明年葬於楊州松浪里先塋辰坐之原，孺人李氏祔。李氏通德郎廷卨之女，英陵別子密城君琛之後，先公十六年而歿，和柔有婦行。四男五女，宗胄、宗茂、宗耉、宗秀，壻曰李德用、李慶昌、李沆、閔範洙，一女未笄而夭。宗茂來乞銘，銘曰：

報先以誠，理家以正。聖不云乎？是亦爲政。
有能有守，孰使差行？我爲時嗟，莫曰有命。

學生朴公墓碣

朴君聖百歿後十有幾年，其孤鳳陽泣曰：“吾先人行誼卓殊，藐玆穉昧，莫由顯揚，其將泯沒已乎！”或謂曰：“國家尙節行，殆比屋而旌，子盍亦圖之？”曰：“不願也，是吾先人之所不喜也。先人有友曰某，今世士大夫求銘章者，多之其門，是庶幾不朽吾父者。”遂抱狀而謁余，拜且泣。

余曰：“若來宜也。吾與若翁交，俱未冠，宅于都于郊相近也，知若翁，莫若我詳，若翁孝者，蓋無有知者。其侍家大人疾，凡百餘日，晝不遑食，夜不假寐，飮食、藥物、床褥、矢溲，咸敬扶持之，一不令人代。余自郊往視之，不見數月，鬚髮皤如。旣而又往弔，則其泣若孺子，面深墨，杖而後起，無何訃書至。嗚呼！余不知古昔所稱不死、不翔、不怠、不解者，視君何如耳。聖人謂滅性非孝，然君則因心盡職而已，豈欲其至於是哉？君名祖逍遙堂世茂、潛冶公知誠學源於孝，至君大父諱彭祖不勝喪，年三十八，與君同。君能世其孝如此，不旣賢乎哉？”鳳陽起拜曰：“銘如是幸矣。”

君咸陽人，諱叙揆，聖百字，辛卯四月三日卒，墓在楊州神穴里。考諱汝興參奉，妣韓山李氏，某官某女，慈惠有婦德。君男女七人，景陽、挺陽、士人趙漢寔·辛命三·李觀迪·李慶章妻，鳳陽其長。

君常與余同學業，其勤篤不可及，卒邅迍無成。鳳陽能力文，擧進士，天之報君，或於是在歟！銘曰：

嗟惟聖百，死於孝也。其友銘之，非諛墓者。

學生李公墓碣

李生德晦從余游，一日泣且言曰：“德晦不天，生五歲而喪父，直一天地間鮮民耳。《禮》曰：‘有善不知，不明也；知而不傳，不仁也。’吾父實有過人之才行，不忍其不知不傳，以重吾不孝，願先生之哀之也。吾父七歲已知與女弟不共食，十歲又能與群兄弟習祭儀，設石爲俎豆，十八歲讀《尚書》朞三百，瞭然心解，仍推以造曆。隣居有敬菴李先生一見奇之，一日不見，輒言於吾王父曰：‘願聞令兒高論。’自是師事之，先生許以信道誠篤。嘗上龍門寺讀書，寺有水陸三日會，詭怪雜陳，而處之若無睹者。文藝夙成，尤長於詞賦，屢捷發解，顧非其所好也。天姿溫恭，樂善好義，其學以眞實刻苦爲要，事親諸節，一依《小學》，出入夫婦相拜，平居坐必危坐，造次顚沛，未之或失。博觀群書，以至天文、地理、筭數、兵法之流，靡不旁通，而意亦不屑也。不肖穉昧，不能省記顔面，況於其德藝之際乎？然而其得於吾王父與父之執者如此。"

余惟人生氣稟不齊，有德者未必有才，有才者未能有德，此古今之公患。若君者，可謂有才有德，千百而僅一遇者。天之生之若不偶，而殺之又何意耶？自古賢而無命如君者亦多矣，人無所歸咎，則曰天也，天亦何嘗有好惡於其間哉？嗚呼！其可哀也已。

君諱後白，字文素。成宗大王別子有曰楊原君憘，四傳爲通德郎世馪有隱德，生時雄忠義衛，是生君。妣茂長金氏，監察克良之女。

君赴擧至延安得疾，以甲申八月二十八日，歿于旅舍，得年纔二十八，一路人士知不知，咸嗟惜焉。葬於金川烏地洞。君凡再娶，昌寧成氏、光州金氏。德晦，成氏出，生員，有二男幼。敬庵，名行泰，以篤學固窮，有名于世。余旣悲君不幸，又嘉德晦之志，遂爲之銘。銘曰：

噫昌黎之哭元賓也，曰才高乎當世而行出乎古人。
已乎元賓，竟何爲哉？竟何爲哉？吾於君亦云。

學生尹公墓碣

海平尹公栻長余一歲，初未與余相識，一日枉叙從容，一見可知爲忠厚質愨之士也。仍遣其子湛游學，湛歸，輒問其所業書，且令誦其見聞，逌然而喜，往往若有契於心，樂善好義，蓋其天性然也。嘗曰："吾有三悔，家貧親老，分當治稼供養，而無所營爲，未盡子職，一悔也。妄意榮進，徒業時文，不更留意於經學，悠悠度年，便至老衰，二悔也。少時汨沒塵臼，不能追游於斯文長老之門，以資薰炙之益，三悔也。"仍以三悔扁其室，絶意外求，循分自樂。湛亦謙恭自持，耻爲不善，其義方之教可知也。公旣卒，余以詩哭之，三年之喪畢，湛又來請曰："吾父於先生，實爲見慕之徒，願藉一言之重，以慰逝者。"余不能辭，遂取其狀而叙之曰：

公字敬甫，曾祖諱昈司憲府掌令，祖諱應海宣敎郎，考諱廷麟通德郎，外祖敎官東萊鄭熙晳。居於楊州忘憂里，年六十四壬戌八月四日卒，葬于本州魚隱洞先兆。

公孝於親，友於兄弟，敬于朋友，治家儉勤，絶不爲苟且之事。鄉里皆稱以長德，而貧窮鬱塞，以終其身，嗚呼！善人何勸焉？公凡再娶，完山李氏，春蓂之女，丹陽禹氏，以夏之女。三男，湛其長，濂早死，淹出爲叔父後，皆禹出也。系之以銘曰：

是惟一鄕之善士，不贏其躬而尙其孫子。

學生黃公墓碣

公諱璣，字聖齊，長水人。其先有諱廷彧，號芝川，官兵曹判書、兩館大提學，以文章大鳴穆陵之世。後四世至定山縣監諱爾徵，生諱暉司僕寺主簿，生諱處信戶曹正郎、贈吏曹判書，出後于其仲父贈參議諱瑊，是爲公之考也。公生而聰敏，博學强記，尤喜爲文辭，弱冠能下筆數千言。識者謂芝川公有孫，不幸遇疾自廢，年四十而夭。

余往歲辱與其兄觀察公璿游，於公雖偶未識面，而因亦得其人焉。公蓋癖於文者，平居泊然無所好，惟酷嗜古書。方其沈思力索，處若忘行若遺，儻乎其若喪，芒乎其若疑。視天下萬事，無足以入其心者，疲神竭精，不自知其疾之作，閉門深居，不與世相聞。如是者凡十九年，而亦未嘗一日而廢書也。間從人圍碁賦詩，終夕盡懽，客去不問其人爲誰也。

公爲人淸粹，無塵俗氣，襟懷疎宕，若不拘拘於法度。然自幼善事父母，未嘗少違其志，及居判書公憂，已病而能自力致哀，其實行如此。公嘗自以少時所爲文不可意，悉棄之，將大讀六經、諸子之書，積之閎博而後，發之沛然，以蘄及乎古之立言者。苟使不病而又假之以年，則庶幾其至也，而卒不克如其志，豈非命耶？然而使公蚤用力於聖人之學，其成就豈可量？而又焉有斯疾也？嗚呼！是尤可惜也已。

公兄弟始受學於母夫人，夫人，正言完山李公敏徵之女，通書史，有女士之稱云。觀察公戊申平嶺南寇亂，旋卒。公亦於是歲十二月癸未歿， 以明年二月葬于長湍沃陰里坐戌之原。配安東權氏，其考吉城君最。有子曰景源，能以文業其家。景源來乞銘。銘曰：

既與之以才，胡與之以疾？又胡不與之以年？嗚呼其天！

進士朴君墓碣

朴君士行，於余爲故人子，士行則待余以師。嘗有持身不端者，詣門請業，余未忍顯斥。士行聞之惑甚，亟來見余，言其人之不可不絶， 余告以互鄉故事而不之信也。歸路感疾，至家而卒，卽庚申五月二十四日，得年菫三十三，余哭之哀。後其人不敢復來， 蓋畏士行鳴鼓之義， 而卒不得良死，士行可謂有先識，而亦見其愛余之深也。

君名景陽，士行其字。咸陽之朴，盛自羅、麗。入本朝， 兵曹判書習大顯， 歷三世至逍遙堂世茂， 著《童蒙先習》，行于世。逍遙之孫曰潛冶，諱知誡，尤菴稱爲斯文先達，於君爲五世。祖諱汝興參奉，考諱叙揆勤學而不成名，以孝稱。妣南陽洪氏，府使處宙女，相國瑞鳳之曾孫。

兄弟三人，君居其二，四歲而孤，事其兄如嚴父。力學攻文，日以勤劬，每入場，操紙筆立就，人服其贍敏。戊午，中進士，聲望日茂，以國學不古，士趣大壞，不肯一涉足於其間。又愼交遊，所與友者，皆一時名士。及兄歿，訓其子，猶兄之訓己，愛其弟尤篤至，頃刻不相捨。於爲先之事，積誠靡懈，取東國文集、稗說之屬，有語及世德，則採括包羅，名曰《知仁編》，要以揚前烈於無窮，可謂孝矣。間嘗謂余曰："親在不忍廢擧，不得不爲一月內科學分半，如程子所云者耳。"蓋其意必欲克紹家學。且將進進不已，而遽已死矣，嗚呼惜哉！

君葬于楊州神穴坐壬之原，從先兆也。配崔氏無嗣，以兄子載和爲子，二女未字。銘曰：

朝之言嘻嘻，夕之言怡怡。一日不見而死，吁其悲！

孺人南陽洪氏墓碣

鄭公敷葬于林川頒詔院，遂菴權公書其碣曰："鍾崖處士字某之墓。"婦洪氏泣而謂其子五奎曰："乃父生而志不就，得名儒表揚，其死猶不死也。"越十有三年戊申洪氏卒，壽七十三。五奎遷處士墓而合祔于其傍幾十步。

五奎既免喪，謁銘于三州李縡曰："五奎母，清溪公之少女。清溪公以文學鳴世，諸舅能業家，而姨母爲金副學萬吉夫人者，世所稱碩媛。母生長其間，略通古書大義，又工於女功。十九歸五奎先君，先大父牧使公簡嚴少可人，常曰'吾賢婦'，緦功之親咸萃一室，無大小無二口。治梱有法，至老克勤，被服儉而潔，截肉必方正。先君寡交遊，或有嘉客至，則觴豆立辦，人不知其爲貧。待妾祖姑如姑，鞠孤姪若己子。以父家零替，常存侯夫人百五之感，歲送乾豆助祭。薄榮貴安澹泊，一以承順夫子爲志。聞子弟讀史，有奸邪亂逆之事，則爲之憤歎，或論斯文是非、時事得失，語鑿鑿中理。性慈仁，雖昆蟲草木之微，不忍傷，於人無忮克，又未嘗一言其過惡，下至僕御之賤，莫不有恩。故其歿也，哭之者咸哀。”又作曰：“吾母之賢若此，卒窮困以死，不得君子一言，吾無以見吾母於地下矣。”綍悲其志，不能辭。

清溪公諱葳，南陽人，官止觀察使。其配德水李氏，牧使栲考也。夫人三男，具在處士公碣文。孫捄、掄及爲參議李匡德、士人李商重妻者，五奎出；擇，五緯出，餘皆幼。五奎嘗遊遂菴門，以文行稱，余又知夫人之教成於家也。銘曰：幼爲賢婦，老爲賢母。展也女士，我銘不朽。

淑人恩津宋氏墓碣

淑人恩津宋氏者，正郎南公躔之配也。崇禎甲辰，生於懷德之宋村。乙丑，歸南氏，南氏世居咸昌。淑人年六十五，戊申四月六日卒，葬于聞慶立巖負乾之原。淑人嘗命其子道轍曰：“吾婦人無名德可記，然我死必請銘於當世立言者。”道轍既卒喪，來謁文於綍，泣而言曰：“此吾母之志也。”綍辭不能文，請益力，遂取其狀而讀之，蓋正郎公所述。正郎公爲人敦朴，其言不華，淑人之賢，益可信也。

淑人幼而聰穎，略通經史大義，父母奇愛之曰：“恨汝不得爲男子，以大吾門也。”十五母安夫人棄世，時祖縣監公在堂，諸弟穉弱，淑人獨任家事，老幼衣服飮食之具，各適其宜。宋氏歲祭其遠祖，淑人嘗一尸其事，擧族會于雙淸之堂，觀其粢盛蠲潔，咸嘖嘖曰：“某家有女矣。”父患痘甚危，家人恐延染，勸其出避，淑人泣不肯，每夜露立禱天。及喪號擗若絶，三年如一日。會失火，火及殯室，淑人奮身入火中，抱主而出，聞者驚歎。及嫁以所以事縣監公兩世者事舅姑，舅都事公嘗稱之曰“吾家賢婦”。家內眷集甚衆，皆得其歡心。其治家有法，晨起埽灑，庭戶無一塵，牧雞豚種瓜菜，常用之祭祀、賓客而不乏，舍前後果木井井可觀，皆其手植。

正郎公性嗜書，疎於生事，淑人不令知其有無也。正郎公六十四始擢第，淑人喜而悲曰：“吾舅姑不及見也。”且泣曰：“父母旣歿，無歸寧之義，幸吾不死，惟有一瞻墳塋耳。早晩得一縣，可能遂此願否？”正郎公旅宦在洛，淑人每速其歸曰：“年旣老矣，不如優游林泉以終其世也。”旣而時象一變，正郎公棄官而歸，淑人甚喜之。每暇日招諸子女，環列左右，申申然教以義方，必先之以孝悌忠信。又曰：“吾宗丈尤菴先生嘗言：‘言到口頭，更加思量。’此格言，汝曹宜念之也。”余惟婦人之職，納酒漿籩豆，織紝組紃，凡爲人子爲人婦，所事不過此焉爾。淑人才分過人，於此數事，固皆不勞而能之。然世之能此者，亦不爲不少矣。若淑人則博涉今古，見識偉然，能導夫子以正，敎兒子以義，又老而孝不衰於父母，其言往往有讀書男子所不能及者。嗚呼！

其可銘也已。

宋之先，有曰雙清堂愉，是其名祖。其後有柟壽郡守，號松潭，希進司諫院獻納，於縣監公爲祖若考。縣監公諱國士，是生諱奎臨，淑人之考也。安夫人副護軍謹之女。都事公諱極杓，其考通德郎昌夏，祖郡守嶸，宜寧大族也。淑人男道軾、道輯，道轍其仲。女適士人朴衡齡、宋齊泰。道軾男宗泰、宗運、宗顯、宗郁，道轍一男一女皆幼，朴婿子春囿。銘曰：

恩津之門，生此碩女。我書厥石，庶幾永譽。

孺人潘南朴氏墓碣

孺人潘南朴氏者，宜寧南君道轍聖由之婦也。其世曰潘南先生尚衷之後，大司諫嘯皐承任之七世孫。考諱泰來生員，妣晉州姜氏。孺人生于禮安之退溪村，李文純先生，其外王母之先也。南君之父曰龘兵曹佐郎，祖曰極杓義禁府都事。孺人年二十一歸南君，三十五而夭，時庚戌二月十二日也。葬于聞慶幕洞負艮之原，有一女幼。

聖由，嶺士之秀者，從余游。一日具狀一通，致其家大人之命曰："吾子婦死已七年矣，吾念其孝，久而愈悲。不惟吾心如此，宗黨、隣里莫不悼其不幸而思其賢，吾不忍其泯沒而無傳也。方治一石，以刻厥美，子其爲之辭。"余惟婦人少而死且無後，而能得此於其舅者蓋寡，斯足以知孺人矣。

孺人生四歲而失母，稍長善事繼母，繼母亦愛之如己出。在夫家，往往思念其親，至於涕泣。嘗臨鏡自悲曰："吾外王母嘗言汝貌類汝母也。"又書鏡臺曰："生而爲人，不識慈顔，悠悠蒼天，我罪伊何？"豈傳所謂旣嫁而孝不衰於父母者耶！其事舅姑，舅姑甚安之，稱其德性，則曰"吾婦未嘗有疾言遽色"，又曰"無一點忮克之心"。其異宮而居也，得一美味，必先以餉舅姑，作一鮮衣，必先以獻舅姑。姑之疾也，夜立禱天，及喪若孺子泣者。其病且殆也，猶以不得與饋奠爲恨，其舅適在都下，又恨不得告訣，索其書，摩挲出涕，誠孝之至死彌篤如此。

又工於女事，晝夜執勤，不自知其苦，顧語聖由曰："吾爲貧士婦，職所當然，而男子抱負甚大，安可自逸？"每勸以學問。又深以暴怒爲戒，蓋聖由不免有東萊少時病也。孺人自幼涉獵《小學》、《內則》諸書，故其見識如此。噫！孺人雖不克永其年，而旣得乎舅姑之心，又得乎宗黨、隣里之心，此無他，孝之實，有以感之。婦人之德，如斯而已矣，壽夭在天，亦且如之何哉？余之爲此言者，蓋慰孺人之心，且以塞佐郎公之悲云。銘曰：

生而舅姑安其孝，死而宗黨懷其賢。

胡得於人而不得於天？嗚呼孺人！

陶菴集

卷三十七

墓碣

墓碣

統制使元公墓碣

孝宗大王有尊攘大志，儲養武臣，元公相爲內乘，最承恩遇，數召入，推食食之。上愛胡驄，未及馴，欲自馳騁，公極陳垂堂戒，後屢問馬馴未，對如前。一日御上林，命公騎，忽橫逸入松樹間，幾危而免。上歎曰："爾愛我也。"賜酒以勞之。公遇孝廟諱辰，每蔬素涕泣，終身不衰。公字巨卿，原州人。上祖弘鐗，高麗知門下事。我朝右正言晃，生孝然判書，四世而有司議純輔，爲曾祖。祖士說典簿，考翀贈司僕正，妣原州李氏。僕正公命公後弟翕，翕贈參判。公天啓甲子十二月五日生。

六歲僕正公卒，哭如成人。丙子，奉大夫人入江陵大美山，能左右扶持，以免於難。戊子，武科，歷宣傳官、都摠府都事·經歷、訓鍊院副正。出爲龍川府使，省賦革弊，還副正。其在太僕，特賜貂帽，以母病請告，則賜藥物於便殿外，且趣其來，異數也。丙申，除竹山府使，尋陞通政，移晉州營將，入爲內禁將。又爲興海郡守，善賑饑，又留心戎務，錫表裏及馬，仍留一年還。拜五衛將、兼司僕將，爲釜山僉使，訓鍊大將李公浣留以自佐。又爲永興、寧邊，陞拜全羅左水軍節度使，褫拜宣傳官。朝廷新陞所江防營，選授公。公至則竭心區畫，屹成巨鎭，又募民墾田于閑島，以給軍需。移江界還仍，及瓜復爲春川。上面諭曰："盡職如所江可也。"拜慶尙左兵馬節度使。

庚申，由宣傳官爲濟州牧使，擢拜京畿水使，以微事被臺言下理，尋昭釋，用大臣金公壽恒言，還授嘉善階，差訓局中軍、副總管。拜統制使，大治城池舸艦，廣儲蓄，爲陰雨備。連爲南、北兵使，北俗獷悍，公恩威幷行，廨舍戎器不日而新，南、北營至今稱帥臣廉白者，必曰元公、元公。戊辰，同中樞兼捕盜大將，翌年時事大變，公意不樂，求出得鐵原，旋引疾歸原之稼亭里，葺草居之。鄕里携榼來過，相對歡謔，竆日夕不厭，時或乘輿而出，款段徜徉湖山之間，有語及時事者，輒慷慨流涕。及病子弟欲還京就醫藥，公不聽曰："老死畎畝間足矣。"年七十卒，賻弔如儀。

夫人安東金氏，將仕郎暄女，先公六年卒，合窆于原州石隅坐艮之原。二男，長德徽統制使，次德裕，四婿都事權祐、士人金一宇、參奉李相儼、府使柳重碩。側出德隣、德齡，女朴澄、南鼎錫。德齡僉使，澄萬戶，德徽以從弟之子命揆爲後。

公剛毅有志節，能善養親，所後李夫人常曰："何必自生子也？"居兩母喪，哀毁踰制，家貧無以爲祭，則力穡自給，鬻朝服以補之。倣《朱子家禮》作祭式，澡濯將事，不以祁寒而或廢。事兄以恭，待宗黨以惠，子姪不敢以惰容見。少時一名卿有妾女，强公卜姓，公終不肯，非公事，跡不及權門。性惡奢侈，終身一羊裘，不修葺第宅，或勸爲子孫計，則曰："吾欲遺之以淸白耳。"當官嚴恪，不饒權貴，人莫敢干私，所至有去後思。公之在寧邊，方伯閔文貞公維重褒其淸約，文貞吾外翁也。余不及識公，而今讀公狀，其內行之篤，雖讀書談道義者，未之或過。晚年一退，尤偉然，後之尙論者，孰不曰聖祖知臣也哉？是宜銘。銘曰：

將門秉禮希聞昔，九邑五閫愈著白。
白頭畎畝壯淚滴，灞獵胡驢我心獲。
驪水湯湯鬱陵柏，於億年拱此幽宅。

統制使元公墓碣

肅宗丙戌七月三日，平安兵使元公德徽卒于官，年六十。上驚悼，特命沿道護喪，以歸葬于原州稼亭坐酉之原。公原州人，字君美，其先本朝文靖公孝然最著。曾祖士說典簿，祖翕贈參判，考相統制使。妣安東金氏，父暄。公幼而聰敏强記，讀書未成名，中辛亥武科，除宣傳官兼備局郎，筆翰如流。由都摠府都事爲海南縣監，痛繩猾吏以法，竟坐罪。尋叙守三水郡，地瘠民貧，至誠撫摩。還，通信使辟以自佐。比還，橐中如洗，惟《史記》、《漢書》數帙而已。拜訓鍊副正。

乙丑，擢晉州營將，揀將士，敎之兵法。入爲兼司僕將，以禁衛千摠，月試射多中，上褒嘉錫馬。永宗新陞防營，公爲僉使，經理得宜，以微眚編配驪州。統制公卒，上聞而矜之，特宥還。憂吉爲內禁將，拜全羅左道水軍節度使。城中火延燒六十餘戶，公與材糧，使各安堵。時大饑，全活者衆。遘瘴疾，大臣惜其才，白褫之。陞慶尙左道兵馬節度使，營中百須，責軍卒爲弊久，公至則革之，別爲積貯，以給其用，軍情大悅，歸後或設祠版，每飯必祭。

辛巳，擢京畿水使，遷統制使，先統制公嘗置千金于戰艦，以備陰雨，公又倍其數。所莅閫鎭，多先公舊踐，往往有大碑雙竪云。以病解歸，拜副摠管、捕盜大將者再，臺臣論諸閫，混及公，公議爲稱寃。旋出莅西營，卒也飭子送終從簡約。公重遲寡言，居家謹喪祭，友於兄弟，篤於宗族，爲政寬明，所至得民心，遠聲色，於群帥中獨然。夫人宜寧南氏，忠義衛得老女，有女士風。舅閒居好飮，別制小勺以進，又或怡聲諫，舅曰："吾賢婦也。"後公九年年六十九卒而祔。二女爲李箕朝、郡守李挺卨妻。所後子曰命揆，嘗走雪嶽下謁余文，久而請愈懇，遂爲之辭曰：

善乎先統制之言，吾欲以廉白遺汝耳。

公之將死，亦曰勿累我。

嗟小子，是謂無忝，嗚呼可銘也已。

統制使李公墓碣

歲辛丑凶逆猖獗，金相國昌集、李相國頤命諸公幷罹酷禍。

統制使李公壽民素爲二公所識拔，群凶仇嫉之，白地羅織，拘繫且二年，欲殺而不能得。旌義在南海中，去京師數千里，謫者鮮得還，乃以處公。公時年七十三，居一年卒，甲辰十一月十二日也。申尙書銋亦年八十餘同謫，以詩哭之曰："先朝宿將初非罪，絶域羈魂竟抱寃。"聞者悲之。今上元年乙巳，大雪寃枉，流竄者悉還，申公渡海道卒，公則不及知矣。四月還葬于龍仁窟巖，命復爵，祭賻如儀。

公字一卿，其先靑海伯之蘭，爲我太祖元勳，子孫仍著籍靑海。傳累世，同中樞麟奇號松溪，高簡工詩筆，爲士類所重，淸陰先生實銘其墓。是生明老，贈承旨。承旨生僉正諱文柱，於公爲祖考。考諱詡，宣傳官，贈參判。妣金溝李氏，考曰俊生。

公以崇禎辛卯生，丙辰，武科。爲宣傳官者三，訓鍊院主簿、都摠府都事·經歷，出守高原、樂安二郡，長興府使。辛巳，擢羅州討捕使，入爲羽林、司僕將。間爲南虞候，病免，用厭避律，卽其地充軍，重臣有白其實者得解。除鐵山府使、濟州牧使，濟州未赴褫，拜全羅左道水軍節度使，秩滿還拜宣傳官。由長湍防禦使，拜全羅兵馬節度使，陞三道統制使。論者言其太驟，旋仍舊。又陞會寧府使，不赴。己亥，以御營中軍進階嘉善，轉禁軍別將兼都摠府副摠管，復拜統制使。

公爲治剛明，吏憚民懷，所至軍械皆一新，御史、巡撫御史屢褒聞，在統營尤得士卒心。臨遞禍焰燔天，人人重足。金相國南遷過營下，公出院門候之，令褊裨護行，又遍饋遠近謫者無遺。或以禍福爲言，則公笑曰："七十翁，復何所求？爲善類獲罪，吾所甘心。"旣而凶孽謂公曲護逆黨，請遠配，尋又以軍布三百同領送京中，構罪下吏。會鞫囚有與賊鏡通者，陰受其嗾，誣以訓鍊大將李弘述得統布，以助成凶謀，公遂移鞫廳。初訓局以財力凋弊，乞貸來公營，其數爲三百之半，公又折其半。及其請蕩減也，公申狀違覆，且錄于營簿。至是査實，一如公爰辭，群凶計敗。公以是得不死，而猶不免於竄，仍憂憤以卒。

公資性和易，無傷人害物之心，不喜芬華，被服如布素。親疾用井華，嘗冬夜躬汲，又爇薪以適寒溫，不使童僕代。妹子失母，育於家，及長資其田宅，窮族之不能嫁者嫁之，其內行之篤如此。仕宦久在通塞間，人惜其屈，公則退然。老而進庸，復値陽九，卒與善類同其榮辱，至死而不悔，苟非中有所守，惡能若是哉？嗚呼偉哉！

夫人順興安氏，通德郎斗極之女，明淑有婦德。肅廟始喪，家無男子，能哭泣以時，制服而服之，人賢之，後公五年年七十六卒而合祔。一男二女，男櫶，女婿士人申思鼎、兵使崔命柱。櫶及爲申龜夏妻者，側出也。櫶繼子慶章，申壻繼子暐，一女歸士人洪星漢。崔婿一子禕。櫶請銘，銘曰：

在昔黨禍，莫甚東京。維時皇甫，自謂豪英。
而恥不與，不欲獨生。公則何幸？斯爲光榮。
我作銘詩，以表其塋。

統制使閔公墓碣

公諱濟章，字晦伯，驪興人。其先有文景公令謨、文仁公漬顯于麗朝。曾祖汝寬贈執義，祖珊齡贈承旨，考後慶營將贈贊成，世居光州。妣咸陽朴氏。公身長九尺，力能挽五石弓。肅宗乙酉，中武科，未唱名遭憂，及吉除宣傳官。庚寅，上試藝春塘臺，公發三矢皆中，特調訓鍊院主簿，移司憲府監察。

翼年隨通信使之日本，纔泊對馬島，忽颶風作，輜重一船將覆，船中人啼呼乞命。倭操七舵入救之，見風濤拚擊，皆不知所之。公奮身入海中，手拽其船，旣及岸，大呼而上之，船劈土而入者幾及尾焉。蠻人見者莫不驚倒，號曰將軍。事聞，上大奇之，命隸別軍職。比還朝屢召見，問以其時事，擊節歎曰："丈夫事也。"遂加資，令不次擢用。

由禁軍將爲茂山府使，以治行第一陞嘉善，秩滿還禁軍將。出爲所江防禦使，大治戰具，船艦一新，以薄眚下吏。上聞其疾，錫藥物。尋除大丘營將，移全羅左水使，褫爲內乘，未及還，拜濟州牧使。肅廟諱音至，公號慟若絶，葬前食素，常涕泣曰："受恩罔極，何以爲報也？"壬寅，忠淸兵使，大水暴至，州人皆走避。已而水益急，官吏奔走登山，公獨毅然曰："吾一動足，則一城皆魚矣。"上譙樓，以大索及板木編作巨筏，又以繩約矢而激射之，使升屋者緣繩，攀木者引筏，得以不死，淸人至今頌其德。瓜滿除副摠管，復出爲全羅兵使。乙巳，授統制使，有沮之者，大臣白令仍舊。

翼年褫拜統禦使，爲治一如所江。嘗爲北兵使、會寧府使，皆不赴。

戊申逆變，別擇畿內守宰，公得安城。公時有疾，卽日單騎之任。時方伯、守令無一人討賊，公至則起軍馳狀以聞，上歎其忠。公又募人入賊中詗其情，歸言："賊分爲二枝，一向竹山，一向安城，今日當至。"都巡撫吳命恒軍方向稷山，公躍馬追及大軍，請捨稷山而趨安城，命恒不肯。公指天爲誓，又遣庶弟濟萬力爭之，始改路。賊至安城，猝遇大軍，皆駭散，又遇于竹山悉平之，論者謂公功爲最。尋除黃海兵使，公歎曰："亂賊雖平，餘憂尙大，吾有死而已。"輿疾赴營，以己酉六月七日卒，年五十九。上震悼，優恤其喪，其九月歸葬於靈光某里亥向之原。

公善事父母，及喪廬墓致哀。又友于兄弟，奉寡嫂恤孤姪，曲有恩意。志氣慷慨，不爲一身計。其爲淸閫也，群小方得志，欲探公意，指謂之曰："君之得時，在何時耶？"公曰："脫有警急，手提長槍大劍，以死報國，此其時也。"其人憮然曰："壯哉，言也。"公之素所蓄積蓋如此。公凡四娶，全州崔氏、南陽洪氏、唐津韓氏、德水李氏。三夫人不育，惟崔氏有三女，尹裕緖、李重協、柳遇其婿也。取宗人鎭岳子泰臣爲後，泰臣有一子。銘曰：

明陵季世，聽鼙思將。公奮草萊，百夫之防。
盪舟登岸，一驚蠻人。王曰嘻嘻，予有虎臣。
公拜稽首，臣敢不死？恩深推食，慟結褥蟻。
逆豎猖獗，列郡風靡。公時受命，血泣誓士。

介于畿、湖，隱若一敵。心籌默運，虜在吾目。
坐速大軍，一鼓而平。相乎將乎，麟閣崢嶸。
夷考厥功，莫與汝京。《詩》歌《兎罝》，必本文王。
匪汝之績，先后惟明。有來千億，視玆銘章。

節度使鄭公墓碣

節度使鄭公德徵歸老于龍仁之楓溪，余自流寓以來，相去不遠，雖文武殊途，而以公圃隱家賢孫，且有儒將風，一往候之。風骨淸爽，圖書齊整，殊少塵俗氣。時黃花盛開，公出一盆示之，蓋取其晩節也。公字聖由，迎日人，圃隱先生其十世祖也。曾祖諱從善縣監贈執義，祖諱侃贈承旨。考諱周翰營將，勇略出倫，夙負干城之望，而性伉直不耦於世，後贈參判。外祖綾城具旻。

公少業文，旋投筆，中庚申武科，時年二十四。除宣傳官，序陞訓鍊院主簿，轉判官。公不肯隨俗見政官，以是見忤，出爲西生鎭僉使。己巳，聖后遜位，公大歸田里，混迹漁樵。戊寅，出監鎭安縣，褫還丁外憂，執喪如禮。比服闋，仍留養慈氏，躬耕釣以供甘旨，蓋公嘗路逢友人之以畿宰見星者心驚，遂絶離親宦遊之念云。每日必親設枕席之具，母欲梳頭則躬櫛之，出入或遇美味，必袖而獻之。間有除命，皆辭褫，又不赴人幕裨，坐被編配。母卒，不復求仕，人問之則曰："親不在矣，復誰爲榮？"是以絶跡城市殆十數年，艮菴李公稱以武弁中隱逸。惟一赴羅州營將，在官無大小，必盡其心。管下守宰或失體例，雖名官，不少饒假，列邑皆敬憚之。羅素稱劇邑，公久爲兼官，剖決如流，多有惠政，羅人至今稱頌不衰。嘗在湖幕，用監賑勞陞嘉善。

辛丑，爲同知中樞府事兼羽林衛將，時凶人柳鳳輝疏出於國本旣定之後，館學諸生將陳疏請討，公令子孫往參。明年除定州牧使，赴官未數月，城池器械，噲然一新，俄爲凶徒所劾褫。又明年除驪州牧使，以年限辭褫，隷訓局。時以金姓宮人事，疏啓迭發，至甲辰，武臣亦承望時輩旨，將聯名陳疏。子纘述亦在軍門，公謂義不可同參凶疏，卽以拜墓請由，主將不許，遂決意下鄕，纘述亦不與焉。凶徒嫉之，欲竄逐而不果。景廟新陟，國勢憂虞，公方任軍門，涕泣謂同宗之爲僚者曰："君亦勠力報國，無忝我先祖也。"仍拔去韔弓，易之以强曰："危疑之際，戎備不可不勑。"

乙巳改紀，擢拜咸鏡南道節度使。公日以修葺武備爲事，非雨雪則無日不習射，以身先將士，又嚴飭烽臺，以戒不虞。瓜遞，差訓局別將，又拜副摠管。道聞時事猝變，凶人李森爲主將，卽謝病不出，會擬試官，三違召坐罷。森黨恚甚，至請逮問，盡奪其告身，公又歸鄕里。戊申春，亂作，蒼黃奔問，參原從勳，復除副摠管。是冬出爲慶尙右道兵馬節度使，歎曰："吾年踰七旬，今不盡職，豈復有報國之日？"斷置私事，專意於軍器、公廨修繕之役，惟日不足，別築一庫，盛爲儲胥，以備緩急。又號令嚴肅，賞罰分明，軍卒立碑思之。

公自是歸臥故里，日以琴書自娛，穿小塘於門前，優游忘世，有詠懷一詩曰："功名如脫屣，歸田世念疎。從此無所事，臨淵弄游魚。"亦可見其暮年風致矣。然爲國殉難之志，老而不衰，取軍裝置傍，且立戰馬曰："未死之前，不幸有急，則雖已篤老未能奮身擊賊，寸寸奔赴於君所，氣盡而死可也。"丙辰，公年八十，陞嘉義，己未八月十一日，卒于楓溪精舍，壽八十三。遺命襲用深衣，始葬于慕賢村愚山，後八年，移卜旺谷卯坐之原，皆同縣地也。貞夫人全州李氏，先公十年歿，葬而祔，淑德懿行，厥有幽誌。

公端重寡言笑，平居夙興正衣冠，未嘗頃刻疲臥。甚嗜書，簡策常不離手，晚年最好看禮書及《朱子綱目》，時或乘興鼓琴，取古淡而已。性至孝，語及先父母，則雖八耋之後，愴然興哀，淚緣白鬢，人不忍見，生日禁子弟不得設饌。尤用力於追遠之事，釐正祭禮之襲謬者，一以先賢定論爲歸。嘗於圃隱墓傍，重新齋室，又爲八世祖雪谷公改竪碑表，以彰節義。戒子孫以學問爲先，毋爲俗儒。凡厥事行，雖古讀書君子，未或過之。至於晚節，尤卓然可觀，其謂之圃隱家賢孫宜哉。纘述其長男，統禦使，出爲伯父後，次纘志，二女婿尹燦、李益謙。纘志男鑄，纘述繼子鍵，鍵子翼濟、聖濟。尹在慶、在度、在厚、李基鼎，二壻出也。纘志以鄉隣之好，來請銘，銘曰：

深愛之孝，恬退之節。雖在儒行，尙少匹敵。

矧伊櫜鞬，不亦奇事？甲胄干櫓，忠信仁義。

一壑婆娑，蕭散圖書。彈琴馴鶴，拄杖觀魚。

駒城東北，梧檟相望。仕雖殊塗，老則同鄉。
黃花一盆，暮年兩心。圃翁遙遙，詩禮可尋。
嗟哉後人，承受勿替。我銘厥美，用視永世。

贈判書金公墓碣

在昔壬辰，倭寇大入，嶺、湖先潰。宣廟降諭諸路士民，使之討賊，四方忠義之士奮起者衆。時則有若金公萬壽，起兵於鳳山。公光山人，身長九尺有餘，膽略絶人。有弟三人，千壽、百壽、九壽俱以壯勇聞。公方失職家居，聞變痛哭曰："吾受國恩甚厚，曷敢不死?"壯士應募者九百人，衆推公爲大將，千壽殿，百壽、九壽爲先鋒，星夜赴難。到長湍，與助防將劉克良合兵，臨津之戰，官軍大衄，百壽死之。公與二弟收散卒還本郡，募材勇積糧餉，爲再擧計。

公之子光鋏年十九，勇冠三軍，以都摠都事護駕而西，假一節以來，徇沿海列邑，與公會。時賊兵充斥，海西一道淪爲賊藪，長吏皆解綬逸去。巡察使李鎰以公權差本郡，人心稍定。八月與諸郡兵合擊大破之，上在龍灣，初聞海民皆從賊，及公捷音至，大喜，命學士李好閔製教書，賜公義兵將號，以奬忠義，且除宣傳官。公拜稽以受，父子兄弟涕泣自誓。

時賊大軍在平壤，賊酋一人領數萬兵阻洞仙嶺，爲其聲援。公軍在栗津上，旣而賊兵來屯富車原，公潛渡水擊破之，一日三戰三捷，賊懼不敢出。光鋏乘夜斫營，刺殺其大將，賊死者無數，又追餘賊，敗之於古井村，是日中丸死。諸將皆弔於公，公曰："兒死得其所，何用弔爲?"翌年春，天兵拔平壤，公知賊東遁，遣九壽等伏兵砥峴，斬數十百人。是秋賊退屯嶺南，朝廷重南邊，擧公爲珍島郡守。公散遣義兵，各歸其鄕，及赴官，撫循軍民，日夜繕聚。統制使李舜臣軍閑山島，義兵將金德齡軍光州，公各助其兵糧，輸餉不絶，甲午遞歸。方錄勳，有嫉公者沮抑之，置原從科，識者嗟惜。公母年九十，公無意世事，十年家食，母卒，毁極成疾，甫外除，以丁未二月九日卒，年五十五，葬于本郡禹岐山向午之原。

公字德老，其先出新羅王子興光，連八代平章事。入本朝有諱南雨吏曹參判，曾祖潤河察訪，祖國梶慶源判官，考大有訓鍊院判官。妣樂安吳氏，監察世勳之女。公配居昌愼氏，與公祔，其考縣令邦祐。光鋏既死，以千壽之子光鐵爲嗣。光鐵二男，振南、玢。振南早歿，玢三男，世弘、世雄、世瑚。德任，世雄出，德仁、德基、德普，世瑚出。

公幼而嬉戲爲營陣狀，及長讀書，略通大義，至古人殉節處，爲之嗚咽。尤好韜略，往往抵掌談兵，人莫能頡頏。平居志節如此，故當危難之際，奮身草萊，所樹立卓然可觀，嗚呼偉哉! 公萬曆十二年武科，歷官司憲府監察、掌隷院司評、豐川府使云。 宣廟特贈工曹判書， 光鋏下一階。肅廟戊子，郡人又爲公立祠祀之。余嘉公之忠，據其狀而叙之，銘曰:

仡仡金公，萬夫之特。遭難奮義，爲國殫力。
一郡殘兵，屹若瀾柱。公有令子，有力如虎。
提戈躍馬，渫齒褫魄。俄以尸歸，一軍雷哭。
公曰無弔，死得厥所。義烈彌彰，公實賢父。
惜哉偉績，湮沒無聞。猶有可徵，五峰之文。
我闡其幽，詩以表墳。

贈參議金公墓碣

萬曆壬辰，宣廟幸龍灣，使詞臣草制，奬八路義兵將。其文有曰："鳳山金萬壽等糾集義旅，殺賊甚衆。此輩忠義，予甚嘉之。"後萬壽屢戰有功，及卒，贈判書。厥弟三人，曰千壽、曰百壽、曰九壽同時起義討賊，九壽卽公名也。余既爲判書公作樹墓之文矣，公兄弟勳勞義勇，自當同傳，玆不復詳，而蓋公居戰陣中，籌畫居多。公之言曰："兵法器械不利，以其卒與敵也。賊之長技在火砲，非我弓矢所能當，若以長槍大劍，乘夜急攻，可必勝也。"判書公從其計，大鑄槍劍，分給壯士，以是賊大挫。富車原之戰，公先登陷陣，斬賊酋一人。一日，天大雷雨夜黑，公曰："劉錡乘雷雨，有順昌之捷，今夜可以劫賊營矣。"果大捷，其奇策類此。亂定，朝廷設軍功廳，諸將或自言其功，公獨不肯曰："君臣猶父子，子而救其父之急，敢自言乎？"其不伐又如此。

公字忠老，光山人，新羅王子興光之後。察訪潤河，寒暄門人，慶源判官國梶，訓鍊判官大有，是公三代。外祖樂安吳世勳，監察。公以嘉靖庚申生，狀貌雄偉，少讀兵法，有智略，又擢重試，官訓鍊院僉正。公之叔兄百壽、姪子光鋏死於戰陣，公心常隱痛，無意於世，歸老田廬。戊午，渡遼之役，起公從軍，中流矢輿還，己未九月十八日卒，葬于本郡禹岐山壬坐原。肅廟朝特贈工曹參議，鄕人又配于判書公祠。公配潘南朴氏，彦涵女，男光錬訓鍊院主簿，女適尹時遇，側出曰光銓。光錬五男玹、瓛、琡、珽、瑗進士。

嗚呼，當國家搶攘之際，高官重祿，鮮或不爲全軀保妻子之計。而公兄弟以遐鄕韎韐之士，人主不識爲何狀，而俱能爲國盡節，至死不貳，金氏之門，一何忠義之多也？噫亦奇矣。公後孫思集以狀乞文，余掇其大略而系以銘。銘曰：

往昔寇亂，龍蛇之中。公奮草莽，一門群雄。
裹瘡飮血，百戰與同。或生或死，各殫厥忠。
然公有大，大樹之風。子赴父急，敢自言功？
惟此一言，可以觀公。我昭厥美，刻示無窮。

贈參議宋公墓碣

湖南古稱多忠義之士，而其一門雙節，則光山之高、興陽之宋是已。然而世之人知高而不知宋，此曷故焉？竊嘗思之，國俗重文而輕武，光山南方大都會，而文物彬彬可觀，興陽僻在海隅，不沾文教，雖有節行之美，誰得以傳述之？

此其地勢然也。

謹按宋氏出礪山，而祖松禮。松禮後七世有諱侃者，受端宗命巡撫于南，聞內禪，棄官歸本鄕，尋又自礪而入興陽，子孫仍居焉。大立其六世孫也，字信伯，少讀書通大義，然倜儻多奇氣，不肯爲拘儒。時當倭亂搶攘，人皆鳥鼠竄，而公獨奮然以死國爲心，遂投筆，中甲午武科，薦授部將，屢轉官，至訓鍊院副正，俄陞正，蓋以軍功也。

丁酉，寇再猘，公弟希立爲智島萬戶，公則家居，移書喩以大義，與同赴李忠武公舜臣統制幕下，將行，奉母宣夫人託於同福守宋斗南，斗南其族也。統制素聞公名，得之甚喜。公殫心籌畫，輔益弘多。已而統制以湖堧爲憂，與都元帥權公慄議所以協心防守，仍薦公才略。元帥以公爲倡義別將，分據沿海之地，公遂還興陽，募壯士設柵于尖山，蓋當東南要路。倭船之往來者，輒以輕銳廝抄，賊不敢近，四境倚以爲重。

三月，寇船犯寶城，公率勇士亟往禦之，一戰而殪數百，賊遁去。無何又犯本縣望諸浦，公移兵薄之，賊登岸迎敵，勢若蟻附。公當前發矢，皆應弦而倒，又或疊中，有九賊逸，復單騎追及於尖山，或劒斫之，或腋挾之，盡敵而還。忽有伏兵千餘突至，急如風雨，公尺劒鏖戰，左右揮霍，爲之披靡，自朝至晡，氣益厲。賊畏之不敢迫，乃以砲丸中公脇，公下馬北向再拜遂絶，時四月八日也，年僅四十八。事聞，宣祖大王命贈兵曹參議，及策宣武勳，公又列於原從一等。

公娶晉州蘇氏，萬戶琚女，擧三男。訥宣務郞，謙郡守，季曰譓，崇禎丁丑，以洪原縣監，領中營兵，截建虜歸路，力戰死之，歲亦丁而年亦四十八，人皆異之。肅宗朝命旌公父子曰忠臣之門，國家崇報之典，至是而無憾矣。希立久在忠武公軍中立功，官至本道左水使云。公墓在縣北龜山向丙之原，其玄孫廷岳來乞銘，銘曰：

元帥幸州之捷，蓋由天幸。
忠武閑島之戰，坐鎭南屛。
以公雄勇遨遊兩間，不能與同其功。
而獨當尖山之敗，玆豈非命耶？
然奮不顧身，欲忠國耳。
戰而死綏，師律則爾。
不有是父，焉有是子？
嗚呼窮海之濱棹楔煌煌，足以齊美於高氏。
嗟後之人，罔或文武之異視。

贈承旨宋公墓碣

余旣爲參議公銘其墓矣，公諱譓，字士允，參議公之第三子。蘇夫人感龍夢而生公，龍生其小字也。參議公立慬時，公纔八歲，哀隕如不欲生。居數歲，就傅學書史。一日對棊局，長者責以妨學，則謝曰："深讎未復，至痛在心，薄扶桑而履蠻腸，豈曾一日忘于心也？讀書欲以觀古今事變，局戲欲以得運機決勝之妙爾。"仍泣下霑襟，長者爲之改容。

甫十四，均田使權縉來檢田，公犯科被逮，當刑遽呼曰：“明公固守法矣，有志之兒，其可刑乎？”縉陽怒而促之，公奮迅騰踔而去，追者莫能及。縉奇之，置而不問。及長習武藝，萬曆甲寅，中乙科第一名，歸興陽，十年猶家食，人怪而問之，則曰：“母老，游宦非其時也。”然而時當昏朝，其微意可見。及母歿，居喪以禮，服吉，綾城具公宏爲統制使，素聞公名，卽辟爲幕佐，仍留之門下，視如子姓。薦授宣傳官，屢遷至全羅兵馬虞候。乙亥，除洪原縣監，翼年虜難作，上幸南漢，召諸路兵勤王。北兵使李沆、南兵使徐佑申等入援，公爲斥堠將，行至楊根，聞諸路兵敗，沆等畏慴不欲進，公以大義責之，深忤其意。

及講和虜退，朝廷命北路，截虜兵歸路，以禁搶掠。公代領中營，衆踰鐵嶺，斬虜百餘級，抵南山驛，賊屯尺山下，隱其精銳，示羸以誘之。沆等使公及前後營往擊之，公曰：“虜情叵測，不可輕進。”沆等曰：“第嘗之，設有伏，以全師繼之，蔑不濟矣。”旣合戰，虜騎數千自山谷突出，前後二營不發一矢而盡沒，獨公力戰，賊兵再三敗北，而孤軍無繼。沆等方布陣山上，公大呼請救，而終不應。官隷朴貴鶴控馬而請曰：“大軍旣遁，公亦爲後圖，無徒死也。”公呵之曰：“此吾死所也，吾父年四十八，死於丁酉倭亂，吾年亦四十八，死於丁丑胡亂，夫豈偶然哉？”一軍爲之感泣。公終日發矢，手指盡落，矢盡，乃奮劒擊賊，劒亦折，遂死於凶鋒。陪吏姜忠老不忍去同死，實二月十五日也。沆等反誣公以輕師敗績，金公時讓力爲公伸理，且擧正沆等罪，公議快之，蓋公於金公嘗有知遇之感云。後贈承政院左承旨，又命旌閭。

公凡再娶，晉州姜氏、利川徐氏。二男，文祥通德郎，隱居不出，自號二憂，以南北之讎未除也，次文祐，一女適縣令李聖雨者，元配出。文祐及庶子文亨皆武科。文祥男可澂、必澂，可澂子廷甲、廷烈、廷夔、廷翼，必澂子廷岳。文祐二子蕙、藎，蕙之子東岳、東錫、東哲、東輔，藎之子廷熹。公葬於本縣棠山，二夫人祔。來請銘者廷岳也。銘曰：

臣忠子孝，萬世大經。得一猶難，乃萃家庭。
高興一曲，海氣冥冥。孰云荒僻？允矣地靈。
兩世天慳，不夭之齡。歲運賢嗟，一何屬丁？
烈士遺恨，未塡鑾溟。我壯其志，庸作斯銘。

縣監鄭公墓碣

公諱宅周，字仁伯，晉州人，高麗文良公乙輔之後。高祖諱宗弼掌隷院司評，曾祖諱復一五衛將，祖諱敏得都摠府都事，丁酉之亂，守南原，城陷死之。無嗣，以從兄進士希得之子稷爲後，是爲公考。希得之母李氏與其婦李氏避寇向七山島，遇賊船，義不辱，握手投海而死，幷旌閭。稷長以罪人自處，生不欲妻子之養，死而命薄葬。月沙李相國嘗薦于朝，除歸厚署別提，一謝而歸。

公世居咸平，六歲而孤，哀毁如成人。及長習武藝，中丙辰科，由宣傳官出守平南鎭，遷訓鍊院主簿。己巳，坤聖遜于私第，公與閔鏞、具鳳昌欲抗疏，遍求疏草於人，而不能得，自恨其無文，卽日棄官。甲戌新化，復宣傳官，尋出爲求禮縣監，持己淸簡，治不要譽。有猾吏犯法者杖斃之，不悅者因以構捏，臺啓請下吏問。閔尙書鎭厚、金尙書鎭龜諸公迭爲公伸理，遂蒙宥。

公素性骯髒，不隨俗俯仰，見人有不是處，雖達官要人相熟者，亦不迹其門，是以仕不達。及歸作數架屋，名之曰寒翠。李學士喬岳嘗守是土，訪公而題詩壁上，有歲寒襟期之語。公優游自適，以壽陞通政階，拜僉知中樞府事。公雖從事弓馬，操履如儒士，自少至老，未嘗有褻慢之容，祭日必致齋，已祭而猶不懈。處宗族，盡其和柔；接賓客，絶去畦畛。嘗戒子孫曰："吾不幸失學，以至於此，所望於若曹者，太上學問，其次文辭，否則馳馬試劍，未必非男子事。若夫博奕好飮，苟且營利者，非吾子孫也。"

公年八十四，以丙申七月五日卒，葬于縣之貴美里，夫人完山李氏祔。三男四女，男德曜、德載、德潤，諮議朴光一、士人羅天柱、朴光夏、柳楫其壻也。孫曰夢臣、龍臣、磬臣、翊臣、英臣、堯臣、遇臣、喆臣、弼臣、夏臣、龍臣、英臣進士、翊臣宣傳官，餘不盡記。龍臣與余好，來乞銘。銘曰：

煌煌棹楔，在海一曲。公生其門，蘊奇混俗。
韎韐之身，志則端士。忠義奮發，乃見己巳。

莫曰無文，其亦有辭。吾愛吾廬，歲寒心期。
社酒圃帿，優游終年。昃日歌缶，乘化翛然。
千里謁文，孝子之誠。我闡厥幽，俾揭阡塋。

監察鄭公墓碣

公諱奎徵，字文伯，少好文，丙辰，朝廷取萬武，遂中一第。始由守門將，歷司畜別提、典獄主簿、司憲府監察、武臣兼宣傳官、訓鍊院判官·僉正、中樞府經歷、都摠府都事。於外爲孟山縣監、慶尙右兵營虞候。己巳，群凶構禍，喜偵人動靜，公往問竄逐諸公不少慴。一名官在餞席目之曰：“鄭僉正獨不欲仕耶？”朴學士泰輔爲國母諫死，公初不識其面，日候於金吾門外。其竄也，送至露江，又哭其死甚哀，見者莫不義之。

及張氏僭號，百官廷賀，公至闕下，托疾不入。聖母居私第，過者往往不下，公輒望門而趨。公職雖卑微，以國事罔極，每語泣下如注。公蓋圃隱文忠先生十世孫也，事親孝，母病嘗糞甛苦，出指血進之。居喪致毁，奉祭以誠，其內行如此。喪餘日，以家廟在鄉，露處哀哭。時有寒疾求汗，家人固止之，不聽，疾遂革，以甲戌三月十七日卒，年五十八。葬於龍仁慕賢村先兆乙坐之原。

公姿性醇厚，當事未嘗輕露聲色，燕語絶不論人是非。無貴賤，待以誠慤，鄉隣感服。每以未究儒業爲恨，勸子弟學文。又能被服儉素，於財利不苟取。有富人殺公守庄奴，請以累百金償之，公却其贏利。在嶺營時，州有四衙，各置屠夫，擊民家狗殆無遺者。公愍然曰："彼亦有血氣之類耳，日殺無罪，吾所不忍也。"子弟爲裝笥要一皮，亦不許。其外害民之政，一切罷之，及歸，州民送餞者數百人。

鄭氏出迎日，考諱公翰，祖諱佶司果，曾祖諱從善縣監，固城李檝外祖也。公凡再娶，水原崔氏，天峻之女，有一男一女，男纘先，壻士人李喜龜。德水李氏，其考萬齡，男纘緒。側出曰纘興、徐宗錥·權讃妻也。 長房男鐔、鋎、鍵、鐩，女適李徵鳳、韓光輔。次房一子鍙。鐔男民濟、仁濟，鋎男應濟、世濟，鍵二男翼濟、頤濟。纘緒來乞銘，銘曰：

夫士平居，讀書談道義。

而遇毫髮利害，或一趨而一避。

孰如公毅然義形於色，雖處危世居下位而能盡吾心而無愧？

是固得於天而源於孝，亦爾祖遺風之所自。

胡天不與以年，爲我腹心干城之寄？

文秀之山數尺之石，猶足以表素志。

府使元公墓碣

故府使元公卒幾年，追贈兵曹參判，又幾年，加贈判書。其子宅揆將樹碣墓右，請銘於三州李縡曰："吾先出自原州，爲麗氏知門下省者曰舜弼，吾鼻祖。我朝右正言晃、判書文靖公孝然最著。文靖後八世而爲吾父，吾父之父杞贈承旨，祖僉知中樞府事狃，黃翼成相國之後主簿孝謙外祖也。始吾父由武科進，兼宣傳官、訓鍊院判官·僉正、都摠府經歷。間爲郎于備局，守樂安郡，以治最陞通政。由五衛將除德源府使，坐殺一軍校下吏自辨，肅宗察其枉特釋之。

吾父事親，務順其意。吾祖嘗寢疾，藥苦口不能進，吾父色甚憂，吾祖戲謂之曰：'汝欲吾飮，第拜之。' 吾父亟下堂而拜，若是者三，吾祖笑而飮之。後爲邑，每自悲曰'祿不逮養也'。自奉以約，在官如在家，衆處不譁笑，待子弟僮僕以嚴，惟臨民則色溫然也。年六十八戊子八月六日終。吾母佐郎完山李德龜之女，生于壬午，先吾父廿九年卒，始葬于原州，移于驪之三井向丑之原，與吾父而葬焉。

生四子，吾其長也，思陵參奉。百揆其次，爲北道兵馬節度使，又與從勳，是屢贈吾父官者。女子子歸進士姜命瑞、士人申鐨。側出廷揆、復揆武科。吾無嗣，取吾弟子重采爲後，重采宣傳官，士人姜惠溥吾婿，李裕濟吾弟婿。長婿壻進士尹得麟，次壻子思健、思民、思伋，思民武科，士人沈墡、許溭壻也。吾弟嘗伐石而治之，公之客于牛梁也，吾亦旣屬文矣。不幸吾弟先歿，强壯者猶若此，吾老矣，朝暮且死，不獲公一言，無以見吾弟於地下矣。" 緈作而言曰："乃族祖、族父世仗閫鉞，乃家號爲將門，而乃父宦不遂，蹇滯以歿。是蓋能恬於勢利，退然如無能者，其食報於後也固宜。乃弟兄又能篤于孝，謀所以不朽，是可銘也。" 公諱始亨，字大哉云。銘曰：

延霞之南，黃驪之東。節度營之，寢郎終之。
有劖斯石，孝思靡窮。誰其作詩？寒泉之翁。

府使吳公墓碣

公諱達海，字興叔。吳出海州，七世祖塾，靖國功臣，官節度使。其孫克仁，蔭補直長。直長之孫璜，是生致舜，生命說，文科，禮賓寺正。公其子而寺正之弟命夔取以爲後，世居湖南之靈光。少而投筆，中丙辰科，初除武臣宣傳官，己巳之變，卽日不仕。甲戌以後，始復游宦，歷都摠府都事·經歷、訓鍊院主簿·副正。外則康津縣監、礪山府使、神光·加德僉使、順天·慶州營將。其陞折衝階，則以加德也。寺正公嘗守康津，公隨往，方九歲，手植柚於庭。及公爲縣，樹方繁茂，爲寺正公上壽，取其實以佐之，人以爲異事。

公資性慈厚，居官能謹畏，其爲營鎭，善戢暴賙饑，得軍民心，去後輒立石以思。戊申，嶺賊起，公在慶，整軍以待之，勵以忠義，人有固志。亂旋已，公亦罷歸，自是不復仕，日與親友琴酒爲娛。年七十六，卒于壬子十月二十二日，其明年葬郡南廣石山。淑夫人驪興閔氏，先公五歲卒，至是祔。其考將仕郎光燧，贊成諱齊仁之後。男祐天，祐天男憲朝，相稷、相卨，憲朝出。祐天將樹碣，使其子來請余文，以余與公有素也。銘曰：
起身韎韐，渾跡曹偶。我觀終始，人也有守。

故里婆娑，昃日歌缶。我銘不華，可徵來久。

僉使朴侯墓碣

崇禎丁丑，孝廟以大君如虜中，選壯士八人以從，朴侯安義其一也。侯字子由，密陽人。有諱崇元，漢城府判尹，壬辰之亂，卒于灣上，錄扈聖功，錫封密川。生諱耆賢，同知中樞，襲號密溪，侯其側室子。生纔三月能起坐，及長驍勇絶人。丁卯，武科。丙子，孝廟將避虜江都，侯方持制。新豐府院君張公維素知侯至行，謂曰："國危如此，未可移孝爲忠耶？"新豐，密川之外孫也。孝廟亦聞其名，召使起復。侯慨然曰："吾祖之孫而不死於國，是忝也。"

亂定，侯將還鄉終喪，會孝廟有北行，仁宣王后隨之，又邀與俱。侯常不離孝廟左右，身佩短刀，以備不虞，累經寒暑，誠赤愈至。辛巳顯廟誕降，后使求我人有乳者，偶得密溪舊婢以爲保母，侯之力也。越四歲，侯與保母潛護顯廟以歸，旋復北還。有事輒命升堂與議，后常呼以叔。甲申，孝廟始回轅，白上收用入瀋壯士，上可之，仍諭兵曹曰："其收用先後，問於鳳林。"鳳林，孝廟潛邸時君號也。於是侯授西生僉使，孝廟初又除防踏。孝廟升遐，侯食素一年，語及兩宮恩眷，每嗚咽流涕，孝廟忌辰，必致齊五日，晨起北向拜。顯廟朝除興陽、大山二牧官，歸老淸鄉。后特念舊勞，常加存問，時賜衣食，年七十四壬子卒。

臨絕呼諸孫告之曰："吾以卑微，遭危亂，受國恩甚渥，將無以報其萬一。若曹體吾意，以亡軀報國爲心，則吾死且不朽矣。"后命賜喪葬需，致賻視二品云。侯性慷慨，不事生業，忠義奮發，死生以之。至於擁扈王孫，萬里潛還，雖謂功存社稷可也。而官不過節制，蓋侯有不言阿保之謙德，而聖朝不以私恩官人，亦可見矣。余於是旣深感歎，而又恐侯忠勤一節湮沒而不傳，抒其大略，以授侯之孫泰昌，俾書于墓石。銘曰：

嗚呼壯士兮，何才之傑而何命之窮？
縱不能圖形麟閣亦足以裹尸馬革，胡爲乎老死畎畝之中？
惟其退然自守口不道前功，尙庶幾乎博陽之風。

郡守宋侯墓碣

侯諱光材，字子秀，恩津人，世居懷川。父曰興吉，大壼通政。大父曰胤昌，郡守諱應瑞之庶子，郡守公於同春先生爲王考。胤昌出爲族父僉樞黃生之後，僉樞父世勁、祖汝霖皆郡守。二家同祖雙淸堂愉。外祖晉州柳興龍，以學行聞鄕塾，贈監察。

侯少學文不成，丙辰，捷武科，由御營將官除鉢浦萬戶，後爲魚游潤僉使，病褫，陞折衝，再爲忠翊衛將，遷僉知中樞府事，爲機張縣監，未赴又爲熙川郡守，居歲餘罷歸。年七十，乙酉四月十三日卒于家，葬於同縣通政公墓下負亥之原。室扶安金氏，別將後說之女，隣黨稱其賢，先十三年歿，與侯祔。三男炳宇、炳宙、炳翰。女爲金命祐、朴樫、趙擎廈、羅再倫、趙龜河妻。

僉樞公有園林勝致，琴酒跌宕，以是得豪名。通政公標致亦絶人，桐溪鄭公蘊一見以仙風道骨稱之。侯爲重葺舊時池臺，以奉暮年歡，通政公甚安之。侯雖從事韎韐，而自幼薰炙先生之門，居家行義多可觀，作事少葳蕤而亦不踰閑。其當官也，不爲勢屈，不爲利疚，又絶不爲違道干譽之事，是以宦不遂。余及見侯老年，豪氣不衰，質直好義人也。炳翰子堯濟以二父言來乞銘，余不能辭，銘曰：

嗟宋侯兮，生老於是，死葬於是。

誰其銘者？同春先生，外孫之子。

陶菴集

卷三十八

墓碣
墓表

墓碣

從弟正郎、贈執義君墓碣

今上三年丁未，命旌故工曹正郎李絿曰孝子之門，贈司憲府執義，用相臣言也。絿，字汝剛，兵曹判書歸樂堂府君諱晩成之子。府君，肅宗朝名臣，不幸爲群凶所誣，瘐歿於壬寅士禍，國人哀之。當是時汝剛在金吾門外，日夜啼泣，目爲之腫，親故來問者亦泣不忍見。及扶屍而出也，號擗幾絶者數，一市人莫不咨嗟涕洟曰："此眞孝子也。"甫葬，盡室入春川，屢遷而得甑里居焉，里人化之而不歌。繼母金夫人性簡嚴，汝剛常以順適其意爲主。禍變以後，夫人一啜粥，汝剛方一粥；夫人一擧匙，汝剛亦一食；夫人不止哭，汝剛之哭不止。夫人感其誠，未敢盡哀。三年不一脫絰帶，不與人言笑，毁極而猶不滅，人皆異之。越四年乙巳，上命雪府君寃，復爵秩而錄其孤。汝剛爲翊衛司司禦，未忍復襲冠紳。余强之，一謝而褫，移他職不拜。

余自麟峽還郊廬，而汝剛獨不肯。余素愛玉屛、金水之勝，謀結茅於其間，汝剛欲相隨以終身，先買屋往焉。居數月，感疾卒于永平寓舍，時丙午六月二日也，年三十九。

汝剛居常自痛曰："福善而禍淫，天理之常，而今之無天固久矣。然凡人招禍之道非一，而亦惟曰驕奢也薄惡也，又或知進而不知退者也。若吾先人，則平生忠厚恭儉，廟堂、江湖之間，無一念不係於君民。履盈思危，身雖進，而心則退，人道之禍，宜無自而至者，然而若此者何也？此實不肖惡極，獲戾神天而然。"每以是自責，若無所容者，跼而莫知其高，蹐而莫知其厚，對人而慚顏，獨居而慚影。往往哀號涕淚如血，雖於免喪後亦然。顧以身無嗣續，未忍引決而心肝腐蝕，幾何其不至於死也。臨絶手書，屬余以家事，有曰："五載苟活，亦已多矣。歸侍父母，如得甘寢。"蓋說出眞情也。

嗚呼！朱夫子嘗論禍家子弟處義，而曰不仕爲正，夫以汝剛之心而不仕，未足言。若其痛寃憤懣之極，直欲籲天而無從，以至滅死而後已，汝剛之孝，豈非孝而過者耶？然庶幾當世之人見汝剛自盡於孝，而知子道之重，則汝剛所立又曷可少哉？嗚呼！使汝剛至今不死，未見有討復之期，秪益窮天之痛耳，生亦何爲？但汝剛方且刻苦用工，以窮理修身爲究竟法，而天不假年，徒以一善成名，惜哉！

汝剛爲人，慈良端雅，聰明絶倫。生未晬，就曆日能識"之圖"二字，及長文辭贍蔚，尤工詩儷。丁酉，進士，國俗重壯元，而近世未必盡得其人，至汝剛，士論翕然。翼年又魁別試解額，朝暮且一第，而竟未能也。初拜世子洗馬，調宗簿寺主簿。辛丑，由工曹佐郎出監平康縣，已而時事大變，卽棄歸。母夫人安東金氏，柔惠有婦德，其考領議政壽興。配東萊鄭氏，觀察使是先女，擧七女，壻曰及第閔百祥、士人鄭宩、閔百秉，餘皆夭。歸樂府君之墓自隋城移卜寒泉，從汝剛遺志也。汝剛始葬高陽之香洞，亦從而遷焉。

銘曰：

喪而主哀，本於天理。人或不及，君則過已。

豈欲滅性？實惟自致。書以孝子，我銘無愧。

族祖正郎公墓碣

有屈公輔之具而混於祿仕，抑亢厲之性而隱於郎潛，志氣傑然，傲視一世，抱負甚大，而百不一試，沈鬱以歿者，若吾族大父正郎公是已。公諱玢，字擧遠，牛峰人。始祖公靖，高麗侍中。入本朝，有諱吉培都觀察使，於公爲七代祖也。曾祖諱之信弘文館副提學，祖諱劭敦寧府參奉，考諱有恒隱德不仕，以至孝稱。娶晉州柳氏，將仕郎宗汀女，以萬曆丁酉三月二十八日生公。

公五歲而失恃，鞠於外氏，人有以年長未就學譏而激之，公卽時拜辭於外王母。王母力挽不得，欲治送人馬，則公曰："年今十餘，尙未入學，此堪愧死，何以馬爲？"徒步而行。時家大人寓居海西，公先往告以厥由，卽走都下。依一老婢，艱借人書冊，請學於教官，未一年，盡受曾史、《通鑑》之屬，繼而汎濫經書。讀書之暇，又習製作，輒屈曹偶，才名藉甚。一時兪大憲㯙、蔡湖洲裕後、金滄洲益熙皆與同研，爲莫逆交。

癸丑，群凶當國，將廢母后，館學上疏力爭，併被停舉，公名亦入其中，自是歸花田莊舍，始奉家大人還寓。公貧無以爲家，而盡心供奉，甘旨未嘗乏。人有愍其窮而助之者，公却之，或謂有名不當辭，則曰："吾知其人，此物安知不從不義中出耶?"公之嚴於辭受類如此。家大人遘疾，公嘗糞禱天，又血指以進，疾旋已。後一年還復加劇，家人取刀劍之屬藏之，公得水鐵器尖者，割左股得血頗多。大人瞪目視之曰："吾命已盡，汝何爲乃爾?"及遭喪，勺水不入口者三日，股瘡甚，終不傅藥。葬後猶朝夕拜墓，雖寒暑風雨，未嘗一日廢，啜稷粥以終三年，相愛者不虞其生全。人有以靖社事來告者，公不應。

癸亥反正，向來疏儒幷解罰，公復赴擧，甲子，中司馬。朝廷搜訪遺賢，用薦授公軍資監參奉，不就。遂負笈上寺，專治七書之工，期於一第，會以繼母吳夫人命還侍，取書束閣曰："方今親老，何暇念及於他日顯揚?"自是廢擧，專意課農，時或賣薪以自給。惟母夫人所須，竭力必致，得色喜乃安。朝廷又薦授恭陵參奉，仕滿，調遷如例。比陞六，拜刑曹佐郎，俄陞正郎。原平元公斗杓爲長官，元以勳貴素多氣，往往屈法而欲行己意。公據理爭之，元必欲角勝。公亦不肯相下，投帽而出，元即悔而從之，且遣子弟謝過而後，乃視事。前後居是官者幾十年，所行多爲後法。

外則盈德、文化、振威、青山、靈山五邑也。在盈德時，麟坪大君宮奴作挐列邑，所至廚傳待候，擬於別星。公大駭之，着枷嚴囚，報于方伯，方伯狀聞。孝廟大加稱賞，宮奴命嚴刑，賜公帛褒美之。文化則先君僑寓之地，亦吳夫人父母之邦也。公至則威惠幷布，干囑不行。爲吳夫人設壽席，邀其內外親屬，三日大宴，以悅親意。其罷歸也，直抵鄕廬，貧約如舊。戊子十二月二十三日，以疾卒於靈山官舍。

公素重友道，李時萬以親於自點，被同春先生彈劾，一時儕友皆絶交，公獨不絶。有人以同春意諷公曰："何不絶李公?"曰："李果是自點黨與，則吾當先他人絶之，而於自點臭味不同。吾旣知其如此，而豈可遽絶平生故交也?"同春與公同年，契好甚至，常誦於衆曰："學行如李某者，終不顯用，惜哉!"朝廷方駸駸嚮用，至有南臺之議，而天不假年，竟至於斯，命也夫！己丑二月，葬于高陽陶井里夫人墓右。

夫人全州李氏，成宗別子檜山君恬之玄孫，西平守壥女。西平在昏朝，卓然有樹立。夫人雖生長綺紈，而安於貧困，宗黨稱其德，先公五年而卒。擧二男，長晩泰通德郎無後，次晩亨縣監，側出晩輝武科，萬戶。二女沈儒醇、尹瑞三。孫曰絅、綶進士，正郎。絅子濟彦，綶繼子濟寧。銘曰：

以孤童而發憤力學以成門戶，斯豈非豪傑之士歟?
淸白足以範俗，孝友足以錫類。
在他人亦云貴，矧吾宗之孔邇?
小子夙所欽尙，作銘詩而詔無止。

族叔縣監公墓碣

公諱晩亨，字士順，牛峰人，刑曹正郎諱玢之第二子也。幼而好學，不煩師授。正郎公累典縣邑，公輒隨之，深居讀書，官吏罕識其面。丁母憂，哀毁踰禮，而於正郎公側，未敢以戚容見。及正郎公卒于官，晝夜號擗，哀動傍人，一縣稱爲孝子。歸而襄奉如禮，啜粥以終三年，毁極幾不能全，猶不廢拜墓之禮。立木於墓前，用索繫之，以至于廬，攀索而往來焉。

比服闋，連中大、小科發解，而俱不利於會圍，士友寃之。選部用薦授敬陵參奉，調遷如例。其在平市，斗斛平，奸僞息，都民便之。吾外王考驪陽閔文貞公時提擧是署，屢稱於人曰："郎僚得人，吾無憂矣。"移拜司憲府監察，陞平市署令。時朝象一變，群凶秉國，公卽棄官歸花田，課農以代祿。又喜誘掖後進，親舊子弟請業者多。宗孫有乾沒遠鄕不能自振者，率還與居。居家有法，御下甚嚴，雖盛夏，子弟不敢脫纒襪。敬奉伯氏于一室，怡愉湛樂，人不能間。奉先之節，必誠必敬，每親忌，齊服靜坐，不接外事，婢僕亦令含枚執事，內外肅肅，無敢喧譁者。

庚申，朝著淸明，驪陽閔公時長金吾，自辟公爲都事，尋除恩津縣監，不赴。壬戌，得楊口縣之官，殫心奉公，吏畏民安。乙丑十月九日以疾卒于縣衙，享年五十九，後葬于高陽高峰坐壬之原。

初娶海平尹氏，月汀根壽曾孫，父曰同敦寧挺之，二女歸士人柳漢五、安時聖。繼室淸州韓氏，汝諧之女，二男長絅，次纅進士，正郎，承文正字姜浚溥、士人洪禹著其婿。長房男濟彦，次房繼子濟寧。姜婿子柱華、柱泰。銘曰：

嘻我族祖，德鉅位細。不食之報，謂在公世。

原公百善，本於孝悌。雖從祿仕，名行俱礪。

時運平陂，行止潦霽。吾守吾廬，自甘侘傺。

小子有造，鄕塾遺制。起佩縣紱，峽氓懷惠。

惠政未究，百里送涕。昌大門戶，謬悠其計。

流風寖邈，懿德潛契。載作銘詩，用視來裔。

族兄通德公墓碣

吾族兄日章氏年二十四而死。其未死也，能儼然持門，上奉老母，下育幼弟，僕隷不威而知畏，家產不治而常裕。蓋其爲人，高邁疏曠，且有幹局，族大父農齋公常撫頂而愛之，顧謂縣監公曰："爾有子矣。"族父歸樂公亦稱之曰："此君雖不由大科進，必大張其門戶矣。"父兄之所期待如此。

又嘗聞縣監公在楊口縣不幸，公時方十七，號擗罔極之中，治喪諸節，獨自當之，凡百從容，無所失禮。官事之未及收殺者，考覈區別，一齊修正，兼官見其措置，嘖嘖不已。方奉櫬而歸也，遇雨雪，峽路冰塞，擔夫不能前。公捨馬徒步，扶櫬而哭，道路觀者莫不感動，至有負土而布之前路者云。記余嘗拜公母韓夫人，每稱公孝子孝子。公弟年十三患疫，公頻自背負，以慰其意，其友愛亦如此。

公諱絅，日章其字，諱晩亨之長子也。公之卒在壬申十二月九日。配全州柳氏，贈參判世憲之女，甚有婦德。自公喪後，不進勺水，期於下從，未及公大祥數月，竟澌毁以終。公死時，子濟彦生纔三月，不期其生全矣，卒能成立，有子四人，枰、模、桄，棫，是蓋公積善之報也。銘曰：
尙記其容頎而長兮，儼然持門若老成兮。
噫千里駒中途僵兮，有兒在襁今老蒼兮。
繩繩振振後必昌兮。

族兄正郎公墓碣

公諱縶，字汝章，正郎諱攽之孫，縣監諱晩亨之次子。李出牛峰，吾與公同祖副提學公之信，仍同居高陽之陶井里凡五世。公先余生於己未，七歲始識面，十歲與同學。公聰睿絶人，能道五歲隨縣監公赴楊邑時事，以至山川道里，瞭然如在目前。讀書過眼便成誦，吾亦不可謂無記性，而每覺其不可企及。《尙書》朞三百註，非童學所可容易解者，公一夜之間，潛究推筭，無復遺藴，吾仲父歸樂公大奇之。比余稍長入洛，方知世間有離合事。吾從弟絿汝剛，於公爲後輩，而歸樂公愛公才，同爲課督。自是出遊庠舍，屢屈曹偶，又以詩魁監試發解，才名益藉甚，遂中乙未司馬。

丙申，除慶基殿參奉，旋移永禧殿，轉掌苑署奉事、濟用監直長，陞通禮院引儀、義禁府都事。入刑曹爲佐郎，秉心以公，摘發如神，官長信重之。辛丑，出爲山陰縣監，適時事一變，而以歸樂公命，黽勉之任，乃自勵曰："一日在官，當盡一日之責。"恪勤奉職，夙夜靡懈，意欲犯科得罷。道臣率多凶徒，而以公治最一道，雖不欲褒啓，亦不敢斥罷，報瓜始褫。公之在官患疾，一境緇俗日夜待候，或禱于社，或祈于山川，藥物之難得者，必致乃已。及歸髫白擁路，以公不飮，至有酌水而餞者。

時朝廷令道臣各擧州牧才，觀察使兪公拓基以公應命。戊申，嶺南賊希亮、聖佐等反，已而希亮爲其同黨所斬獻，而餘徒尙盤據三嘉，卽嶺右要衝。朝廷將差遣新倅而難其人，李判書秉常曾謫咸陽，稔知公傍縣政績，言于朝曰："鎭服民心，撫摩疲殘，非李某莫可。"遂拜三嘉縣監。公卽日匹馬赴官，百姓聞公來，欣欣相告曰："舊日山陰守，莅我土矣。"歸者繈屬不絕。公先喩逆順，以開自新之路，凶黨之在囚者，分別首從，按治如法，安集平民，一境晏如。辛亥大饑，乂竭誠賙賑，民無捐瘠，頌聲益洋溢，又瓜而後褫。

甲寅，牽復瓦署別提、社稷署令，歷工曹、刑曹佐郎，陞正郎。居一年，出監咸昌，縣邑人已聞公三縣政，不威而畏，不惠而懷。道內凶黨稱以從祀疏對擧，聚于本邑，作挐校院，邑民亦入其中。公捕致枷囚，其徒駭散。己未四月十三日，以疾卒于官，享年六十一。士民奔遑，朝夕哭臨不敢歸，邑底則爲之不擧火者三日。其還櫬也，空邑而送之，其哭甚哀，仁澤之入人，可謂深矣。

公天姿明敏，長於吏事，凡閭里疾苦，小民情僞，無不的知而明見。與人語，輒纚纚不休，如破竹之勢，故不加蒲鞭而吏民畏服。所至皆有惠政，去後各竪碑思之。公常曰："別備穀物，得善賑之褒者，士大夫深恥。"雖平生親故，爲達官，則不通書造門，以是仕路蹭蹬，終於數縣。在官不營生産，至死惟草屋數間。以兄子濟彦主宗祀，撫愛甚至，臧獲凡百，一以埤遺，此亦人所難者。

公初娶平山申氏，縣監鳴華女，有婦德，公甚宜之，先公二十四年歿。再娶白川趙氏，父曰參奉輝璧。有繼子濟寧。公始葬于陶井先塋，後某年移兆，與申淑人祔。余自念平生故人，未有如吾兄者，一日不相見，則惄焉如飢，在時若不可須臾離者。今公之舍我而先，已八年矣，吾亦朝暮且死。於公不有一言，是重負公也，遂攬涕而敍之，系以銘。銘曰：

謂公自混於祿仕兮，乃其持己則處子。
人或譬諸割雞之牛刀兮，公則不願爲能吏而願爲良吏。
惟孝友淸脩之節兮，庶幾軼先矩而無愧。
故人作銘兮，脫略粗跡而寫其志。

墓表

高麗忠臣掌令徐先生墓表

嗚呼！此高麗忠臣掌令徐先生之墓也。先生諱甄，利川人。恭讓四年，爲掌令，與諫官金震陽、李擴等請罪趙浚、鄭道傳、南誾。洎圃隱殉國，以先生及諸言者爲黨與，悉放流之，是年高麗亡。

先生遯居衿川，坐不北向，終其身不對漢陽城郭。嘗作詩曰："千載神都隔杳茫，忠良濟濟佐明王。統三爲一功安在？却恨前朝業不長。"大臣、臺諫請鞫之，我太宗大王敎曰："甄，高麗之臣，不忘其君，亦夷、齊之流也。其置勿問。"後宣祖大王因筵臣言命封其墓，且賜祭。

墓在衿之樊塘里，去縣治十里餘。今縣監李濟遠往拜之，慨然曰："忠臣之墓，其可無表乎？"爲具一石，將竪之墓前，以告于其父綽。綽聞而喜之曰："昔朱夫子之任長沙，首錄死節五人，立其廟，皃其知此義矣。先生以一身而扶樹五百年倫常，與圃翁生死雖殊，而爲仁則一，可以爭光於日月。顧事蹟微昧，無可徵信，而獨其言志之作，猶可以想見先生本心於百世之下。夫欲觀夷、齊者，《采薇》一歌足矣，又何必多乎哉？可歸而刻諸表陰也。"

監察雪谷鄭公墓表

圃隱先生有孫曰保，雪谷其號也。少中司馬，爲司憲府監察。嘗與六臣友善，及六臣獄起，公忼慨不食。其庶妹爲韓明澮之妾，一日醉往見之，問明澮安在。曰："在闕鞫囚也。"公發怒罵曰："爲我語令公，公當爲萬世罪人。"明澮以聞，上親鞫之。對曰："常以成三問、朴彭年等爲正人君子，故實有是言。"上怒甚命轘之，顧左右曰："誰歟?"曰："鄭夢周之孫也。"上遽命止之曰："忠臣之後，不可殺。"遂流于延日，而有司擧孥籍如例。後徙丹城以卒。事見國史及丹城誌，

肅廟己卯，復莊陵，旌表六臣、諸人，公亦贈吏曹參議。公葬于先生墓之右崗，與夫人下上而異封。舊有表，六代孫摠管倜所樹。後六十六年辛亥，八代孫兵使德徵卽其石而改刻之，三州李縡記其陰，且爲之銘，於公亦彌甥也。銘曰：圃隱之孫，六臣之友。我書其石，百世不朽。

公考宗誠吏曹參議，妣竹山朴氏，其考提學仲容。夫人朴氏籍密陽，兵馬使登之女。男允貞主簿，次允和正字，次允寬。六女殿直成孝淵、敦寧正李墀、判中樞李石亨、判書李繼孫、李瑞廷、大司憲李有仁婿也。

縣監三可朴公墓表

嗚呼！此己卯名士朴三可先生之藏也。先生，江陵人也，諱

遂良，字君擧。甲子，司馬。燕山嘗嚴短喪之制，犯者輒死，先生時居母憂，慨然曰："寧死於鈇鉞，不敢違先王之制也。"廬墓以終三年。中宗反正，命旌其孝，選賢良，特授龍宮縣監。上召見問曰："堯、舜之治，可復爲之乎？"先生對曰："可。"上曰："何由知其可也？"對曰："臣生長草野，喜看本草。方草之性，古之甘者，今亦甘；古之苦者，今亦苦。草之爲物至微，而其性猶如此，人性豈異於古今哉？若以堯舜之治治之，則其治不難致也。"上嘉歎之。

邑有兄弟爭田，久不決。先生令具盛饌，招訟者上堂，謂之曰："我爲汝地主，使汝兄弟爭訟，我何面目臨汝乎？此筵爲汝餞我而設也。"仍喩以古今兄弟友于之情，若蘇瓊之於乙普明，流涕滿觴。其人感悟，毁券相讓。先生曰："人誰無過？過而能改，善莫大焉。"又擧酒相屬。其人終身友愛不衰。及士禍作，棄官歸江陵，行橐蕭然，惟一空籠。堂叔公達號四休，亦登賢良科，爲騎省郎，與先生隔溪而居，杖屨從游。海溢有小皐，樹以松柏，日盤桓其上，人號之曰雙閑。

先是金冲菴淨自楓嶽訪先生于家，瓢尊對酌。臨別贈躑躅杖，有詩曰："萬玉層崖裏，九秋霜雪枝。"公和之有曰"似嫌直先伐"，其微意可見。一時士流斬伐殆盡，而禍獨不及於先生焉。先生遇興，必吟哦，無塵俗氣，評詩者以爲"如天馬行空，不施韁勒"云。余素慕先生風節，以鄕人之請作銘詩，使揭于碑陰。詩曰：

萬古亭亭松栢心，大冬霜雪不能侵。

我欲一鼓師襄琴，魂招不歸海雲深。

處士趙公墓表

趙公世賢卒後幾二百年，三州李綍題其墓曰處士，而仍敍之曰：處士，不知何許人。謹按《豐壤世譜》，有曰："世賢當中廟反正，以靖國原從勳，除冰庫別檢，不就，守志以終。"蓋豐壤君世勛其仲弟，而姊壻則昌山府院君成希顔也。二公要與同事，而公不應，退屛于林川，此則出於家庭傳聞者也。

嗚呼！天地之間，有經有權，權者，一時之宜；經者，萬世之常。且如殷、周之世，非武王，則無以除暴救民，而彼不食其粟者，蓋爲萬世存大經。故韓愈氏頌之曰："特立獨行而不顧者也。"公之事行，雖微而不章，其心亦如此否乎？況一門天顯之間，又能各行其志而不相悖，此殆朱子所謂事之難處有甚焉爾。凡人之情，鮮不厭貧賤而慕富貴，夫以攀龍附鳳之勢，欲之則斯至，顧迺棄而不取，寧枯死草澤而莫之悔也。

噫！公之志節，若彼卓然，而朝野乘牒，無少槪見，何哉？今不書其官而曰處士者，所以明公之心也，百世之下，尙或知之。公上祖孟，高麗侍中，佐郞安平、通仕郞厚之、贈掌令益祥，公之三世，後承不能盡記。公墓在林之鼙項，室金氏祔。

洗馬李公墓表

公諱世銘，字致中，號慮齋，弘治壬子生。正德丙子，生員。中宗朝選賢良，不就擧。己卯士禍繫獄，上下教曰："予自潛邸飽聞仁德。"特宥之。此出譜書所載，而不見於《己卯錄》諸書，有未敢詳。夫以靜菴之賢而不能得於中廟者，公獨得之，斯亦有幸不幸而然耶？

第依其言記之，以附傳疑之義，而追考《東儒師友錄》，己卯八月二十二日，上以袞服御思政殿，同知趙光祖、尹倬、大司成金湜、承旨韓忠等入侍。上於儒生抄啓單子，落點生員李世銘、進士朴光佐、幼學金景鸞，使之入講，李世銘純略，餘人皆不通。光祖曰"李世銘，有志儒也，但未熟了，大綱則知之。嘗學於金湜，資質近於執滯之病，然豈有害乎"云云。噫！濟濟多士，文王以寧。

公之邃才博識，世代寖邈，雖不可詳，然而己卯士禍未作之前，實我東三代之治，而得與諸賢雍容揖遜於其間，以贊《棫樸》之化，嗚呼盛哉！

公娶泗川睦氏，贈參判希顔女。二男佖主簿、倜經歷。孫宗厚、宗直僉樞、宗德、義元同中樞、智元僉正。曾孫曰寅、宣、騫縣令、寬、寓同中樞、宙、寰云。

外先郡守閔公墓表後記

公之墓，舊有表，略記公生卒、歷官、子孫，其文質而不華，不知何人述也，然猶足以見公孝友慈儉之一端焉。後百六十四年甲子，六世孫副率昌洙謀於其再從兄判書應洙曰："凡我諸先墓，率多立豐碑該記載，而獨於此墓尙仍舊時短碣，是豈有待於後而然耶？蓋吾祖有追榮之職，而未及登刻，且近世以來，多有大官聞人，此又不可不追記也。"應洙曰："諾。"於是別治一石，請絳識之。

謹按其狀，公後贈資憲大夫、議政府左參贊、兼知義禁府事，二夫人從贈貞夫人。有男八人女三人，並其孫男女五人，皆載舊表。男汝健後贈吏曹判書，汝俊贈左參贊，汝信兵曹正郎，汝任進士壯元，文科，參判，錄淸白吏，贈左贊成，汝儉文科，嘉善，府使，贈判書，汝佶贈執義，汝侃、汝佑早卒。女尹起莘正郎，二幼女，後嫁士人慶遴、縣監李宜兄。長男之女，蔡慶先典翰。次男之男，杓改名構，進士，機文科，府尹，贈領議政，出後伯父，爲公嗣孫，根教官，出爲汝信後，幼女後嫁參奉權輿。

諸孫之未載舊表者，汝任之子枅、橝，汝儉之子枰、楷、桓，汝佶之子檉也。枅署令，枰以孝旌閭，贈正郎，楷出爲汝侃後，桓禁府都事，亦以孝旌閭，贈承旨，檉贈承旨。曰觀察使·贈領議政光勳、直長光尹、監察光煌、掌令光燸、縣監光爀、參奉光晨、縣監光旻，其曾孫也。玄孫以下多不能悉書，大司憲·贈左贊成蓍重、左議政文忠公鼎重、領敦寧·驪陽府院君·贈領議政文貞公維重、吏曹判書·贈領議政鎭周、右議政文孝公鎭長、左參贊忠文公鎭厚、左議政文忠公鎭遠。

應洙諸從兄弟，掌令翼洙，持平遇洙。以遺逸薦·文科·參判亨洙、文科·府尹通洙，卽昌洙之弟也。應洙之男百行文科承旨·百昌文科正言、亨洙之男百祥文科·正字，皆長泒出也。直長贈掌令泰重、以學行薦·參奉慶重、以孝行薦·同中樞·贈判書鎭有、文科·持平鎭東、文科·獻納宅洙，皆各泒所出也。

今距公之世且二百年，而子孫蕃衍，皆文學忠孝相承，而文貞公實生我仁顯聖母，益爲邦家之光，豈非源大川豐者歟？緈，文貞公之外孫，今於記文之述，義不可辭，玆敢撮錄其大者，以視于後云。

直長柳公墓表

嗚呼！此故直長柳公世祐及其配安人金氏之墓也。公字綏伯，文化人，領議政文景公亮之五世孫。曾祖約郡守，祖淩察訪，考浣大護軍。

公生於嘉靖癸亥。爲人瑰偉有器局，且善武藝。朝廷知其材，壬辰之亂，除軍資監直長，駸駸將嚮用也，不幸年三十一卒，知公者莫不悼晝。公世以淸白相傳，依婦家以居，婦家在靑山，素饒財。及公歿，安人謂"此吾土也，而非所以居子，且利者菑之所生也”，去之往依于商山趙樂安亨遠，亨遠，公之從妹婿也。待其子教育成立而後反焉。

安人刑家有則，閨門肅然，鄕人稱之，參奉井收之女也。後公十三年而卒，墓在縣南潛崖。三男曰芝、曰蘭、曰芳。公之曾孫錫晉謁余於寒泉之上，泣而言曰：“吾父嘗出入尤菴先生之門，先生爲作墓文，未入石而父遽歿，文亦見逸於回祿。不肖今老且死矣，恐未克卒事，無以見吾父於地下，敢以請。”余悲其志，遂取其家乘所載而序次之，使揭於阡隧。錫晉之父曰塾云。

署令韓公墓表

公諱汝澈，字仲涵，清州人。上祖蘭太尉，曰脩、曰尙質，在麗末國初有名，皆官大提學。後五世有諱鎭贈參判，是生諱守慶敦寧府都正，生左參贊清川君諱準。清川八丈夫子，公其第五。萬曆辛丑，生員，筮仕至平市署令，間除德山縣，不赴。晩謝官歸公之活源，耕稼自適。丙辰六月八日卒，年四十四，用原從勞贈承政院左承旨。

公歿百有餘年，家乘散佚，言行無傳者。蓋聞公退居在光海政亂之時，殆古所謂見幾而作者。《詩》曰：“十畝之間兮，桑者閑閑兮，行與子還兮。”讀此詩者，其得公之心乎！公舊宅邱墟，宅前老栢大數圍，屹然獨立，鄕人至今指點，如見公婆娑其下云。

妣全州崔氏，都事貞秀之女。夫人崔氏亦出全州，其考德峻。男彬宣教郎，二女適縣監沈之濍、崔道源。孫曰五福、五章、五喜、五玉。量、坰，長房出，埰、墍，二房、三房出。坰男泰欽、斗欽、濟欽、道欽、大欽、昌欽，生員。埰男義欽，墍男祖欽、始欽、復欽。公墓于中基，崔夫人異壙而祔，去其居數里。舊有表，今無，泰欽徵余文，以揭于阡上如右云。

參判全公墓表

蓋當壬辰搶攘之際，宣廟急才如渴，拊髀興思，全公有亨以布衣奮草萊，上結明主之知。至今尙論者謂"契遇之盛，古亦罕有"云。始公識慮沈遠，慷慨憂時，先倭寇未至，上萬言疏，預陳陰雨之戒。朝廷方恬嬉，聽之藐藐，翼年亂作，始服其先見。

公與重峰趙公憲握手痛哭，草檄募義旅，會公丁父憂。公又思獻防禦之策，不果上。癸巳，忠州義兵將朴廷蘭將赴行在，欲上疏，要公代草，公示以前藁，朴遂以其疏替呈。上覽之嘉歎，降旨于湖西道臣曰："此必草野奇士之隱者，予將起復用之，卿其敦遣。"公辭以父死未葬。又下敎曰："此非臣子守常之時，勠力討賊，乃所以爲孝也。"命給葬具，公感激涕泣。葬訖，走闕下，懇乞守制。上不許，除軍資監參奉，又疏辭，特賜對，問以時務，仍饋酒食，公食舍肉。

上曰："盤中有素菜可食也。"仍下教曰："天子友匹夫，予今與汝友耳。"公惶恐退出，夜已四鼓矣。

旋擢拜清安縣監。越三日又賜對，從容問曰："古之人臣扶顚持危者，孰爲第一？"對曰："諸葛亮也。"上曰："汝言非也。謂之知人也，則馬謖庸才而亮用之；謂之知兵也，則陳倉小城而亮不勝，何爲第一？"公曰："以堯之明而用四凶，謂亮過於堯則不可，謂亮不知兵，則臣有說焉。當是時，北有曹操，南有孫權。亮雖善用兵，益州褊小之地，安能收復於數年之間耶？至於陳倉之不克，以糧盡也，非才之罪也。"上曰："不然。田單以一卽墨復齊七十餘城，汝謂益州小乎？"對曰："卽墨雖小，齊猶在也；益州雖大，漢已亡也。復將亡之齊易，復已亡之漢難。"上然之，命蠲清安貢賦，且移粟以救之，從公言也。賜弓箭、臘藥。是夏丁母喪，又命起復，時賊警復至。公過葬，復還任，旋屢疏辭，該曹以助防任重不許，而公竟棄歸終制。

癸卯，又上萬言疏，盛論朋黨之弊，且言早晩奴酋入寇，宜預講備禦之圖，後果一一奇驗。乙巳，魁庭試，除司僕寺主簿、司憲府監察。有以居喪不謹劾公者，公上疏自辨，尋特敍之。又有尼之者，久之乃敍，未幾宣廟賓天。

值昏朝，潦倒庶僚，內則成均館典籍、禮·兵·刑三曹郎，外則延曙·大同察訪、黃州·咸興·安岳·安城·瓮津·長淵·蔚山，而其爲黃州則白沙、漢陰相公擧之也。以治最陞通政，承旨、兵曹參議、廣州牧使。

己未，嘉善。時爾瞻柄國專恣，公代其婿申之益抗章論劾，願效槐里令故事。爾瞻謂公指嗾，令兩司合啓，目以反逆請拿鞫，光海不從，而公竟坐削奪。爾瞻甚恨公，又潛遣無賴欲害公，不果。

癸亥仁祖反正，卽除公刑曹參判，兼管籌司。秋，都督毛文龍以軍資罄竭，移帖徵壬辰軍餉山東米十萬石，特差公椵島問安使。公至則呈文乞蠲減，都督讀之，歎曰："秦庭痛哭、賈生至言，無以過此。"卒以無事。公仍以巡檢使審兩西城池，及還朝，條陳形便及防虜上中下三策。

甲子适變，凶徒李佑等誣告故相奇自獻、判書柳公亮等三十八人，公亦預焉，並繫獄。賊警猝急，大駕將幸公州。判義禁金瑬請盡誅之以杜內應，延平李公貴爭之不能得，公遂以正月廿四日被殺，人莫不寃之。翼年李公貴白公寃，卽命復爵。

公長身美鬚髯，狀貌奇偉，神采秀發。少博覽群書，精於《易》理，上自乾象，下至醫藥，靡不通曉。忠孝，素所蓄積，與人言，必以是二字勉之。及蒙被宣廟不世之恩，作自勉書，帖之門上，朝夕自省曰："有亨有亨，無忘國恩。"殉國一念，炯炯如血。遭罹不辰，落拓不遇，及至聖朝改玉，駸駸大用，而不幸身嬰奇禍，抱寃泉壤。使假以年得見丙子之難，驕虜猖獗，亦豈至此？惜乎其大抱負不能究其萬一也。然宣力四方，竭心國事，亦可謂不負先王知遇之明也。

全氏出旌善，麗末有侍中遇和，其孫賓仕我朝諫議大夫，有功食邑平康，因籍焉。曾祖諱壽山，壽百有四歲，中宗朝參養老宴，陞階爲大護軍。祖諱誠老賢良科，以趙靜菴先生薦，爲刑曹正郎。考諱絪進士，隱德不仕。妣河陽許氏，從仕郎希哲之女，議政稠其先祖也。公配仁同張氏，一男釼進士，女適參奉申之益。再娶太原安氏，其考府使鳳，二男鋼、鍚監役。起洙·起濂·起漢中樞都事、二女靈安君沐·縣監尹琛，長房出。二房一女歸生員張溟。起淵·起澄·起濟監察·起汶、女適通德郎朴安繼，三房出。餘不能盡記。

公字叔嘉，號鶴松，生於嘉靖丙寅，享年五十九。葬於槐山牛巖向午之原，卽公所居鄕云。

直長鄭公墓表

鄭氏出東萊，僕射穆始顯于麗，我朝翼惠公蘭宗、文翼公光弼父子爲名臣。公高祖府使光輔，文翼之兄也，生漢龍縣令，生純佑府使，生象義佐郎，是生公。

公諱馨遠，字德薰，自幼好讀書，且工筆翰，屢解不中。遇光海昏亂，自屛于湖鄕，傷時憂國，往往見於詩。仁祖丁丑，蔭補肅寧殿參奉，序遷尙衣院直長。年五十八，己卯卒。

公以三歲失母，終身哀慕，其在父憂，歠粥廬居，雖夜不脫衰絰，人不見其啓齒，尤善事繼母。性謹厚，未嘗言人長短，教子孫則以學爲本，常曰："人而不學，與禽獸何別也？"公故家子，少時激昂，以祖先志業爲期，而遲回抹摋，終不能一有所施，嗚呼其命也夫！

公凡三娶，南原梁氏、水原白氏、寶城吳氏。玉峰光勳之子興南一見公奇之，歸以女。其歸也，服公儉德，一如桓少君故事，男之偃其出。而女爲直長李益珍、士人李言、李挺豪妻者，吳出也。之偃男行建、行敏、行選。弘周、郁周、衡周生員，行建出，而郁周後行敏，弘周之子老錫實尸公祀。公墓于廣州省達里，吳氏祔云。

教官郭公墓表

尤菴先生嘗有祭郭教官文，其自稱曰門人某，公其人也，諱志仁，字而善。郭氏出玄風，麗朝有平章事佑賢，移封善山，子孫遂爲善山人。有承旨諱垠，尤菴銘其墓，於公爲五世祖。曾大父詷訓導，大父致中、父磷皆將仕郎，外祖南陽洪世雄。

公生而有至性，家素貧，每問父母食未食然後乃食，得一味輒忘其口而進之。幼失學，晚而發憤，文辭驟進，萬曆壬子司馬。當昏朝，深居自廢，日與村秀子弟講學，又多親鄙事，嘗自誦曰："人遊衣遊食，與穿窬者何異？"公世居沃之九龍村，尤菴之考睡翁公流寓其地，與公從遊甚樂。尤菴方童幼，受學於公，實在是時云。孝廟朝有以博學力行聞于朝，除童蒙教官，不就。年七十九，崇禎甲辰卒。

配長水黃氏，庭珏女，翼成相公之後。三男，埈有俊才早夭，次垛，次堣。長房無後，二房男必綱、必完，三房男必簡、必大。世濂、世澹，必大出。公葬于同郡赤登江上碁谷之里，黃宜人祔。墓無刻，世澹徒步請余文，余辭不敢，且曰："以公之墓而無尤翁文字者何哉？" 曰："先生蓋嘗諾而未就矣。" 余曰："雖然，余嘗讀其祭文矣，其論公性行，則曰正直曰眞率，誨人則曰嚴規繩，其言約而該，可以徵信於百世。且使後之人知公爲尤翁所嘗師事者，則不問可知其賢，又何有於余言？" 世澹起拜曰"唯唯，請歸而刻之碑陰"云。

別提羅公墓表

羅氏起羅州，仍著籍爲州人。自麗至我朝累百餘年，簪纓不絶，有曰禑司憲府持平，選湖堂，是生部將士愔，生護軍德讓，寔公三世。

公諱海鳳，字應瑞，少受學於姜睡隱沆，文辭優長。萬曆丙午，進士，昏朝嘗一中第，爲凶黨所嫉拔去，自是不復應擧。癸亥改玉，擧遺逸除寢郎，不就，後又除禁火司別提，黽勉一謝而歸。谿谷張相公維嘗出補本州，相得歡甚，有酬唱詩什，谿谷賞公精詣。公素癖於書，雖行道溷厠之間，亦口誦而心惟，老而尤嗜《易》，潛心玩索，至死不休云。

始州人有附麗爾瞻者，爲讎母之論，欲藉公爲重，公正言折之，聞者縮頸。丙子，南漢之受困也，公慷慨草檄，義旅四集，臨途疾作，使子俊代領而行。無何和事成，兵亦罷歸，公痛泣作詩，有"吾其被髮"之句，忠義凜然。惟此二事，足以蓋公平生矣。然又聞公嘗廬墓三年，旣畢扁其廬曰終慕，金察訪璇，州之善士，爲作記盛道公之孝。嗚呼，此其爲節行之本也歟！

公生於某年某月某日，歿於某年某月某日，葬于州東石峴。室咸豐李氏，坤之女，後公二十年歿而祔。四男，俊其長參奉、次休進士、任、倬。側出曰仁。遠器、世器、重器郡守，長房出，端器、冕器、鼎器、九器，四房出。曾孫曰夢奎、炳奎進士、燦奎、炯奎、聖奎、瑞奎、煥奎、會奎、兌奎、漢奎，玄孫曰廷佐、廷輔、廷泰、廷軾進士、廷一、廷弼、廷夔、廷益也。是爲表。

同知鄭公墓表

公諱東燁，字子晦，長鬐人。高麗安宗駙馬子皮之弟子輿，是其鼻祖。自後圭組蟬聯，訖麗代不絶。五代祖諱自悟奉事，高祖諱世榮參奉，曾祖諱承周成均館司成，祖諱晉生進士參奉，贈承旨，考諱澐贈戶曹參判，外祖尙州朴允誠監察。公生于嘉靖癸卯二月二十七日，卒於肅宗乙丑十二月二十四日，壽八十三。

辛卯，司馬。甲午，明經及第。歷成均館典籍、司憲府監察、刑曹·禮曹·工曹佐郎、奉常寺判官，外則禮安、眞寶縣監、銀溪道察訪。壬戌，由司藝陞通政·僉知中樞府事。乙丑，嘉善、同知中樞府事。

公資性溫雅，處事詳愼，孝於父母，友于兄弟，信於朋友。喜怒不形於色，平生不喜言人過失。在鄕黨，與人無忤，不設畦畛，雖於敵以下，未嘗斥然呼名，皆得其歡心。平居飮食起處，咸有節度，家貧或至屢空，而無憂色，惟日看書史，興至哦詩而已。居官廉謹自守，去後輒見思。

公凡再娶，固城南氏、光州金氏。初葬公州之香芝山，後移卜于大鳥洞，金夫人祔，南夫人墓在香芝。男女各三人，泰行、泰成、泰重，女將仕郎崔俊元、士人宋相鼎、宣傳官閔敬三其婿，而長女元配出。泰重男世衡、世輔、世采，長房無子，以世輔爲後，二房亦無子，以世采爲後，世衡男來僑。是爲表。

左參贊李公墓表

牧隱先生有眞在漢師，世傳參贊公惟肖，公其十世孫也。及得尤菴先生所爲公大碑讀之，則不獨貌如之，忠厚謙恭，不愧爲牧隱孫矣。

公諱弘淵，字靜伯，怡愉堂德洙之子，風玉趙先生守倫之外孫。風玉有孝子滌，公幼而就學，又從鄭畸翁、趙竹陰游，文藝夙成。甲子，生員，遊大學。上章論元宗追崇非禮，及設慶科，不赴。又周旋栗、牛二賢從祀之議，士論推重。除義禁府都事、翊衛司洗馬·侍直，從難于南漢。丁丑秋，擢第。歷禮·兵二曹郎、成均館典籍·直講、司諫院正言·司諫、司憲府持平·掌令·執義、侍講院文學·輔德、軍器·司僕寺正，以書狀使燕。壬辰，通政。癸丑，嘉善。禮、戶、兵、刑、工參議·參判，政院則同副至都承旨，掌隸院判決事，漢城府左尹，累爲大司諫。於外扶安、富平、淮陽、舒川，觀察黃海、江原、忠淸、京畿等道，而忠淸則再焉，間值蔑貞，自以世祿臣未忍去。庚申，用讞獄勞當陞一資，御筆超階，遂拜知中樞。判工曹，移議政府參贊，仍入耆社。一日朝下堂而躓，上命中人掖出，又醫問。癸亥，特加崇政，以年八十，是歲三月廿六日卒，遺戒子孫毋墜先業。初葬淸州，後遷于燕歧大谷某向之原。元配全州李氏，副提學好信女，後夫人商山金氏，監司尙女，皆祔。

公內行醇備，事親無違志，篤於天倫，推以及之宗黨，育才恤孤如不及。喪祭務盡哀敬，墓隧無闕刻，居而色不惰，老而心彌恭。官高祿厚而產業無所加，器用取朴素，與人由由然，中有所守。其在臺省，賊臣自點挾虜勢，六使壓境，擧國震怖，時有自點請竄之啓，衆勸亟停，公爭益力，自點遂竄。乙卯，文谷之謫也，公以知申上疏伸辨，卒被譴。治民主於實惠，不求赫赫名，嘗曰："善在己，知不知在人。"又曰："處謗，貴自反。"是以立朝五十年，遲徊冗散，或遭橫逆，而無怨惡於人。杜門觀書，泊然自持，榮辱屈伸，一聽於命。噫！世之詡詡喜馳逐賭名聲爵位而自以爲能者，可以知愧矣。

縡，牧隱之彌甥也。曾王父與怡愉公善，又受學于風玉，實有累世通家之好。公孫經歷秀衡以阡表見屬，顧尤翁之文，足以不朽，安敢贅一辭？謹揭其言行之大者如此，而氏系子孫已載大碑，不復詳云。

僉正洪公墓表

公諱處深，字子淺，南陽人。遠祖悅高麗太師，自後累公累卿，代有聞人，忠平公諱灌、匡定公諱奎最著。入本朝有諱敬孫號友菊同知成均，再傳而石壁諱春卿觀察使，是爲公高祖。曾祖諱逸民縣監，贈議政府參贊。祖諱永弼進士，贈吏曹參判。考諱命元京畿觀察使，贈贊成，號海峰，文章標望伏一世。妣坡平尹氏，副護軍民俊之女，有五丈夫子。公於倫序居二，而參判處厚、監司處尹、知樞處大，卽其伯若叔季也。

公以萬曆甲辰生。癸酉，中生員。翼年，先執有在銓者，以公奉老居貧，授顯陵參奉，黽勉一就，無何棄去。戊子，除金井道察訪。壬辰，移尙瑞院直長，陞掌樂院主簿。甲午，由司僕寺判官拜南平縣監。乙未，丁內艱。戊戌，除工曹佐郎。庚子，爲安峽縣監。乙巳，瓜遞，民立碑頌之。丙午，又入工曹爲正郎，陞司宰監僉正，出爲陜川郡守。己酉，罷歸。庚戌，拜左水運判官。辛亥三月二十一日終于第，享年六十八。後用仲男從勳，贈承政院左承旨。

公姿稟醇厚，器度嵬偉。事親有至行，與兄弟處，湛樂無間。宴坐未嘗攲側，子弟侍側咸肅如也，非有問，不敢言，蓋其家法然也。文藻夙成，且工筆翰，謂可以髭摘一第，而時命不耦，遂困公車，浮沈祿仕，莫展素蘊。所可見者，惟郡邑之政，而亦不爲皦皦之名、煦煦之惠，持己以恬簡，撫民以誠愛，以是去後輒見思。平居罕出入，性好學，至老猶手不釋卷。其視世之馳逐矜衒者，若將浼焉，以公資地材器而仕止於是者，蓋有以也，然而此可以觀公大略矣。

配淑夫人羅州朴氏，參贊錦溪君東亮之女，涉書史通大義，有女士風。治壼井井有法，宗黨稱以女士，後公十年卒，壽七十七。擧五男二女，男受恒進士，受泰生員、縣監，受濟進士、正郎，受晉贈吏曹參判，受漸文科壯元、府使，女孟冑瑞右尹、崔錫齡進士。受恒無子，以從子禹偁爲後，進士、縣監。受泰男禹龜，女牧使李喜聃。受濟五男禹賢進士·司果、禹天、禹偁、禹傳、禹宣，禹傳出後受晉，文科、方觀察嶺南。受晉四女李敏英、宋必熙監役、尹直教、李宇恒生員。受漸男禹文，女沈廷瑞進士、羅演、李莘輔，側出女李雲植。孟冑瑞男萬益、萬澤大司諫、萬錫縣監，女李尙謙侍直。崔錫齡所後子昌億都事。內外曾玄不能盡載。

始公葬廣州，及夫人喪，移祔通津。乙丑，又改窆于忠州德靈山負午之原。

牧使鄭公墓表

鄭公時亨以循良，有名顯、肅兩朝，老而退居江湖之上，士大夫高其風致。年八十一卒，葬于公州半灘山，夫人文化柳氏祔焉。公字叔夏，光山人。丁酉，司馬，翼年筮仕，義禁府都事、桃源察訪、濟用直長、活人別提、司憲府監察、刑曹佐郎、工·戶二曹正郎、翊衛司衛率、漢城判官·庶尹、繕工副正，外則公山、富平、海州、原州，而以大臺陞通政，終於僉知中樞府事，此其踐歷也。

公才長剸劇，考郡守公屢典郡邑，事有難決，輒以咨公，晨昏之助爲多。及登仕，殫心盡職，金公佐明、閔公鼎重剛明有威，郞僚鮮可意，獨稱公幹局，其爲金、沔二郡也，請還仍前任。公爲治簡嚴，斤斤守法，不苟一時譽。所至百弊如洗，吏畏民懷，近世數良吏，輒以公爲最。少工文翰，謂朝暮取一第，而屢入彀不售，浮沈祿仕，而非其志。嘗因雷變揀人才六七，公與焉，蓋朝議知公爲廊廟器，而終亦不能大用也。

己巳之禍，痛倫彝晦蝕，大歸林泉，跡不近城市。水榭林亭，偃仰自適，客至引觴吟哦，以暢其壹鬱。未幾朝著更新，而仍臥不起。嗚呼！觀人當於晩節，此足以得公大致也。

然公內行甚篤，孝於父母，睦於宗族，自治又甚嚴，不以造次而或懈。接物以信，處事以義，鄕隣有失，惟恐公或知。婦家富而無嗣，欲託後事於公仲子，公堅不許，勸令取其姪爲後，其淡於財利又如此。

始祖臣扈高麗贊成，入我朝代有圭組。應敎熊，中廟初史官，請直佔畢、濯纓之寃，生應圭水使，生演同知中樞，生保門縣監，郡守公其子也，諱維當廢朝有樹立。其配咸陽朴氏，奉事澣之女。柳夫人考曰東發縣監，柔婉儉勤，甚有婦德。擧四男一女，男徽蔭縣監，徵文科、正郞，出後其伯父，敏武科、府使，敷，金溭其婿也。孫曰五常、五行、五叙、五敎、五俊、五德、五鳳、五奎、五緯、五雲，外孫曰相華、相烈、相顯、相哲云。

五奎樹表阡上，屬余爲文。蓋公爲公山時，吾祖議政公爲方伯，相得甚歡，每惜公屈於百里。兩家子弟又相與講好不衰矣，余雖不及拜公，而亦稔聞其行業，略叙其大者以歸之。

直長韓公墓表

淸州之韓，爲東國望族，其一支之居於安城者，自恆素齋師事牛溪以來，其後孫大率重儒學尙德義。有諱如琦早遊愼獨齋金文敬公之門，尤菴、同春先生咸愛重之，以"精一"扁其堂者，春翁筆也，又以郡有沙溪文元先生遺愛，爲刱書院而祠之，尤翁於院傍詠歸亭記，盛有所引重焉。公嘗以《家禮》及《要訣》祭儀，質于二先生，名之以《二禮抄》，以爲一家遵行之規。

公性至孝，自幼愉色婉容，愛敬備至。甫十二而孤，顔色之慽，哭泣之哀，無異成人，弔者皆悅服。母自以未亡爲慟，猶行素於三年之後，公勸以甘旨而不食，則公亦涕泣不食，母愍其疾而感其誠，遂强從焉。朝夕具飯，必躬執炮熕之任，審其可口而後進之，未嘗一日離側。母病，沐浴禱天，裂指進血，旋獲差愈。及丁憂，居廬致哀，一日大風，公之所居廬幕頹傾，隣里之人皆認公壓死，驚惶來救。入見之，則公之所着孝冠，爲樑木所壓中絶，而公則在於空隙處，一身全無所傷，人以爲誠孝所感。每日拜謁于廟門之內，老後蹉跌傷足，始廢晨謁，以爲終身之恨。

鄕人以公學行聞於朝，拜厚陵參奉，遷繕工奉事，又遷尙瑞直長。辛未，爲壬人所嫉，罷歸鄕莊。己丑，爲公回昏之年，行重牢之禮，聞者歎曰“仁者必壽，果然”，是年七月二十五日，終于精一齋，春秋八十。以九月葬同郡狐峴壬坐之原。朝家嘉其至行，追有旌閭之命。

愜素齋諱孝詳，愜素之子必震禁府都事，公之祖若考也。配全州李氏，都事士淑之女，不育，以堂兄如晦子廷羽爲後。孫聖時亦以孝行贈司憲府持平，次聖朝。聖時無子，以聖朝子命益爲嗣。聖朝有四子，命益、命稷、命夔、命龍。命稷從余遊者，來乞公表阡之文，略書此，使刻碑陰。

察訪宋公墓表

公諱基德，字君積，恩津人。尤菴先生性嚴，子弟少可意，獨許公深，凡有所使反命，未嘗不稱善。公又請業於同春先生，同春目之曰“是頗類其家仲父者”，蓋指尤菴也。公沈毅愨實，與人無表襮。早廢擧，杜門自修，用薦者辛酉除寧陵參奉。居數歲聞母疾，疾歸，公素忌痘而不肯避。既丁憂，染痛幾危，尤菴與書曰：“汝冒死奔異顏之急，天必福汝，無憂也。”果然。後復除桃源道察訪，不以官卑而自懈，斤斤守法，仕幾滿，遇己巳禍棄歸。隨尤菴入耽羅，又隨至于楚山，臨命顧公曰：“吾於先代事無餘恨，惟三賢閭未及竪石，此汝曹責也。”公涕泣受命，未周歲克成厥志。

公事親能順而爭，奉祭不豐而潔，居鄉則租稅必先於人。持己嚴正，尤嫉惡不回，人雖親而不敢狎。自少好學，手不釋書。晩以履冰名其齋，其終身敬畏可知也。肅宗壬午閏夏卒，壽六十九。葬于某郡某原。

睡翁諱曰甲祚，有大節，五丈夫子，郡守諱時默、府使諱時杰，序居二居五。郡守配加平李氏，奉事蓍生女。公其仲子，而府使取以爲後。公凡再娶，昌寧成氏、綾城具氏。男圭錫早歿，康錫出後其季父，有學行參奉，參議李藴、士人李思齊其婿。季曰勛錫，具氏出。長房男泂源、命源、永源，二房男潭源、淳源、洙源、滄源，三房男弘源。元相、保相、一相、雲相、舟相、梅相、漢相，其曾孫也。

蓋聞尤菴嘗以孝廟密札授公曰：“可堅守之也。”乙卯，先生之北竄也，禍將叵測，子弟欲以此上聞，以冀其萬一。先生申勉之曰：“汝目可瞎，此書不可出也。”親友願一見，至有下庭跪請者，而公執不許。後史局將收入先朝文字，先生索還之，則公躬往以獻。若公者可謂不負寄託，而先生亦知人乎哉！公之忠信可仗如此，惜乎其不見用於世也。

勛錫徵余樹阡之文。余生也後，不及識公面，而其平日見許於父師者，皆可徵，斯足以不朽於來後矣。書此以歸之，俾刻于石。

判書西浦金公墓表

肅宗丁卯，金公萬重以知經筵入對，言事觸上怒，下廷尉問，已而竄關西地宣川府。時大臣金壽恒等承命卜相，四加其卜而不稱旨，入對申請，則上特擧趙師錫以命之。蓋後宮張氏新有寵，閭閻盛言師錫拜相，由於夤緣私逕。公慨然曰："吾君聖明，豈有是耶?"然巷言沸騰，而擧朝含糊，終恐爲聖德之累，乃悉陳無隱，仍勉以修齊之道。及上面詰，則對曰："臣視君如父母，旣聞是言，不敢不聞也。"尤菴先生聞而歎曰："夫人不言，言必人所難言。"

時逆杭以近宗，連結宮掖，席寵驕恣，公欲幷論而不及，臨行有詩見志。居謫二歲，因赦放還。至己巳群凶得志，請究問言根，以中上意。公復下獄，以實對，而終不免拷掠。尋命議啓，遂貸其死，栫棘于南海島中。

公自以腹子生不識父面爲終身痛。事母尹夫人有深愛，其所以娛悅親意者，殆類古之弄雛兒啼。以夫人好書，聚古史異書以至稗官雜記，日夜談說左右，以資一笑。自少至老，非有公故，未嘗去側。其異宮之後，則每日早朝往省，人定時方還，隣人竊識之，一不蹉失。公之誠孝如此，而爲國盡言，則不以親老自解。始公之赴謫也，夫人怡然曰："嶺海之行，前修所不免，行矣自愛，勿以我爲念。"聞者莫不出涕。公之在南海，夫人卽世，公號絶如不欲生。朝夕設位饋奠，若孺子泣者，島人爲之傷歎。毁極而疾，甫外除而卒，實壬申四月三十日也。

公字重叔，號西浦，光州人。沙溪文元先生諱長生爲世儒宗，其孫益兼生員狀元，有士林重望，丁丑江都之亂，自焚死，褒贈司憲府持平，公其子也。尹夫人，吏曹參判墀女，持平公立慬後一月公生。

尹夫人以鞠以教，未離乳，已學書。英達夙成，十四歲發解，十六中進士一等，時尙未娶。二十九魁庭試，例授成均館典籍，歷諫院、憲府、春坊、玉堂、吏曹郞、知製教。嘗論斥相積之奸，配金城。乙卯，通政，以承旨又論鐫、穆，被譴削，及叙猶在通塞間。庚申更化，凶黨屛黜，公復爲承旨，遷大司成兼承文副提調。入文衡薦望，仍擢授弘文提學、同知經筵，屢爲大司憲、副提學，與修顯廟實錄。辛酉，嘉義。癸亥，資憲。甲子，正憲，尋陞崇政。參贊、禮判，移兵曹，力辭遞，再爲大提學，皆不拜，其爲知經筵則在丁卯。

公貌若不勝衣，言若不出口，而其中確乎有賁、育難奪之勇。事苟可論，不憚權貴之勢，不恤親友之好。其在講筵，辭氣和潤，講說明晰，一時稱以眞學士。孝肅大妃偶從牖間見顯廟開筵，值公進講，亟稱尹夫人之能教子云。前後告君之辭，皆主直截，而又從容懇至，雖於雷霆摧壓之下，愈益安詳。嗚呼！氣質之偏久矣，若公溫恭方直之並有而不偏者，豈易復得哉？況人有一才一藝，動必沾沾自喜，而公則淹博之識，貫穿天人，而歉然若無能然。權要淸華之地，世所奔騖干冒者，而公獨視如敝屣，超然不居。雖處廊廟之上，而蕭然若山澤之癯，是不特高於人一等而已。公之詩文，天才至高，原於風雅，參以《離騷》，殆古所謂一唱三歎而有餘音矣。

嗚呼！古人有言，死生亦大矣。丁卯之事，公非不知言出禍隨，而其心只知吾君之爲可愛，都不見刀鋸鼎鑊，斷斷血衷，可以質天地鬼神而無愧也。余嘗讀《九歌》、《天問》之屬而哀屈原之忠，原固過於忠者，然蓋亦不幸而不遇時耳。乃以我聖考至仁至明，而卒使公懷忠抱寃，死於侘傺鬱悒之中，噫噫！天耶？人耶？

甲戌，用恩例復官致祭，其後又以大臣言命旌公宅里曰孝子之門，而卒無一人擧前事以白公心者，益可悲也。余爲近世名士大夫銘多矣，於公實有九原可作之願，首揭其忠孝大節於碑陰，以示來玆。公始葬廣州，辛卯，移卜長湍大德山下云。

縣監李公墓表

余從幼少時，數拜李延豐戚丈，公古貌古心，殊無一點塵俗氣。余雖蒙騃無識，亦能知公篤實好古君子人也。公歿後三十有餘年，其外孫鄭氏子擴來示公家狀一通而後，始得其詳。公諱萬亨，字子夏，我太宗大王別子孝寧大君補之後也。至明源君諱灝，屬籍始盡，於公爲五世。曾祖諱卿雲文科、寺正，祖諱光遠有孝行。考諱益賢，丙、丁後廢擧自靖，娶縣監昌原黃植女，以仁祖戊寅生公。

年甫勝冠，已有爲己之志。以親命執贄於尤菴先生，先生之門游學者衆，而於公亟稱其眞實刻苦。自是遂棄公車業，專心學問。自漢師移寓於金陵村舍，躬稼以養親，親歿以善居喪稱。乙卯，群凶得志，先生以禮訟被誣，竄于北塞。公慨然獨上疏訟辨，仍悉暴當路者罪惡，喉司沮抑不得入。俄而尹鑴肆然陳疏，言李某之疏不可不現出科罪，自禁府行關金浦，使之押來。公達夜被驅，至喉院索前疏，則已焚毁之矣。授紙筆令誦寫以呈，上覽之，卽命邊遠定配。公行到金城，聞相積謂取旣退之疏，勘以重律，有損國體，請收還，但施儒罰。公直還鄕廬，愁居懾處，日以書籍自遣。

庚申，堅、柟等謀不軌伏誅，鑴黨迸黜，朝著淸明，先生蒙宥還鄕。公往操几杖，尋理舊聞。癸亥，用經明行修薦，除章陵參奉，序陞繕工奉事。李相國尙眞爲提擧，所行多法外，公輒引義爭之不能得，便棄去。

己巳，群凶復大逞，聖后遜位，先生栫棘絶島，旋受後命。公痛惋如不欲生，與同門諸人抗疏訟寃，而不見徹，則輒相率痛哭于敦化門外，政院請拿問。公納供以爲“守闕之哭，自有故事，此出於寃憤不得已者”云，特命嚴刑二次後發配。備嘗毒楚，辭理終不撓，踰月始出謫于固城。固是南方風土之最惡處，公居之若淸凉，閉戶看書，生事苦淡，而不見憂戚之色。甲戌，上大悔悟，坤位再正，先生誣衊昭雪，復官賜祭。公亦放還，旣叙卽拜恭陵參奉，公不樂仕進，一謝旋褫。

乙亥，復除健元陵參奉。先是公以園陵祭享素饌之非禮，上疏請釐正，該曹防啓。公以爲官無大小，不得其職則可去，遂辭褫。至是復拜，又申前請，且陳尊攘大義，請宗廟先聖及各陵告祭祝文，勿書彼人年號，只以某年干支書之，復下該曹，該曹復防啓。戊寅，移拜世子翊衛司洗馬，翼年陞掌樂院主簿。公慨廟樂之多顚錯，疏請一一洗正，下該曹議，又寢不行。由義禁府都事出爲延豐縣監。延當鳥嶺要衝，公至則條陳關阨利害，請築城鳥嶺，令各邑輸納軍餉。上下優批，廟議牴牾，亦不見行。六歲居官，不求虛譽，全務實惠，民磨崖以思之。丙戌某月某日，卒于金陵之書齋，春秋七十一。

公天分旣高，而又得大賢爲之依歸。愛好人倫，而尤篤於生三事一之道，死生榮辱之與同而所操彔堅。不卑小官而輒盡夫職思其居之義，流俗非笑之不恤而有懷必陳。其論廟樂·陵享之失、關防制置之便，動皆中窾，類非拘儒俗士之所可及，苟非體用全備之學，惡能若是也哉？其行與不行，在人而不在我，從古聖賢之所不能必，公其如之何哉？公家本清素，端居講學之外，無一物之嬰懷，律己公廉，處家儉約。其教子女，每道先賢遺法，又必戒以不追時好。閨閫之內，儼若治朝，而亦不失溫和之氣焉。

配梁氏，文襄公誠之之後，應濂之女。一男億齡早卒無子，有一女適士人鄭枰。死後取族子顯郁爲嗣，顯郁亦夭，有二男皆幼，女適縣監尹志仁，次適士人鄭五岳，擴其子也。側出夢齡亦蚤死，婿曰金輝遠，有子炳甲。擴以其母氏命，求公樹阡之文。嗚呼！古之中郎有女，而亦未聞此事，其亦奇矣。遂書此遺擴，使刻之表陰。

參奉吳公墓表

肅宗己巳，陽谷吳公爲國母諫而死。上震怒，命並錮子弟姪若壻，其季斗奎以仁寢郞，亦革職。歸陽城先墓下，痛傷摧剝，如欲無生，竟以翼年四月二十四日病卒，葬于陽谷公墓之左崗。後四歲上大悔悟，坤位遂正，於是贈陽谷領議政，諡忠貞，且表其門，而公不及見矣。

公字輝卿，以崇禎庚辰生。風儀秀美，姿質溫醇，少負志氣，當事敢爲，先輩多期以遠到，不幸無命。四十八成進士，五十需一官，未數月禍作，卒不能有所試，惜哉！

曾祖定邦慶尙右道兵馬節度使，光海廢母后時，卓有樹立。祖士謙宗親府典簿，考翊司僕寺主簿，贈吏曹判書。

妣完山李氏，領議政陽元之曾孫，父曰牧使復匡。公娶南陽洪鏶女。男長經周，次緯周縣監，女歸進士李祉億、士人金胄豪。綱周、維周，側出。經周男曰珣曰某。

緈委禽陽谷公之門，公歿已數載，外姑黃夫人常稱公事二兄如父，推而及於群從，皆得其歡，又善居喪。夫人有女士識，其言固可徵。及從公二胤遊，皆以孝友承家，益信公有諸已而裕于後也。經周樹石于阡，屬余爲辭，略叙見聞如此，後之人尙或有考焉。

佐郎李公墓表

有位卑於潛郎而行高乎古人者，李公琨字致遠是已。公，原州人，曾祖承頲參奉，祖樸不仕，考應漢果毅校尉。世居原州，至校尉公始遷于廣。

公幼事吾外王考閔文貞公兄弟，受讀《小學》書，一言一行，動以是爲法。年甫十二，遭校尉公喪，常居倚廬，執喪如成人。身不脫孝服，哭不絶於口，人稱孝童。其病時，公割兩指出血以進，校尉公絶而復甦曰："灌我口者，何物耶？其味淸利，沈痾如失矣。"病間思食生魚，而時天寒冰凍，公又指瘡甚，乃跣足踏冰，彷徨涕泣，忽於冰穴間有魚潑剌，遂剌取之，人謂之孝感。公奉養偏母，家貧菽水不繼，乞貸於原州，負米而至廣。廣與原三百里，觀者愍其勞，多有願分其任者。

己酉，擢明經及第，內則成均館典籍、司憲府監察、工曹佐郎兼春秋館記事官，外則良才道察訪、宜寧縣監、瓮津縣令、保寧縣監、陰竹縣監，其履歷也。

公仁心惻怛，家有一斗粟，則見人之飢，輒分與之；身有一襲衣，則見人之寒，亦分與之。歷典五邑，秋毫無所犯。親族聞公褫官，每灑埽一奴家，聚米以待之曰："是子本無屋可居，無糧可食也。" 丁丑六月，自陰竹罷歸利川邑底，十月二十日卒，年五十七。返葬廣之沙村巽向之原，從先兆也。其治喪葬，皆以親舊賵賻而爲之，子孫亦貧，無以爲生，鄕人歎息言"廉吏何可爲也"。

公性節儉，冬不衣紬，夏不衣紵，爲邑宰，食不重肉。其在陰竹，邑本至殘，而値乙、丙大饑，洞開官門，以延親舊來者，每朔以料米分於親戚朋友死亡之家，凡數十處。公歿後幾年，廣之人以公孝行呈文本府，請轉聞于朝以旌表之，公議可見也。

配水原崔氏，天憲女，先公二年歿。葬在原州途道里未向原，亦公之祖墓右麓也。無嗣，取兄子文炳爲後，一女適進士邊頊。文炳二男堉、壎。側室子二人文煜、文爀。文爀子埝、墄，墄出後文煜。

余嘗及見公於伯舅趾齋公座上，蓋重厚長者人也。又竊聞公嘗被劾於臺官呂必容，趾齋公遇呂於闕中，爲言"李某居官淸白，不畏强禦，君劾之誤矣"，呂卽自劾其論事不審。噫！趾齋公非阿其所好者，惟此一言，可以蓋公平生，而況其出天之孝，尤爲卓異，有足以勵俗而範世者。略書此以遺文𤍠，使刻于碑陰云。

同知李公墓表

公諱寓，字失傳，牛峰人。高祖諱緝司憲府執義。曾祖諱世銘己卯名賢，官洗馬號慮齋。祖諱僴經歷，贈參判。考諱義元同知中樞府事，贈參判。妣陰城朴氏，悛女，忠愍公淳之後。

公以仁祖戊子生。自幼有至行，嘗得生梨，獻於同樞公，同樞公使人覸之。梨樹高大，不可摘取，公甫六歲，至樹下祝曰："天乎天乎！願落梨子，欲饋我父母。"梨果落地，懷之以進。親疾，嘗糞禱天。嘗往交河地得生魚，欲供親，冒夜疾歸，供養之誠，大率多此類。

初仕除順陵參奉，嘗於驟雨中，遇一神童使賦詩，有"甲七始人驚"之句。後歷典獄奉事、宗親府典簿、平市令、尙衣僉正，外則祥雲道察訪。孝宗乙未，三大臣白公至孝，特命旌閭，時公年六十七，神童之詩果驗。公晨昏必拜謁祠堂，非甚病，未嘗或廢，遇喪餘，則行素一月，自少至老如一日。陞嘉善、同知中樞府事，卒於柏洞正寢，享年八十八。

夫人南陽洪氏，無育，取族從弟子後膺爲後，又無嗣，有繼子滌，滌亦有繼子曰濟華。一女婿直長安五星，其子如岱進士。余以同宗後生，猶從故老稔聞公行誼，而家乘散佚，無可考者，只以一二所傳，略叙爲文，以授濟華，使刻于表陰云。

右議政閔公墓表

今上幾年，賜故議政閔公鎭長謚曰文孝公，老峰文忠公之子也。自文忠公之考觀察公至公，爲三世壯元及第，文忠公相我肅廟，卒未十年，公又入相，士大夫以爲盛事。然是則於古或有，惟父子以忠以孝，以大光我家邦者，蓋絶尠矣。近世易名多踰實，至公兩世，擧國無異辭。嗚呼！文忠公可謂有子矣。

公字稚久。頎而美髯，心平氣溫，動有威儀。己酉，司馬。始蔭補英陵參奉，典設司別檢、義禁府都事、工曹佐郞，爲砥平、陽川二縣。丙寅，別試，資窮陞通政，判決事、承旨、參知。乞外得楊州，尋復爲承旨。

己巳禍作，文忠公栫棘西塞以卒，公扶櫬而歸，居廬致哀。甲戌更化，上首復文忠公爵。公纔免喪，特除禮曹參判，間移戶、工及都承旨。乙亥，資憲，判刑·兵·戶三曹、漢城府、知中樞、參贊、大司憲、守禦使。戊寅，判義禁，尋加崇祿。庚辰正月，晉拜右議政，公疾已甚，不能肅命，以三月十六日卒。上震悼輟朝，庀喪如儀。初葬驪州，後移卜廣州雲吉山負辛之原，夫人南氏祔。

公生有至愛，文忠公性嚴，幼而課業，數加箠撻，公愈益婉遜。每夕自爇火寢所，以節其凉煖，其侍疾也，十年不解衣帶。謫居無婦女，食飮、厠牏之節，一不委於人。大夫人憂悸得心疾，公始聞涕下如血，及就文忠公側，和顔愉色如未始有憂者。晩年公務鞅掌，每晨赴衙，必先朝大夫人，爲之沃盥辮髮，且進粥飮，公退又反面。大小吉凶，遠近出入，必一一告知，不以其未能省悟而或廢也。與人强言笑，而隱痛在心，醉或繞膝吮乳爲嬰兒戲。公卒，大夫人猶無恙，朝廷月致廩，又用筵臣言旌公閭，由是一世皆知其孝。

然公之所以爲孝者，蓋不止此。曾子曰："事君不忠，非孝也；莅官不敬，非孝也。"夫人道莫大於忠孝，而忠與孝本無二致。文忠公曾所効力於王家者，一皆埤遺於公，而公乃一遵槼榘，綽有成績。至若丙、丁之饑，甚於辛亥，而至誠濟活，以配于前休，都人至有望軒攢手而祝之者。肅廟每愍公盡瘁成疾，歿後追念不已，公之爲臣，可謂忠且敬矣。文忠公剛毅，公則寬和，規模似若不同，而其竭心奉公，死而乃已，則蓋未嘗不同，而其深仁厚澤之喩於輿臺走卒之心，則又文忠公所未得於人者，公之孝於是爲大。世之徒以事親爲孝者，烏足以爲孝哉？

觀察公諱光勳，文忠公諱鼎重。文忠公凡再娶，平山申氏其元配，而公外祖觀察使南陽洪公處尹也。南夫人判書二星女，聰明簡潔，有女士風。五男三女，在洙正郞，啓洙判官，安洙、學洙、德洙有雋才皆夭。佐郞洪重錫、判書朴師益、牧使李浤其壻也。百男、百能，長房出，二房、三房男百朋、百徵亦皆夭。百男縣監，有二男，冠者曰克烈。百男將樹表墓前，屬縡爲文，姑叙其行業之大者如此，若乃本末備載，當有大碑云。

右議政金公墓表

壬寅逆鏡秉國，首請追隆私親，廷議靡然，仍議于大僚。肅廟舊臣竄逐盡，獨領府事金公宇杭以疾家居，奮然斥之曰：“此反經之論也。”議上，辭義嚴正。時禍色日急，子弟賓客迭諫，則曰“我不敢負我先王”。公持論不喜矯激，於人無怨惡，人或病其太寬，至是咸心服。君子曰“觀人當於晚節”，信哉！

公字濟仲，金海人。崇禎己丑生，二十[illegible]進士，三十二捷明經科。由槐院屢爲司憲府持平、司諫院正言。其謫鐵山，則坐救吾叔祖都憲公，爲己巳人所擠。甲戌，彙征，弘文館修撰、校理，遷司諫執義、侍講院司書·弼善·輔德，陞通政，歷七八官，承政院承旨及大司諫，選也。於外則淮陽、南陽，其進者全羅觀察使、開城府留守。公善理劇，務革弊利民，所至有遺愛，或繪像以祠之。再爲都承旨，周流諸曹，爲亞銓者數，大司成。公夙有公輔器度，而立朝寡援，又冲默自守，晉途多在通塞間。績用旣茂，上知日深，以京畿觀察使特除刑曹判書。自後四五年，迭長戶、兵、吏三曹，間爲判尹、左參贊，兼守禦使。公奉職勤恪，持大體。前後在度支久，以節用裕財稱。

癸巳，由禮書御筆除右議政，公拜稽辭，上曰：“毋。予知卿寬厚。”公平常患良役偏重，以爲必可變，一日侍宴，反復陳白，至於出涕，觀者謂酒悲，不知公至誠憂民如此。又嘗請修築都城，議皆不行，後復極論蕩春設城之非。己亥，上遵太祖盛事入耆社，與宴者十人，相臣李公濡、金公昌集及公俱中表親，一時榮之。上以公善飮，別賜一酌，退輟御樂以送。肅廟禮陟，公痛隕欲無生。始公與李塾同爲庭試試官，及科獄發，塾以歷抵擧子竄死。其家人爲訟寃，援公爲證，公仍乞更核用情虛實，一時疑謗哄然，卒以此去位。

辛丑八月，命招大臣，公病甚不能進，以短箚待曙竢罪，是夜建儲，公不知也。時議素不快公，謂箚中無賀辭，捃摭請罪，公逌然不以介意。已而士禍作，四相臣將陷不測，公心愍其寃，上箚救之，力主好生之論，且論臺官不可鞫。尙儉謀危春宮，事覺輒徑誅之，以滅其迹，公請明覈，以快神人。凶黨已仄目，比獻議，鏡尤咆哮，卒亦不能害公也。誣獄繼起，恐公復有言，有唆人詬斥者，公乍出城，輿疾還，竟考終于城東第，癸卯三月四日也。上輟朝擧哀。今上乙巳賜謚忠景。

公篤於內行，母夫人危癘，公斫指灌血，獲再甦，卒享大耋。事兄如嚴父，姊妹俱窮困，月割俸周之。平生無傷人害物之意，官位崇高，儉恭自持，作事愼重，爲經遠圖，不求赫赫聲。口不道黨論，有問者，輒雜以諧笑，人莫測其涯岸，然關國家大計、斯文是非，必抗言不諱。蓋公天姿和順，恂恂若無能，而內守確然有不可奪者，黨禍斬伐之際，卒全其身，又不失令名也宜哉！

曾祖諱盡善義禁府都事，祖諱德承司諫院獻納，考諱洪慶府使，妣安東金氏，承旨光爀女，寵贈皆視公秩。公夫人光山金氏，父曰贈承旨世禎，事君子無違德，先公六年年六十九卒，與公祔。男俊熙出後其伯父，彦熙牧使，女適留守宋正明、牧使李思悌、武參判申光夏、郡守沈寶賢、郡守李著選。側出晩熙、允熙也。俊熙男遠祚進士、判官，彦熙男基祚。宋正明男翼輔文科、監司，李思悌男奎明、奎采文科·正言。

緈嘗忝郎僚，素服公德量，彦熙將樹石，來請文，遂叙此，俾刻于陰。長湍龍頭里，實公先兆。公嘗有墓道役，松都人越境出力以助之，公葬時又老幼相扶攜，執紼雪涕而去。癸亥，遷葬于局內坐子之原云。

經歷宋公墓表

公諱茂錫，字希周，尤菴文正先生之孫也。考諱基泰同知中樞府事，妣完山李氏，同知敦寧挺漢之女。兄弟五人，序居其三。公氣度不群，市南兪文忠公棨見而器之，歸以其子吏部郎命胤之女。公幼鞠於外氏，敦寧公憐其喪母，別爲公營一家產，及歸庭一無所取，人以爲難。

始攻舉子業，甲寅時事大變，卽去之，仍遇己巳之禍，屛迹鄕里，無意於世。甲戌更化，除繕工監役，歷掌樂·典牲·司僕主簿、造紙·典設別提、義禁都事、宗廟令、江華經歷，外則龍宮縣監、永川·載寧郡守。其爲治嚴明簡約，省賦賙饑，出於誠心，絶不徼聲譽。在龍宮，御史上治理第一，去時民有涕泣以送者。公始以親老黽勉祿仕，而非其志，自載寧罷歸，不復近城市。肅廟戊戌二月四日卒，年六十七。

公持己謹愼，不近聲色，不喜華靡，言論峻正，不與人苟合。事同樞公，備盡志物之養，又推而友于昆弟，睦於宗黨，見人年老、窮急者，拯濟如不及，其行誼之篤如此。蓋公於先生，實有終身之慕，禍變以後，未嘗一與宴樂。嘗使人讀先生年譜，至井邑時事，聲淚俱發，讀者不忍盡卷。同樞公在邑時，先生有書，戒以行李如洗，公佩服不失，每得邑，必以是矢告於先生之墓。凡有一言一行，輒蹴然曰："此於先訓何如也？"其敎子孫，亦以謹身守義爲法。嗚呼！《詩》云"夙興夜寐，無忝爾所生"，此公之志也歟！

公卜居淸州華山，實先壟而先生所命也，歿而仍葬焉，兪淑人祔。淑人明粹端莊，有女士風，後公十四年卒。三男三女，和源先公死，文源、眞源，士人李著聖、金廷澤、縣監魚有成其婿也。和源、文源各一男台相、奎相。眞源三男，箕相，餘幼。李壻子匡濟、普濟。

眞源將樹石墓前，請余一言。余後生蒙昧，何足以知公？竊聞先生在時，嘗許以忠實樸直，噫！人而得此於父兄已難矣，而況於先生乎？此可以蓋公平生，無復改評矣，盍以此歸而刻之？

主簿金公墓表

全義縣北高道之村，有封四尺而崇者曰長興庫主簿金公諱恒壽暨令人牛峰李氏之藏也。金出新羅王子興光，世爲光山人，爲平章者八代，有諱若時，麗季忠臣。累世而有觀察使止男，光海時抗淸議有名，公其玄孫也。祖諱宇仁縣監，考諱萬翼佐郎。妣善山金氏，府使宗泌之女。

公才氣夙成，八歲能作詩，九歲通《小學》，及長委禽于打愚先生之門，先生器重之。戊午，生員，自是遊太學，力持士論。己巳，打愚先生遘禍，兩子同死，公爲經紀後事。公始從先生家焉，後移築楓溪，左右圖書，嘯咏自適。晚除順陵參奉，以勞陞原職，旋因微眚罷，後再除。又丁憂，執喪過哀，憫宗孫貧弱，自營祠屋置祭田。及吉，或勸之仕，則愀然曰："毛義奉檄之喜，豈非以親在耶？"公服爲偸兒竊去，笑曰："田翁，安用此爲？"己卯，科獄，公文亦在換中，亦不以屑意。

公少時在打愚側，拜尤菴先生，先生誦勉齋眞實刻苦語勉之，公終身不忘。手不釋卷，尤好《易》、朱子書，座右揭古人格言以自警。平居無疾言遽色，與人寬和，一見可知爲重厚長者人也。生於乙未五月二日，卒於戊子某月某日。

令人幼習禮敎，溫恭端淑，克盡婦道。打愚先生禍時，每日涕泣禱天，痛宗事無主，上書駕前，乞以族兄晩慶爲後，肅廟憐而許之。令人曰："我死無恨矣。"後公四年辛卯卒，年五十八。

擧二男，鐵根生員、璞根。鐵根以文名，又不第而死。有男得性、得運，季爲璞根後。璞根將樹表墓前，以鐵根狀屬文於余，余打愚先生之從孫也。

正郎閔公墓表

朱夫子嘗編《小學》書，於兄弟之倫，則取庾袞事以實之，蓋以其能盡急難之義，而歲寒松栢之喩，亦不爲過耳。此事在昔猶難，況於今乎？余於近世得一人焉，閔兄師魯是已。

公左議政文忠公諱鼎重之孫，右議政文孝公諱鎭長之子，判書南公二星其外祖也。公兄弟五人皆英秀，當門戶隆赫之時，一世莫不艶稱。及文孝公卒，叔季相繼短折，獨公與判官公啓洙在。疾病死喪之際，咸盡其憂慽，而於最季之疾也，尤著至行。醫云"尸蟲可以已疾"，又曰"貓蛇肉亦可"，是皆人不能近口者，而輒先嘗之。移家僦寓於其傍，坐臥轉側，親自扶持，以至唾洟溲溺，不以委諸僮僕。夜則與仲交拳扣股，達曙而不知疲。時當大寒，就洌井濯沐，露立禱北辰，如是者屢。及喪，慟割若無生，其還西邑也，抱遺衣以行，每朔與家人設奠而哭之。余嘗觀於病側，至愛懇惻，雖孝子於親，未或過也。彼疫癘之不能相染固異矣，而其哀死撫生，特十旬餘耳，公則八年如一日，豈不尤難乎哉？是蓋源於因心之德，而實則孝之推也，觀乎此而其事親可知已。

公諱在洙，師魯其字。肅宗己丑，蔭補內侍教官。辛卯，司馬，尋遷司僕寺主簿，入戶曹爲佐郎、正郎，奉職恪勤。出爲文化縣令，爲治寬恕，民懷其惠。居五載，引疾歸都下，以戊戌五月十三日卒，年五十一。公之先出黃驪，而族葬多在其地，公亦葬於求富谷，去文忠公墓幾里，前後配並祔。

達城徐氏，領議政文重之女。擧一男一女，百男郡守，壻曰金爕。漆原尹氏，佐郎興績之女，百能及女適金敎行者，其出也。百男男克烈，女爲宋集中妻。長婿之子翼均、載均、德均，百能男及季婿二子幼。

公爲人慈良介潔，居家未嘗有子弟之過，篤於睦婣，信於朋舊，周急恤窮，曲盡其情。以內舅宅兆不吉，竭力移奉，又畜其子而敎之學，亦人所難及也。平居淨埽室堂，百物整勅，性嗜書，不曾一日釋卷。酒戶甚寬，人不見其醉。嘗曰："山水間結一精廬，積書千卷，偃仰觴咏于其中，以終餘年足矣。"此可以觀公志尙也。吾外氏家法甚正，爲士大夫楷範，而曰忠曰孝，斯皆人道之大經，究其所自，蓋一以《小學》爲準，嗚呼休哉！余既爲公兩世之銘，而於公又特揭友于之行，使後之人知公能業其家，而爲子孫者宜亦世世保守而勿失云爾。

靈原君墓表

今上戊申春，命選宗臣孝行卓殊者。靈原君臣櫶生七歲，父光平君溟疾病，輒拜天祈命。事母申氏，恒柔色婉容，事無巨細必稟，不敢私其財，務順適其意。母患痢，衣不解帶，涕泣嘗糞，鬚髮盡白。及喪毁甚，月省墓，不以大寒盛暑而或廢。每祭躬視烹飪，以致其誠，至老愈不懈。宗簿寺以聞，上嘉之，特授嘉德階。越三歲卒，年六十二。上傷悼，庀喪甚厚。

公字文叔，宣祖昭敬大王四世孫也，光平之考曰海寧君伋，祖曰仁城君珙。申氏系高靈，宣教郎善浩之女，參判濡之孫。公己酉生，始授守，陞正又陞都又陞君。别職司饔院副提調、都摠府副摠管·都摠管，其爲宗親府有司堂上，特恩也。

宣廟嘗辨宗系，皇朝人馬維銘有賀詩，宣廟和之，命諸臣賡。公得其寫本以進，肅廟命刊布。嶺南僧自言寺藏德興大院君影子，公承命往審，核其詐以還。上以公善飮，內集日，特賜大銀盃。子益炯爲信川守，爲設宴，用賜盃行酒，上箋謝，一世榮之。

卒之翼年，益炯將樹表於其墓，請綷爲文。竊惟自古貴介公子類以聲色狗馬爲娛，公則謹愼自守，又能以孝聞，以承天休寵，以賁我聖朝敦親尙倫之治，是宜揭之泉隧而不泐，其細可略也。

公凡三娶，二男三女。益炯及爲參奉崔成大妻者，許氏出；金聖根妻，吳氏出；益熀、南殷老妻，丁氏出。墓在松京南衣洞，許氏、吳氏祔，皆贈郡夫人云。

判官閔公墓表

驪興閔公啓洙，左議政文忠公諱鼎重之孫，右議政文孝公諱鎭長之子。公兄弟五人，兩弟蚤死，最季亦遘危疾。公與兄正郎公左右扶護，窮晝夜不懈，或過家不入，又作聲樂奇巧，以娛其心志，雖子孝母慈，未或過之，若是者八年。弟竟死，人曰："有兄如此，胡天之不仁哉？"文忠忠，文孝孝，公則以友，可謂能子能孫矣。

公幼有英氣，酷肖文忠公。冠，文谷金公壽恒字之曰聖源，歸以其子忠獻公昌集女。己巳禍，文忠公謫西塞以卒，文孝公扶櫬歸。公時尙少，爲綜理庶事，無毫髮遺。公宜達而窒，晚筮仕，繕工監役、義禁府都事。宰瑞興六年，其治善爬櫛，濟以寬平。再爲掌樂院主簿、敦寧府判官。年五十庚子五月五日卒，葬于楊州陶山坐巽之原。男百朋，二女敎官趙謙彬、士人鄭志翼。

公爲人豈弟安詳，自少習於禮，每一家吉凶大事，輒委公。於細物必究其妙，以至陰陽、方技，靡不略通。爲樂官，手正訛音，老樂師莫能難。平居無聲色加人，人有失，懇惻曉誨，於僕隷亦然。曲盡人情，窮者以爲歸，死或與以棺，病則濟之藥。在縣境多宗人，招集與宴，且蠲其賤役。

外祖南尚書二星既卒，門戶零替，公爲請其易名，捐數百金延恩，又爲亡舅擇地而改葬焉，皆人所難能也。晚年正郎公又逝，公益惸獨，痛傷欲無生，及哭鄭氏女，能夷然理遣。嗚呼！世之人，視父母之子不若己子者，獨何哉？

公歿時百朋未冠，旣長能草公事行，謁文於余。余少從公兄弟遊，公又辱與同硏，今存者獨余而亦病且衰矣。旣以自悲，且喜公有子，略叙此，俾刻于碑陰云。

陶菴集

卷三十九

墓表

墓表

贈判書趙公墓表

贈吏曹判書趙公應祉字子綏者，重峰先生之考也。其 贈以先生從勳，墓在牛渚書院後幾十步，牛渚者，先生書院也。夫人龍城車氏、江陵金氏從葬，先生車氏出。先生歿後百有餘年，院之章甫相與謀"是墓也歲久崩夷，後誰能辨之？先生而有知，豈肯安於俎豆之饗"。於是立石以表之，江都留後兪侯拓基實相之役，章甫請綷記其陰。竊謂先生之生，固天地間正氣所鍾，而蓋亦有胚胎於前光者，惜乎！其世德之美，不可得而詳也。然而以先生爲子，他不必書也。《詩》曰："民之秉彝，好是懿德。"又曰："維桑與梓，必恭敬止。"苟有人心者，莫不知好先生之德；苟能好先生之德者，莫不知敬先生之所敬。嗚呼！千百代之下，疇敢有踐是墓者？

學生奉公墓表

嗚呼！此孝子奉時中之墓也。奉氏出河陰，高麗衛尉卿佑其鼻祖，而入本朝有諱曰由禮、曰楫，仍父子判書。其後兩世判事允仁、訓導璋，於孝子爲考若祖。其居則南平縣之竹林村也。孝子長而受學于苔軒高公敬命之門。世傳訓導公病裏思江鮮，公設網求之，值風雷不可得，號泣而歸，道中忽有尺鯉潑剌，取而供之，訓導公疾遂瘳。後丁訓導公憂，廬墓而居之，朝夕哭展，又必歸家省母，有虎相守不去，又若護之行者，人皆異之。才除喪，竟以積毁成疾，年三十三己巳卒。卒後，萬曆己酉，鄉報于縣，縣聞之朝，始命復戶，辛亥特旌其門曰孝子。

嗚呼！江鯉之躍，自王祥孝感，始見于史，末世滋僞，鄉里之誦孝子，必援以爲常。始則千百歲堇一有之，今則殆無邑不有，虛實之相混，有如是夫！如公實行，亦在其中，人或疑之。然其家居事親之節，固已有大過人者，孚信於一鄉一縣，豈無所以也哉？有如是之行，則必有如是之應者，卽其理然也。使公而無此應，則自古孝感之事，皆無足信矣，烏可以珉之可惡而遂失其眞玉也？

今去公之歿幾二百餘年，而公論尙不泯，至今指其村曰孝子之里，非公深愛惻怛出於天性，何能感人若是其深也哉？況其後孫皆能以孝業家，亦可見鳳凰之一羽也。余生衰世，不敢不致謹於誠僞之分，於是乎書。

生員韓公墓表

牛溪成先生門下多一世賢俊，論《易》學，則有曰愜素韓孝祥景休。先生嘗贈詩曰“餘事鍾、王筆，專心先後天”，其奬許可知。公以嘉靖乙丑七月九日生，生而穎異，學語便識字。旣長讀書勵行，姿稟超格，中萬曆庚寅生員。先生歿後，被群壬構捏，名在丹書，公慨然獨抗疏伸理，上特降停擧之命。自是廢擧業，構小屋，扁以玩五，蓋取諸圖書中五數之義也。

公性度沈凝，喜怒不形，家素貧，疏糲不繼，而處之逌然，不以介意。惟嗜義理如芻豢，視富貴如草芥，講學則必本於窮格，反己則必謹於幾微。其卓識高論，必多可傳者，而兵燹之餘，家乘散逸無徵，尤可惜也。公酷愛山水，乘閒喜歷覽遠近。嘗避寇至安陰居焉，丁酉，天將劉綎大捷于南原，權元帥慄將樹碑，知公筆藝，邀使書之，南原有劉總兵碑，卽其筆也。萬曆乙巳七月五日卒，壽四十一，葬于廣陵蔭村壬坐之原。

韓氏出淸州，自高麗太尉蘭始見于譜，柳巷諱脩最爲聞人，入本朝，有諱尙敬，開國功臣、領議政、謚文簡，再傳至繼禧爲成廟佐理功臣。曾祖諱胤昌禮曹參判，祖諱克恭別座，贈左承旨，考諱天賚生員，贈吏曹參判。

妣礪山宋氏，監察復興之女。四男，必震都事、必恒、必益、必升直長。如琦長房出，而廷羽其繼子，聖時、聖朝其孫。如晦次房出，而廷矩、廷輔宣傳官、廷柱、廷五、廷羽、廷老其子，聖胤、熙朝、聖後、聖繼、聖緖、聖縱、聖績、聖維、聖徽參奉、聖緝、聖級、振朝、師朝、任朝其孫也。

學生李公墓表

李公起肇秀初，全義人，世居忠州之可興鄉，鄉人稱爲長者。年四十四，顯宗甲辰三月三十日卒，始葬州北，後遷于葛洞，亦州境也。其媲漢陽趙氏祔。

公頎而長，動止有度，自以腹子有終身之哀，於其緬也，築室於墓下，朝夕上墓，若孺子泣者，服除乃去。貲産之自本宗來者悉歸之，以助其祀，田宅或爲人橫占，亦與之而無爭，其行義若此。上祖高麗太師棹，本朝孝靖公貞幹奉壽母以至孝聞，左尹士寬、都觀察使孝長繼顯。後三世有諱允成贈參議，生汝溫、汝良。汝溫之子曰元忠同知中樞府事，汝良之子曰顯忠，寔公所生，而同樞公取而子之。

公男女皆三人，尙賓、光賓、觀賓，女適尹興卨、尹偉，其長則爲公疾斮指進血，未字而死。尙賓無嗣，以光賓子萬根爲後。生員萬標、萬楨、萬樞、萬枝，觀賓出。來請余文者，萬根之子鼎燁也。

從仕郎鄭公墓表

公諱龜徵，字文瑞，延日人，圃隱先生其十世祖也。曾祖別提諱膺善，祖典籤諱儁，考郡守諱雲翰，三世贈左承旨。外祖曰泗川睦承祚。

公以崇禎戊辰生，早失怙恃，終身以爲慟，語及必流涕。

伯氏在京病急，一夜之間，奔赴二百里地，及喪哭泣哀毁，一如喪考，其篤於友于如此。雅不喜勢利紛華，雖爲門戶計，强赴公車，而終不以得失經心。晚而卜築於驪江之上，以詩酒碁局遣懷，間又漁釣爲樂，鄕黨爭慕，戶屨常滿。辛亥正月二十二日卒，葬于本州雙峰山下負庚之原。

配靈山辛氏，應宗女，甚有婦德，且善治生，以業其家，後公三十二年歿，墓於龍仁文章洞。五男纘憲參奉、纘祖、纘昌、纘成、纘章，二女適都事金世瑛、士人姜錫三。側出男纘立。孫男鎭、錕、鏞、鍰、鎏、鋗、鏻、鏵、錡、鐏、鉞、鏜，曾孫觀濟、興濟、謙濟、健濟、順濟、遠濟、時濟、一濟、弼濟。

嗚呼，公以大賢後承，有才有行，終不得少顯於世，而子孫之衆且盛如此，天之報施，其在斯歟！是爲表。

學生李公墓表

李徵君載亨，北方之望，余久聞其名，心欲一見而未能也。一日徵君具書幣走數千里，爲其本生親應瑞，請樹墓之文。余讀其狀而歎曰："此質直好義人也。嘗謂徵君奮起遐陬，篤志爲己，姿質固過人，而意亦有父兄師友之賢，今果然矣。"

公字國禎，全州人。遠祖世良謫鏡城，子孫仍家焉。嘉善中立、武科尙孝、學生晟爲公三世。孝廟丁酉，吾外王考閔文貞公守是邦，大興禮學，選邑之俊秀，以充弟子員，公與焉，文貞公亟稱許之。屢發解，鄕人又擧其器識行誼，卒不成一名。肅宗乙酉五月十二日卒，年七十。

配陽川許氏，先公一年生，終於庚子，有女士風。男曰載泰、曰載興，載亨掌樂院主簿，序居二而爲人後者。玄希禹、崔斗柄、宋弘緖，其女婿也。

公內行甚篤，母張孺人嘗曰："吾兒自幼未有一事不稱意者。"叔祖居數里餘，非甚病，日必晨見，遇甘旨必分之。治家井井有法，內外肅然，敎子弟以孝悌爲先，以財貨爲戒。其在鄕庠，嚴繩約，以先諸生，雖麤厲者，亦不敢肆，而又能容人細過，故無憎惡於人。

身在畎畝，不忘忠君，於是非邪正之分，尤截然也。當坤聖遜位、栗·牛兩先生黜享之時，慨然欲伏闕上書，遘癘瘧不果行，蓋公可見之行如此，而悉本之於學。平生喜誦《論語》，又抄禮書二冊，以爲一家則。嘗語學者曰："讀書之序，當先四子，而誠敬二字爲之要。"且曰："利者，百惡之根，一有此心，明者不明，剛者不剛。"嗚呼，辨別義利，是儒者第一義，而爲學之方，端的又如此，宜其以徵君爲子也。

抑又聞文貞公與公帖，屢有爲公貿書之語，實公所請，而其書皆性理文字。公之所以善身而裕後者，都不外於是，若公可謂識其大者矣。余固不能文，而嘉徵君之孝，又悲公湮歿不稱，書其志行之大者，以刻于石，使世之知徵君者咸曰"非徵君之賢而厥考賢也"，北方之士，尚或有以勸焉。

學生羅公墓表

羅君烱奎從余遊，一日泣而言曰："吾父自少師事尤菴先生，先生之北竄也，徒步往從之，先生作詩以贈。及先生受後命，吾父亦遘奇禍，不克拜訣，終身以爲恨。吾父嘗痛嫉北人餘孽之復肆，力持正議，又賊臣宗道之自羅州移配，實文谷相公建請，而吾父以州人素與文谷好，凶徒意此事之出於吾父也，挾憾交擠，遂有六年縲紲之厄。不有甲戌，吾父幾不免矣。自是絶意進取，杜門深居，日親義理文字，蚤夜講討，惟恐一言一義之或悖於師訓。內行甚備，而尤篤於友于，鄕人再薦於方伯，則輒移書止之曰：'無其實，敢處其名乎？'吾父生而危辱叵測，死而湮沒不稱，苟君子哀憐而賜之一言，卽不悼其不幸於土中矣。"

余聞而歎曰："孔子不云乎？'鄕人皆好之皆惡之，不若善者好之、不善者惡之。'乃翁之所見惡於鄕人者，卽爾瞻、宗道之徒，則其好之者，必善者也。況死生禍福之際，衆所卹勳，而所守益確然，觀乎其言志之作可知，信乎不愧爲先生弟子也。"烱奎起而泣曰："得此於君子足矣，請歸而刻諸石。"

公諱世器，字子長，世居羅州。五世祖衪中宗朝選湖堂，官止持平。祖諱海鳳別提，考諱俊參奉，皆鄕之望士。公卒於肅宗己卯八月二十七日，年五十九，葬于州西沙器村，葬而同崗者礪山宋氏。而富平李氏有女士譽，後公三十五年而歿，別葬靈巖之燧院，其繼配也。男三人，炳奎宋出，進士燦奎及烱奎李出。炳奎男廷泰，廷軾。廷泰、廷軾之男得綸、得經云。

學生李公墓表

李公應徵休卿，年二十二卒，其從兄應瑞以其子載亨爲之後，載亨時三歲。既長，呼而詔之曰："乃父生八歲，喪其父母，鞠於吾父母，又從吾學，吾父母哀其零丁，不甚勸課，而能自力不怠。顯廟甲辰，畏齋李相國端夏以評事來，日與諸生講學，乃父時最少，畏齋公甚愛之，授以朱子書，乃父心悅之，窮晝夜矻矻，間又抄寫成帙，常以自隨，其嗜學如此。終身銜恤，聞人呼父母，未嘗不流涕，每生日，廢食悲號。其事吾父母，若孝子之事父母。與一姊友愛深至，姊既字，不忍離舍，姊壻感而同居，擇其田僕之好者以資之，其篤行如此，汝敬識之。"載亨受而不敢失。

後幾年，具狀一通，使其子涵請文於余曰："載亨生不識先人面，況於德行乎？惟幸而得於家庭者如此，而又將泯沒無傳矣。載亨老白首，朝暮且死，恐無以見二父於地下。且記載亨嘗一拜畏齋公，公歎曰：'溫雅介潔，安得復有如若翁者？'載亨幸而得於當世大人者又如此，敢藉手以請。"余曰："余曾爲尊伯父表其墓矣。尊伯父質直無華，於子弟非苟譽者，況畏翁世所稱名卿，其言足以不朽矣，盍歸而刻諸？"涵起拜曰："請以是復於吾父。"

公全州人，考暹，妣忠州池氏，以節行旌閭。祖尙孝武科，曾祖中立老職嘉善。其家于鏡城，則自六世祖世良云。公之卒在丙午正月十七日，室朴氏欲捨命下從，引刀自剄，傍人急救之不死。後十年父士彦憫其羸瘁，强以肉，朴氏不忍違，而又不忍苟生，卒如其志。今上丁巳，命旌其門。載亨以學行被徵，官掌樂院主簿。三男，涵其長，次湛，次浣。

通德郎李公墓表

公諱後晟，字晦卿。我牛峰之李，同祖侍中公靖，在麗末，分爲兩派，曰判書喬、曰判事周，判書卽公之先也。其後有司憲府執義緝，執義二男，世鑑擧行誼別坐，世銘翊衛司洗馬，己卯名人。洗馬生諱僴都摠經歷，生諱義元同知中樞府事。生諱宙，娶寧越辛氏，監察汝和之女，無嗣，取公子之。其本生親曰憲，別坐公之曾孫。

公崇禎癸未生，出遊庠序，有聲士友間。屢發解不中，遂去之，奉母夫人，寓居坡山，採山釣水，以供甘旨。母夫人卒，益無意於世，杜門窮居，書史自娛，以終其身。年六十七，己丑六月一日卒，葬於本州基洞癸坐之原。室完山李氏，通德郎鏄之女，先公十年卒，至是祔。子瀣、沆，瀣子曰命悌，沆繼子曰命悅。

公聰穎夙成，九歲以母夫人命奠于姨妹壻李獻納逈之喪，動止如成人，在坐卿宰，莫不驚歎。少時所與遊多名勝，及其貴，不一跡其門。家貧疏糲不繼，而平生口不出乞字，鄕人皆義之。嘗愛一古梅，公卒而梅亦枯死。

嗚呼，吾宗姓甚鮮少，又不克自振，如公文行之美者，蓋間有焉，而亦不能少有所施，豈運既衰而不可復回耶？何天之畀之厚而嗇之甚也？余悲其泯沒而不稱也，略叙此，使揭于阡上。余判事公之後也。

通德郎金公墓表

善山金生宜礪嘗令其二子從余遊，余又一過其坪城幽居，陂池田園，殊有湖海豪氣。去年病且死，以書屬余曰："吾父諱相鉉，字台甫，有行無名，坎坷終身，其可見之行，有不忍泯沒無傳，嘗願得君子一言之重，而今則已矣。苟不以將死之言而棄之，則可以瞑目入地矣。"

余悲其意，亟取其狀而讀之。金氏之居善山，蓋自麗朝一善君錘始，入我朝有諱就文文科、大司諫，號久菴，受業於朴松堂之門，大爲諸賢所推重，見於《退溪集》中，是爲公高祖也。曾祖諱宗儒早游牛溪之門，與沙溪文元公相友善，祖諱翊內侍教官，號拙翁，甚有士望，尤菴先生備述兩世實蹟。考諱時閔，有至行早歿，妣延日鄭氏，承議郎維城之女，李玉山瑀之外孫 。

公以崇禎癸未生，纔二歲而出爲叔父諱時顏後。公天姿既純粹，而鄭夫人常曰："使汝早孤無教，吾所痛心。古人不云乎？'寡婦之子，非有見焉，勿與爲友'，爾宜刻骨。"

手書其言以戒之。

性至孝，其事父母也，雖處貧弱，而志物之養，無不適其心意者。嘗治擧子業，而非其所好，自見己巳陽九之厄，絶意進取，築石泉精舍，惟以詩酒花卉自娛。丁丑，沙溪先生從享聖廡之請，八路合辭，而嶺中不逞之徒投疏沮遏，誣毁罔極。公不勝憤然，倡爲辨誣之論，道內響應，而推公爲疏頭，以人望所歸也。自是士類之倚仗忒甚，凡於斯文大小事，無不主張焉。

平居專以讀書治心爲務，至晚年疾病侵尋，而未嘗有懈。癸巳十一月二十一日卒，享年七十有一。明年正月，葬于家後，十月遷窆于開寧縣東崇山壬坐之原。

公德性渾厚質慤，平生不作崖異之行，其所致力，不出乎人倫日用之常，生事葬祭，情文備至，事親之始終盡矣。處兄弟以友，接親舊以恩，由親及疎，秩然有序，謙遜自牧，溫和樂易。與人言，恂恂然若無可否，而好直惡佞，根於秉彝。

嘗於洛中邂逅丈巖鄭公澔，許以知己，別後猶惓惓不忘。鄭公對人輒曰："金台甫志行之高古，氣槩之磊落，非近世所易得者。"及其歿也，又有詩悼之曰："磊落嶺之秀，吁嗟今也亡！"古語云："不見其山，願見其木。"豈不信然？

公娶平山申氏，統制使瀏之女，有女士行。擧四男四女，男宜鼎、宜鍊生員、宜鍵、宜礪其季也。女適士人呂光錫、沈國藩、崔應泰、孫壽海。孫曰履淵、履泰進士、履成、履進、履延、履遠、履運、履遇，餘不盡記。

通德郎洪公墓表

余既爲洪宜寧先生作樹墓之文矣，其孫佐郎河瑞克趾其美，而不遇於世，坎壈以終。余素賢其人，又銘其墓，傳于後。朴君聖源復以所爲通德郎諱禹績狀示余，宜寧先生於公爲曾祖，而河瑞其子也。

嗚呼，“靈芝之無根，醴泉之無源”，古人或疑其言，觀一羽而可以識鳳凰之全體者，亦其理然也。夫爲人子而事父母，鮮克盡其職，若生死兩盡愛敬者，卽宜寧先生所嘗行，而公則循之。其所教乎佐郎公者，亦不外是，是則其所以繩先而裕後者，足以化於鄉而爲法於國矣，豈不休哉？

抑又聞佐郎公之擢第也，知公者莫不謂公積德之所發，而公既不得久享榮養，佐郎公又不幸沈屈而歿，是若可疑者。然聖人之論孝曰：“不謹其身，雖日用三牲之養，猶爲不孝。”朱子云：“富貴易得，名節難保。”以俗情則固多歸乎富貴，而以朱子之意觀之，則豈不曰“其輕若此，其重若彼哉”。然則佐郎公一生謹身，要以不失其名節，其孝益可見矣，烏可以此而疑於天道也？

公生於孝宗戊戌，卒於今上癸丑，享年七十六，葬于廣州栗里坐卯之原，配昌原黃氏祔。凡三男，河瑞之弟洛瑞亦夭，季曰漢瑞。漢瑞從余遊，能世其學，公之餘慶，其在是歟！

進士韓公墓表

韓侯道愈濟汝世居南原之魚隱谷，歿而葬於城南，後十一年丁未，遷于淳昌之栗北，室安東金氏祔。始侯臨命，囑其子宅成曰："吾父母異葬，宅兆且不利，他日得一邱，以酬吾志，仍埋我於其下。"卒如其言。既而宅成將樹表墓前，謁余於寒泉之上，請爲文，余不能辭。

蓋聞侯至行出天，其侍母疾也，身有瘡，畏其傳染，別具一席而坐，起則撤之，時年七歲。丁丑大疫，洊遘喪禍，侯亦幾殊而甦，猶自力粥飮，斂葬一以禮。已而癘益熾，東西奔迸，所至必先營一室，以奉父筵几，又隨以妻若姊之喪，未嘗一日闕奠，人以爲難。終身有孺子之慕，每日晨謁，非甚病不廢，祭時勑家人齊沐，百物蠲潔，入祠屋必涕，見先人筆迹亦涕。寡姊挈子來依，事之如母，姊歿仍鞠其子，娶而家之，又置祭田，屬季子使祭庶母及其腹子未笄而死者。

自少病不能讀書，而沈思默識，平居守分無外求。性喜儉約，絶不近奢靡之物，治家制事，各有條理。教諸子，必先孝悌而後學文，嘗曰："群居終日，無所用心，酒奕談謔，不顧父母之養，是君子之罪人也。"又痛禁其交結異色之人，以是子弟皆以勤謹持身，又善誨村秀才，多所成就云。

余與韓氏有世好，而偶不及識侯，其得侯事行於宅成者如此。而宅成又泣曰："吾父嘗言'今人爲親狀誌，惟事夸大，於本分有何益，而豈不爲死者之羞'。不肖藏之而不敢忘。”嗚呼，其言益可信也。

韓，淸州大姓，太尉蘭之後，入我朝淸城君終孫，淸城之曾孫輹文科壯元、承旨，於侯爲高祖。其後僉正應文、判官慶生皆由蔭進。考碩良生員，鄕里稱其行義。侯肅宗癸亥進士，宅成亦進士。三世能以文業家，又可貴也。

侯生於己亥八月一日，卒於丁酉七月十二日。金氏，進士重鉉之女，婦德甚備，年四十一卒。二男，宅成其長，次永成，婿曰金重后。德成及女爲鄭受益、鄭翊周妻者側出也。宅成男邦老，永成男邦杰云。

贈參判趙公墓表

有以文武才見賞於名公鉅人，而卒蚤夭不一施者，曰趙公泰夏士大。其先出高麗大將軍璋，數世有玉川府院君元吉，玉川，淳昌故號，子孫遂爲淳昌人。曾祖元弼府使，祖副護軍聖耉，考贈承旨爾鼎。妣延安李氏，其考觀察使天基。承旨公之弟進士爾呂亦贈承旨，無子，取公子之。

公白晳疎眉目，性嗜書，讀書必儼然正襟，以至几案簟席，靡不潔整。與人言，氣岸軒豁，於財利泊如也。喪有疾，終不進薑桂。每以生不盡養爲痛，或食有重肉，則泣不食曰：“吾母在時，惟疏糲耳。”與三妹同居，湛樂甚至。少治明經業，務究其大義，又捷大小發解。膽力俱絶人，不欲人知之，老峰閔公鼎重欲以將才薦于朝，不果。

生於庚子九月八日，卒於壬申四月九日。始葬高陽，後改卜交河靑巖里坐辛之原，兩夫人祔。高靈朴氏，參判相馨之女，事舅姑孝，舅之喪，貧無歲月制，夫人一皆取辦，使無憾，年二十六歿，有子曰命臣。驪州李氏，庶尹東亨之女，莊淑有婦道，撫愛命臣猶己出，其歿與公同年而月日後，毁也。男虎臣，女適朴命升。命臣由承旨出爲廣州府尹，贈公參判。虎臣今爲全羅兵使。

噫，以公器行，若有以爲而止於斯，善乎！歐陽子之言曰："爲善無不報，而遲速有時。"今兩子以文武進，天之報公，固於是乎在。

進士柳公墓表

公諱渶，字汝浩，文化人。上祖高麗大丞車達，入我朝贊成曼殊最顯。祖諱承春、考諱曼世以孝友承家。外祖昌寧曹沃，梅溪偉之後。

公爲人白晳美鬚髯，器度嶷然。幼而見窮族哀之，脫新衣以衣之。及長，遊尤菴宋先生之門，冠婚喪祭，一以《家禮》爲準。丁卯，進士。己巳，壼聖遜位，公同諸生叫閽，不果上，退而居于扶江之上，至甲戌，始復應擧。

公文辭贍富，且工於筆翰，而竟不第。親故有達者，一不迹其門。處鄕黨以和，敎子弟以法，周恤貧窮，常若不及。鄭持平澤雷、黃義州一皓之從享義烈祠也，公實倡之，其崇奬節義如此。壬寅九月九日卒，年六十三。配達城徐氏，同知中樞文縉之女，先公四歲歿。公葬于濂滄里，去其宅若干武，孺人祔焉。

六男一女，相勛、相華、相夏、相殷、相魯、相漢，婿曰鄭棹。燌、煜長房出，爀、熻三房出。相勛使燌來請樹阡之文，余不及識公，而詢諸湖右士友，蓋所謂一鄕之善士也。

學生黃公墓表

近有力於爲善而不求人知，類非今世之士者，黃公鍓仲開其人也。黃出昌原，麗侍中忠俊乃其鼻祖。入國朝宗親府典籤諱湯卿，有五子，皆爲顯者。公之高祖曰翰林諱瑊，曾祖諱自中府使，祖諱瀏通德郞。考諱道宗，以其爲仁烈王后外祖奉祀孫，故兒時入見孝廟于宮中，賜食推膳，恩禮特優，而及長廢疾不仕。室全州李氏，同知廷隣之女。

公以顯宗庚戌生，八歲以母命就學於龍仁德義洞舅氏家，仍隨往舅氏光陽任所，以親庭隔遠，日夜思慕，至廢寢食。未幾慈氏訃至，公年甫十歲，哭擗無數，居喪之節，儼若成人。舅氏愍其柴毁，勸以薑桂之滋，涕泣不從。及歸本家，以家無主饋，供養嚴親，克致其誠，不獨躬奉几筵而已。至葬值大雨，哭泣哀慽，無一失禮，觀者悅服。服闋無家可居，常傳寓於族黨家。每讀書，未嘗不危坐，長者稱之曰“天生學者”。間赴公車，輒自製自寫，人謂窘束不利於得，則應之曰:“雖不免以得失存心, 筆亦何敢倩人耶?”

比丁父憂, 執禮一如前喪, 合窆之際, 雖家力不給, 而能自盡於送終之節。墓在十里之地, 朔望外哀至則往, 盡日號哭, 淚盡以血, 墓奴感激出涕。及吉仍廢學業, 破屋滲漏, 殆少坐處, 而終夜讀書, 不肯少輟。於書酷好《孝經》, 日日三復, 或謂:“此非科學之用, 讀之何爲?”公曰:“黃山谷言‘士大夫三日不讀書, 便覺語言無味, 面目可憎’, 書豈可以功名得失或廢哉? 吾則斃而後已, 此外更有何事?”

於朋友久而能敬, 於親黨務爲敦睦, 對人無他酬酢, 惟與人子言, 必主於孝; 與人臣言, 必主於忠。鄉居四十年, 愼交遊簡出入, 一以守拙養靜爲心。雖窮居, 而國家之憂, 未嘗少弛, 欲以十事陳忠, 而趑趄未果上。

仁愛出於天性, 雖肖翹之微, 不忍傷害, 謙恭自持, 與物無競, 宅心制事, 絶不爲功利之說所撓。所守確然, 有千萬人必往之勇, 雅喜酒, 而一盃之外, 不一破戒, 又不好諧謔, 或於稠人中有放肆少禮者, 輒避而不與坐。迹公實行, 蓋不特一鄉善士而已, 使其早遊大賢之門, 以廣其識見, 益勉其遠大之業, 則其所成就, 豈但如此而已哉? 是可惜也。

公以己未十月八日卒, 壽七十。葬于鐵原德立洞巽向之原, 配原州李氏祔。公之子明河從余遊有年, 以是慣聞公德美, 略書此使揭于泉隧, 以塞孝子之心, 以爲善士之勸云。

生員金公墓表

嗚呼，此金公鐵根石心之藏也。石心先余二年戊午生，生而聰穎，八歲能詩。吾祖考議政公，於公爲外從大父，嘗呼公，使余同賦卽景，公應聲而對，有“梨花風來滿院香”之句，議政公歎其絶調，顧謂綷曰：“汝不及也。”由是才名藉甚。

晩中己亥司馬。辛丑，倡率館學儒生，上疏討逆臣柳鳳輝之罪，盡室歸全義之楓溪，全義卽公外祖打愚先生卜築之地，而公考主簿公諱恒壽寓居者也。公旣還舊廬，斷置世事，惟以書史自娛，酷愛松竹菊，扁其堂曰節友，以寓歲寒之意。吾仲父歸樂公竄扶安，公匹馬往問，仍徧遊邊山而歸。戊申十月四日感疾卒。

金出光州，高麗忠臣直提學若時之後。公凡再娶。參議韓山李禎翊女，無育。西原郭氏，其父王子師傅始徵，有女士譽。二男一女，長得性，次得運出爲季父後，士人朴光宙壻也。

公天資仁孝，事親無違志，信義素孚於朋友，詬詈不及於奴僕。與人處，襟懷坦蕩，不設畦畛，喜道人之善，恥言人之過。爲文多積博發，下筆立數千言。性嗜酒，遇輒引滿，遺命祭用一大椀。不問家人産業，間多絶爨而逌然也。人勸之仕，則曰：“吾非掉頭於祿仕，士子持己如處子，但不可自求耳。”

公爲人伉慨，最嚴於陰陽淑慝之分。語及時事，指斥無所顧忌，或至流涕，杜少陵詩“不及見淸時，嗚呼就窀穸”者，正道公心事也。得性來乞文，略叙此而歸之，使刻于石。

處士老學齋鄭公墓表

嗚呼，此吾友鄭公五奎子文之墓也。公長余二歲，生幷一世，而到老始相識。公嘗得余乙巳封事讀之，沈思數日，歎曰："方今是非紊而忠逆混，惟此一言，庶幾徵信於來後歟!"士友爲余道之若是。余又聞公雅嗜讀書，中年好住山房，達曙不寐，老禪之苦行者亦自謂不及云，甚可敬也。未相見而心相契許已如此，則及見其喜可知也。

公少從遂菴權先生學，先生器重之。以母遺命未忍廢舉業，然不曾以得失關心。屢過余於寒泉之居，余亦嘗舟下黃山，訪公于鼓巖，每語竟夕而不知倦。竊覸公爲人敦重，內蘊聰明，於經傳諸書，靡不淹貫，而尤好朱子書，以此爲究竟法。門路旣正，踐履甚篤，余閱世蓋久，而如公學道眞實者鮮矣。公嘗謂余曰："吾輩年迫日索，不可不汲汲爲學，而無如離索何，有疑相質，惟書札一路耳。"其後有一二往復，而亦不能繼也。余聞公疾劇，走書以問之，書未達而訃至，遂爲位而哭之。嗚呼，吾輩晚暮相期，其止於斯也耶?

公光州人，高祖諱保門縣監，曾祖諱維郡守，立節昏朝，祖諱時亨牧使，考諱敷有文行不仕。外祖洪葳官監司，號清溪。公配光山金氏，僉正萬埈之女。二男三女，捄、揄，參判李匡德、士人李商重、任取中其女壻也。

公世居林川，以甲子八月二十九日卒于獨松亭，壽六十七。某月某日，葬于同郡頒詔院某坐之原。余題其墓曰“老學齋”，蓋公於學，不自知其老，而意欲斃而後已，雖以公謙德，亦所不辭者也。

學生兪君墓表

兪君漢龍嘯翁年二十九，有志有行而死。三州李縡題其墓曰：君杞溪人，父彦嵩，祖順基大臺僉樞，以孝贈戶曹參判。君生而溫雅良善之性，發於色辭，事父母若王父，盡其愛敬，鄕里稱以端士。庚戌，同吳君瑋從余學，以寒泉與君所居陽城接壤也。君先治擧業，而非其好，及得《小學》讀之，喜甚曰：“此足以爲吾終身師法。”蓋將以是從事焉，進進不已而遽亡矣。

君生於甲申八月三日，歿以壬子三月三十日，葬于安城玉井之先兆。凡再娶，一男世柱，繼配李氏出。

噫，君與吾弟大心同庚，而俱不幸早夭，余素所嗟惜，而君有嗣續，猶勝於大心，詎非幸歟？余故哀而表之曰：

嗚呼，此善士之墓。後之人，無或夷之。

副正安公墓表

今有勇力足以雄萬夫，而不能用於時；志節足以樹大經，而不敢暴於世；義形於死難，而人或疑以溝瀆之經。是其人必死而不瞑，以鬱鬱齎志於九原者，余於故副正安公應河事，輒爲之嗟惋，幾於失涕焉。

公字淸仲，竹山人。其先出高麗少監濬，國朝有延昌尉孟聃尙世宗公主，其第三子桑雞敦寧都正，又三傳而郡守諱士欽，是爲公考。外祖大司憲唐津韓淑。

公少治文，又工於書。郡守公之爲盈德也，兵使某巡至縣，見公雄勇，歎曰："此國之干城，焉用屑屑章句爲哉？"贈以弓矢及馬。壬辰亂作，朝廷調武士從戎，公隷東道帥幕，道聞李鎰敗乃罷，從郡守公于安峽山中。鎰由峽路將赴行在，募壯士，公入見，鎰與語大悅。鎰宿將，雖新喪師，而號令嚴肅，嘗以失律將盡戮五十餘人，公亦與焉，臨刑仰天而笑，鎰曰："何笑也？"公曰："公糾合義勇，將以有爲也，而今遽盡誅之，公獨往何爲？"鎰乃赦之。

至龍灣，力戰屢有功，補守門將，尋登別科，宣傳官、備邊郞，不次擢用，訓鍊院主簿、都摠府都事·經歷，復入訓鍊爲副正。外則喬桐縣監、會寧·洪州判官，平海則未赴。會寧時，朝廷患降倭數叛，密旨令所在悉誅之，在會寧者亦數十人。公設樂以邀之，酒酣伏發殲焉，有一酋未醉，拔劒起，公亦拔劒起，相去數武許，倭飛刃擿公，公迎擊之，砉然落地有聲，遂就斬之。

宣廟嘗於行殿望見公曰：“彼乘駿而美且長者誰也？”洪學士宗祿進曰：“臣之姪婿安某也。”宣廟色喜，將駸駸大用，未幾宣廟賓天，昏朝政亂。公素簡亢，不附權貴，有名官見公沈香纓子，欲之啗以腴邑，公笑曰：“我豈納賂求官者？”坐是沈滯者屢年。

洪同知憙，公婦兄，而於章陵爲私，嘗於其家一侍食，章陵知公多力，指磁椀曰：“公能彈指而碎之乎？”公曰：“是何足道哉？”手握輒碎，章陵亟稱之。及仁祖擧義，素壯公，欲必致之，有以微意來告者，搖手止之。一日洪同知帶劍而來，起公曰：“吾兩兒今夜從綾陽君去矣。”公正色曰：“此大事，何言之晩也？公等勉之。”義軍過公門，具綾城宏字公而呼之，亦不應，以是仁廟不悅，不復除官。

适變及丁卯之難，皆從駕，難已，輒歸長湍墓下，日與村翁野老盃榼相隨，若無意於斯世，而惟以邊憂孔棘，醉或慷慨歔欷。丙子，胡突入長湍，擄府使去，公時年六十八，欲執靮以往，而不知大駕所在，乃挈置家屬于近峽，復還府下。會府使逃還，訪公奇策，公曰：“今計惟有集散亡廣招募，據險保守，以待西路勤王之師，合勢以進，破退賊虜，則前日見禽之恥雪矣。吾雖老，亦願從之。”府使曰：“諾，明日當遣騎相報。”

翌朝有二騎馳來，奴奔告曰：“虜也。”公曰：“無怯，是府人也。”近則果虜也。或勸以速去，公曰：“吾何可苟避？”虜及門，公持劍而出，鬚鬢皤然，虜輕之，無相害意，公奮劍亟斬之，又斫其後入者，斷其臂。俄又有數胡至，見二虜仆於前，從馬上亂射，公揷劒於扉，急取弓交射，遂中箭以卒，十二月二十六日也。僮僕走避者從林中覘視，道其事頗詳。葬于府東沓洞巽向之原。鄕人列公事行，請上聞旌表，而有不悅者沮之，竟不行。曾孫絿爲同知敦寧，推恩贈訓鍊院正。

公篤於事親，雖當干戈搶攘之中，甘旨未嘗乏絶，廬墓三年，髮爲盡白，推以事君，盡心職事，殉國忘身，乃其蓄積，而所常詔教於子弟者亦如此。故卒能臨難不苟，致命遂志，其亦偉矣。然使公得一亭障而乘之，足以控遏虜勢，以固吾圉，雖不幸摧敗，亦可以揚義烈於一世，而顧乃不能焉，徒使世之不樂成人之美者，嘵嘵然議其後，是則命之窮矣。

然觀人當於其大處，在反正之際，天命、人心去就之幾，不待智者而後知矣。況如公失志廢蟄者，宜若奮袂樂赴，惟恐後於人，其取富貴固甚易易，而乃逡巡退避，自甘沈沒，是蓋有不安於彼而安於此者存，後之君子，尙或有以知之。

公一男一女，男大梓，婿教官姜元祿。大梓三男，廷燧、廷燦、廷焴，絿，廷燦之子也。絿使其子持平相徽來乞文，略叙公志事之大者，使表于阡上云。

縣監鄭公墓表

公諱周翰，字武卿，延日人。圃隱鄭先生墳于龍駒之文秀山下，子孫仍世居，公其九世孫也。曾祖震主簿，祖從善縣監，俱以蔭，考侃贈承旨。外祖判官慶州金天錫。

公己酉武科，宣傳官、武兼、惠山·加德僉使、五衛將、內禁衛將、洪·清二州營將。公以善治盜名，辭聽貌稽，發摘如神，又嚴猛以臨之。在淸時，監司欲以私出一囚，公不從，及巡至，因公入見，慢罵甚。公撤笠上戎飾擲之於前，曰："吾所以受君折辱者以此耳。"不拜而出。監司益怒，將啓罷之，道過李判書秀彦，李曰："吾亦嘗干以私而不得，此君倔强，公不知耶?"監司悔之，還車摧謝而去。

丁丑大饑，朝廷以桴鼓爲虞，授公新昌縣，盜聞風駭散，一境晏然。間移慶州營將，不赴。肅廟辛巳四月二十六日卒，年六十八。夫人具氏，綾城大姓，旻之女，後公十二年卒，與公合祔于同縣旺谷，去文秀十里。

公善事父母，母疾時，如黔婁棄官故事。待子弟甚嚴，不冠不見，居官廉謹，不爲子孫營産業。少飮酒數斗，見人酗狂，不復近口。慷慨好氣節，聞古昔忠臣烈士之事，未嘗不扼腕流涕。性又傑驁，不耦於世，以是仕不達，無官便歸田舍，往往射獵自娛。公身長八尺，勇力絶人，望之有威，若不可犯云。昔漢文謂李廣曰："使子得遇高帝時，萬戶侯豈足道哉?"嗚呼，人生遇不遇命也，公其奈何?

公男二人，道徵防禦使，德徵兵馬節度使，孫纘述三道統禦使，皆公不食之報也，公亦贈兵曹參判。纘述，德徵子而爲道徵後者，纘志其弟。節度退而老於家，以余同是鄕也，使纘志來請一言以揭于阡上。余雖不及見公，而猶能想像其氣槩，若公者，豈所謂《周南》罝兎者流歟!

宣傳官李公墓表

公諱後儀，字汝彬，牛峰人。高祖諱世銘世子洗馬，己卯名賢，贈參判。曾祖諱僩都摠府經歷、贈參判，祖諱智元訓鍊院僉正，考諱寶，妣原州邊氏，僉正以濟女。本生父諱寔。

公以崇禎丙子生。弱冠遭巨創於客土，公雖在哀遑之中，初終諸具，親自周旋，不失禮度，見者莫不嗟歎。奉母夫人寓居交河墓下，盡誠竭力，以供甘旨。母夫人常稱曰："吾兒眞孝子也。"人不能間焉。

家貧親老，無以聊生，文辭優長，而晩年投筆，獲參丙辰科，時武弁多而仕路窄，設別取才居首。判書李公師命時亞西銓，見公講讀歎曰："不爲此學，則如此人才，何可得也?"卽除宣傳官。從宦數年，母夫人卒，自是無意於世，且喪其獨子，志氣益濩落，撤還墓舍，爲終老計。己巳閔黯方秉權，公之婿與黯爲至親，且有別業於公家近地，公不一往見。不知者謂公驕蹇，知公者謂公高也。

辛巳二月三日卒，年六十六，葬于古縣新五里某向之原。室濟州高氏，先公十六年卒，至是祔。繼子灌，女適趙頤貞、尹光一。灌子曰命仁，尹壻子曰塾，壻曰進士韓宗漢。

公氣度剛正，見人不是，輒面折不少饒，人多畏憚。不肯屈首於權貴之門，轗軻以終其身，其視昏夜乞哀而得官者，不啻若浼，蓋其天性如此。且篤於內行，弟妹之昏嫁，不失其時，姪子之孤者，亦收而養之，使之成立，斯亦人所難及者矣。記余幼時，數拜公，知其爲忠厚長者。今於樹阡之文，叙其大略如此云。

贈僉正徐侯墓表

嗚呼，此故宣武原從功臣徐敬忠之墓也。萬曆癸巳，咸鏡道都巡察使尹卓然馳啓，以一方平定將士有功者，分等以聞，而敬忠居一等。有曰"右人首現於都巡察，以退朝社伏兵將，聚軍三百餘名，屬於李惟一，十月德山社、十一月洪原之戰，多數射中"云。丁酉，又隨別將柳應秀擊嶺之餘寇，五戰皆勝，兵曹奏授忠武衛左部將。乙卯，又以朝命監築吉州、城津之城，歸老於家，年七十三，戊寅歿。其後老峰閔相國鼎重按是道，褒顯壬辰忠義之士，而侯獨漏焉。後六十餘年，其孫永後上言自訟，遂贈侯司宰監僉正。

侯字君輔。徐出利川，遠祖高麗章威公熙，十一世愈，我太宗佐命功臣、判書，謚良景，自其九世祖仁庇遷于北，子孫仍居咸興。父千壽，祖漢傑，曾祖國依。妻韓氏，仁鳳女，二女壻韓國俊、韓興業，而國俊之後最繁。側出男德潤夭,仁俊、禮俊、智俊、信俊，而仁俊實尸侯祀，永後其曾孫也。

永後千里徒步而來，謁余文甚勤，蓋聞永後居營府闤闠間，能杜門讀禮書，余嘉其人，書此以塞其意，可歸而刻之墓前也。

縣監趙侯墓表

趙侯厚錫受之，忠貞公諱啓遠子也。妣贈貞敬夫人平山申氏，母判官全汝珍女。國制五子登第者，有褒贈，忠貞公諸子掌令晉錫、監司龜錫、議政師錫、參議嘉錫幷由文科進，而其贈忠貞公某官，則實成於侯。

侯，肅廟丙辰武科，始補御營將官，淸城金公錫胄爲體察副使，幕府盛人望，引侯自隨曰"此制閫才也"。錄保社從勳，歷訓鍊院主簿、判官。爲孟山縣，爲治廉恪有威，首興學勸士。又爲訓局將官，同列有後宮親屬，其人迹甚下，侯恥之自引去。除瑞山監牧官，善賙飢，牧人立石思之。自後歸鄕里，不復仕。年四十六，辛巳二月三日歿，葬于洪州興寧村坐丑原。

侯身長而美鬚髯，犖犖有氣槩，見不義，雖達官要人，若將唾之。平居不拘小節，而性篤於好善，嘗有酒過，母怒不悅，則俯伏受責，退而涕泣徹宵，母色和乃已。內從蚤死，其子女無歸，育而嫁之。有楊萬戶者素不相識，道遘癘，叩門而求活，館之舍側，藥物以救之，死又棺衣以斂之。有賤而孝者一日來，延之如大賓，謂人曰："此善人也。"中心自然敬之。

晚喜書，至古今成敗之迹，談論不倦，常歎曰："恨不早知讀書也。"遇酒必大醉，醉必歌呼，令笛工和之。或登山臂鷹，或臨海觀漁，以宣其壹鬱焉。或勸之仕，輒拍手大笑。近世門閥，莫盛趙氏，以侯之才，獨窮其身以終者何哉？

記昔甲戌間，余聞侯醉宿隣家，忽長吁曰：“國賊未討，倫義晦蝕，此豈丈夫做官時耶?”嗚呼，其意可知也。

侯娶昌寧成時望女，無子，取弟郡守裕錫子泰斗爲子，泰斗察訪。嘗屬余墓表，文不及就而遽死矣，余素喜侯志槩，又不忍孤逝者之言，略叙此，使揭之阡上。

太醫安君墓表

太醫安君，名孝男，早游士大夫間有名。孝廟違豫，屢進藥有效，特除僉知中樞府事，歸老海西之載寧，年九十，歿而仍葬焉。歿後十年辛亥大饑，時吾外王考驪陽閔文貞公按關西。君蓋嘗有勞於文貞公家者，一日夢文貞公而告之曰：“闔族朝夕塡壑，願大爺憐而活之也。”文貞公諾之，又問：“若家屬何在?”曰：“賤孫名世遠者，在載寧柳洞也。”文貞公既覺，呼燭起坐，疾書以識之，仍發關本郡曰：“某之孫某居某村者，即日起來。”郡意世遠有罪，亟押至。文貞公笑而使之前，從容問之，一一與夢中語合，曰“異哉”，帖給五十斛米以歸之。守令之以賑事來者聞之，亦各有餽遺，文貞公命悉致于其家，世遠百口得全活，且以其餘置田，以奉君祀云。

余少與士友肄業于白門外，與主家少年閒語，自言“家中老幼，每飯必先祭，又上手祝曰：‘是誰賜也?’齊曰：‘閔監司大爺大爺。’如是而後敢食，蓋家戒然也。”問何故，曰

"不知也", 又問"閔公爲誰", 曰"不知也"。使問於其門老而後, 始知爲吾外王考也。歸而問諸吾舅氏, 則亦不知也。

文貞公平日濟人之功, 蓋不可勝書, 而此事絶異。其夢寐之間, 丁寧懇惻如此, 又況於人有生死罔極之恩, 而猶不自有, 此正古所謂陰德者矣。然非君氣魄精神有大過人者, 又何能感動得人? 抑亦君活人之德積而能發, 自有莫之然而然者耶? 人孰無慈愛之心, 而其死也冥然無知, 君則能爲之赴愬於仁人君子, 得以覆蓋其後於無窮, 以此觀之, 謂死者有知亦可耶? 嗚呼, 其可謂靈也已。

君順興人, 文成公裕之後。曾祖長孫武臣兼宣傳官, 祖義純、父連玉俱折衝。君生於萬曆壬申, 歿於崇禎辛丑。二子, 景昌僉知, 胤昌司果。胤昌三子, 世遠其長, 弘遠、必遠。必遠之孫曰國賓武科, 國賓將爲君立石墓前, 請余爲記。余謂此事遇余而顯, 豈偶然也哉? 遂書此, 俾刻于其陰。

禦侮金君墓表

嗚呼, 此金君德峻之墓也。君德水人, 自德水徙居松都凡四世。君忠厚質直人也, 少治産業, 粗足卽止, 喜習武藝, 夜則讀書史, 未嘗一日廢。事親孝, 及喪哀毁盡禮。叔父貧無以爲家, 衣食逐月供給, 以至諸從昏娶, 皆不失時。愍宗家陵替, 爲買田宅以安之, 親黨待以擧火者十餘家。

戊申之難, 朝家徵兵本府, 君時在幕府, 適病甚, 强起趨事曰:“國有難，敢顧身乎?”君有子，曰時鐸，自少志學，君甚喜之，不令治產，又不勸舉業，惟買書籍以資之，皆經傳性理之書。嘗曰:“自兒向學，吾言語威儀，自不得不慎，每事必咨問而後決之。”丁巳二月十日歿，去其生庚申五十八。疾革，無他言，但曰:“未見兒學之成就，一恨也;不得一拜寒泉公，二恨也。”蓋以時鐸從余學也。君有四男，長時鉥，時鐸其次，時錡、時錝。時鐸來乞文，余感其誠，略叙之，使刻于表陰。

著者 **李縡**

本貫은 牛峰, 字는 熙卿, 號는 陶菴, 寒泉이다. 父親은 李晩昌, 母親은 閔維重의 女로 仁顯王后의 妹이다. 1680年(肅宗6) 9月 28日 漢陽 薰陶坊 鑄字洞 外家에서 出生했다. 5歲에 父親喪을 당하여 仲父 李晩成의 訓導를 받았다. 1702年(肅宗28) 文科에 及第하여 藝文館 檢閱, 吏曹 正郎, 咸鏡北道 兵馬評事, 水原 府使, 大司成, 禮曹 參判을 歷任하였다. 1722年(景宗2) 仲父가 辛壬獄事에 連累되어 獄死하자 麟蹄에 隱居하였다. 英祖 卽位 後 大提學, 吏曹 參判에 任命되었으나 모두 辭職하고, 1728年(英祖4) 母親喪을 契機로 龍仁에 寒泉精舍를 짓고 講學에 沒頭하였다. 이후 大司憲, 工曹 判書, 左參贊에 任命되었으나 모두 辭職하였다. 1746年(英祖22) 10月 28日 廣州에서 逝去하였다. 文集《陶菴集》과 함께《四禮便覽》,《書社輪誦》,《三官記》,《宙衡》,《檢身錄》,《四書講說》등 많은 著述을 남겼다. 諡號는 文正이다.

校勘標點

崔禮心

1967年 忠北 堤川 出生. 民族文化推進會 國譯硏修院 硏修部 및 常任硏究部를 卒業하였다. 民族文化推進會를 거쳐 檀國大學校 東洋學硏究員 硏究教授로 在職 中이다.《承政院日記》(共譯),《月汀集》(共譯),《龍洲遺稿》(共譯),《於于集》(共譯) 等을 飜譯하였다.

張裕昇

1976年 서울 出生. 成均館大學校 漢文學科를 卒業하고, 韓國學中央硏究員 韓國學大學院을 거쳐 서울大學校 國語國文學科에서 〈朝鮮後期 西北地域 文人 硏究〉로 博士學位를 받았다. 韓國古典飜譯院 古典飜譯教育院 專門課程을 마치고 韓國古典飜譯院 飜譯委員을 거쳐 現在 檀國大學校 東洋學硏究員 硏究教授로 在職 中이다.《正祖御札帖》(共譯),《英祖 承政院日記》(共譯),《東國歲時記》,《玄皐記》,《韓國散文選》(共譯) 등을 飜譯하였다.

權津鈺

1979年 慶北 永川 出生. 高麗大學校 漢文學科를 卒業하고, 同 大學校 國語國文學科에서 〈澤堂 李植의 騈文·古文 硏鑽과 散文 創作의 實際〉로 碩士學位를 받고 〈橘山 李裕元의 學問 性向과 類書·筆記 編纂에 關한 硏究〉로 博士學位를 받았다. 高麗大學校 民族文化硏究院 硏究員을 거쳐 現在 檀國大學校 東洋學硏究員 先任硏究員으로 在職 中이다.《樂全堂集》(共譯),《於于集》(共譯),《韓非子集解》(共譯),《梧川集》等을 飜譯하였다.

李承容

1981年 慶北 義城 出生. 嶺南大學校 漢文教育科를 卒業하고, 成均館大學校 漢文學科에서 《朝鮮後期 江華學派 漢詩研究》로 博士學位를 받았다. 韓國古典飜譯院 古典飜譯教育院 研修課程과 專門課程을 마치고 檀國大學校 東洋學研究員 先任研究員으로 在職 中이다. 《宛丘遺集》, 《貞觀政要》(共譯), 《樂全堂集》(共譯), 《完譯正本 擇里志》(共譯) 等을 飜譯하였다.

圈域別據點研究所協同飜譯事業 研究陣

研究責任者 **尹載煥**(檀國大學校 國語國文學科)

共同研究員 **金文植**(檀國大學校 史學科)

金愚政(檀國大學校 漢文教育科)

責任研究員 **許鎬九**(檀國大學校 東洋學研究院)

張裕昇(檀國大學校 東洋學研究院)

崔禮心(檀國大學校 東洋學研究院)

先任研究員 **李라나**(檀國大學校 東洋學研究院)

李承容(檀國大學校 東洋學研究院)

研究補助員 **劉明錫**(檀國大學校 東洋學研究院)

校勘標點

陶菴集4

李縡 著 | 崔禮心·張裕昇·權津鈺·李承容 校點

初版 1刷 發行 2020年 12月 31日

編輯·發行 학자원 | 登錄 2011.4.6. 第2011-14號

住所 (05355) 서울시 강동구 천호대로 1121

電話 02-6403-1000 | 팩스 02-6338-1001 | 이메일 hakjaone@daum.net

값 35,000원

ISBN 979-11-6247-192-0 94810

979-11-6247-147-0 (세트)